# LES IDÉES

## Gallicanes et Royalistes

### DU HAUT CLERGÉ

### à la fin de l'Ancien Régime

D'APRÈS

La Correspondance et les papiers inédits de

Pierre-Augustin GODART DE BELBEUF

Évêque d'Avranches (1762-1803)

PAR

Ém. SÉVESTRE

PARIS

Librairie Alphonse PICARD et Fils

Auguste PICARD, Successeur

82, Rue Bonaparte

1917

# LES IDÉES

# *Gallicanes et Royalistes*

## *DU HAUT CLERGÉ*

### *à la fin de l'Ancien Régime*

D'APRÈS

la Correspondance et les papiers inédits de

Pierre-Augustin GODART DE BELBEUF

Evêque d'Avranches (1762-1803)

PAR

## Em. SÉVESTRE

**PARIS**

Librairie Alphonse PICARD et Fils

Auguste PICARD, Successeur

82, Rue Bonaparte

—

1917

A

*Monsieur le Comte Raoul de MATHAN,*

*Marquis de BELBEUF*


*Hommage respectueux et reconnaissant*


*E. S.*

Pierre-Augustin GODART DE BELBEUF (1730-1808)

(Galerie des portraits du château de Belbeuf, propriété de M. le comte Raoul de Mathan)

# INTRODUCTION

## SOMMAIRE

I. *Ce que l'on sait de Mgr Godart de Belbeuf et quel fut son rôle.* — Nom simplement mentionné dans les ouvrages d'histoire générale. — Quelques pages dans la *Semaine Religieuse de Rouen* et dans l'*Histoire des Diocèses de Coutances et d'Avranches* de l'abbé Lecanu. — L'étude de Mgr Deschamps du Manoir. — Evénements qui remplirent sa vie à Verdun, à Pontoise, à Avranches, à Londres lorsqu'il fut, tour à tour, vicaire général, grand vicaire, évêque, exilé. — Que s'en dégage-t-il au point de vue de son influence?

II. *Importance des documents conservés sur Mgr Godart de Belbeuf et sa personnalité.* — Documents nombreux, intéressants, réunis en grande partie aux Archives du château de Belbeuf. — Renseignements sur cet évêque fournis par les différents dépôts publics en France et à l'étranger. — Portrait physique de Mgr Godart de Belbeuf. — Sa physionomie morale. — Sa valeur d'écrivain, d'observateur, de psychologue, de penseur.

III. *Les sources de la correspondance de Mgr Godart de Belbeuf.* — La plupart des lettres se trouvent au château de Belbeuf. — D'autres sont aux Archives Nationales, aux Archives départementales de Seine-et-Oise, du Calvados, à la Bibliothèque municipale de Caen. — Ses correspondants habituels. — Publication des lettres reçues par l'évêque d'Avranches surtout pendant son exil de 1793 à 1802.

IV. *L'objet et l'intérêt de la correspondance de Mgr Godart de Belbeuf.* — Elle offre des indications précieuses sur les faits religieux, sociaux, politiques qui se sont produits de 1762 à 1804. — Variété d'information. — Intérêt littéraire. — Pénurie de publications de ce genre. — Quels sont les mémoires et les correspondances ecclésiastiques dont on dispose pour l'étude des événements qui se sont présentés à la fin de l'ancien régime, au début de la Révolution, pendant l'exil du clergé, et des questions qui concernent le Concordat et les traditions monarchiques?

— Louable exemple de M. le comte Raoul de Mathan, marquis de Belbeuf. — Projet d'ériger un souvenir en l'honneur des évêques de Coutances et d'Avranches, morts à Londres en exil et inhumés dans le vieux cimetière de Saint-Pancrace.


## I


L'on sait fort peu de chose sur Mgr Pierre-Augustin Godart de Belbeuf. Son nom est simplement mentionné dans les ouvrages d'histoire générale, l'*Ancien Clergé de France* (1) de M. l'abbé Sicard, *la Petite Eglise* (2) du R. P. Drochon, l'*Opposition au Concordat* (3) de M. Latreille; dans les recueils de textes, tels que les *Documents sur la négociation du Concordat...* (4) publiés par M. Boulay de la Meurthe. Par ailleurs, l'on rencontre dans la *Semaine Religieuse du diocèse de Rouen* (5) des articles intéressants sur cet évêque d'ancien régime. L'abbé Lecanu lui a réservé, dans son *Histoire du Diocèse de Coutances et d'Avranches* (6), quelques pages bien sobres de renseigne-

(1) 3 vol., 1893-1902, t. I, p. 166, 167, 267. On trouve également mentionné le nom de l'évêque d'Avranches dans l'ouvrage de l'abbé Plasse sur le *Clergé Français réfugié en Angleterre*, 2 vol., 1886.

(2) 1 vol., 1894, p. 59, 133.

(3) 1 vol., 1910, p. 146, 247.

(4) 5 vol., 1891-1897, t. IV, p. 102. Les recueils de Theiner et de M. Georges Bourgin ne contiennent rien sur l'évêque d'Avranches. Par contre, il en est question dans la *Correspondance diplomatique du Cardinal Maury...*, t. II, p. 174, 290, dans les articles de M. Fourier de Bacourt sur *De Brigeat...* (Revue Catholique de Normandie, années 1904-1905, p. 103, 1905-1906, p. 238, 1906-1907, p. 135, 1907-1908, p. 53, 195, 200, etc., etc.

(5) Numéros des 18 et 25 juillet 1868.

(6) 2 vol., 1878, t. II, p. 63, 67, 137, 174, 179, 181.

ments et parfois inexactes. Jusqu'à présent l'étude la plus précise et la plus complète de ce prélat est celle de Mgr Deschamps du Manoir (1).

L'érudit, qui fut un charmant conteur, s'est borné à analyser les registres du secrétariat de l'évêché d'Avranches de 1774 à 1790. Il a pu ainsi nous fournir des données qui ne manquent pas d'importance sur une partie de l'épiscopat de Mgr de Belbeuf. Il nous a révélé, faute excessivement commune à cette époque, de fréquents manquements à la résidence. Il a mis en relief les faits principaux de l'administration épiscopale : ordinations, nominations à diverses dignités du diocèse et à quelques doyennés ruraux, réunions de bénéfices, transfert d'église paroissiale, règlement de l'école de Vains, impulsion donnée aux travaux du collège et aux embellissements de la ville d'Avranches, etc.

Mais cette étude n'embrasse qu'une période bien restreinte de la vie de Mgr de Belbeuf. Elle ne s'occupe que de 16 années de son existence qui en compta 78, et pendant ce court espace de temps, il n'est question que des événements qui se passèrent dans son diocèse. Nous ne savons rien du rôle qu'il joua et dans les assemblées provinciales et dans les diverses assemblées du clergé. Nous entrevoyons à peine la physionomie de l'évêque et il nous serait malaisé de dire ce qu'il fut.

Il ne faut point être surpris que Mgr de Belbeuf ait été délaissé par les historiens et les érudits ; certes ce n'est point un personnage de premier plan. Il n'eut

_______

(1) Une brochure de 40 pages extraite des *Mémoires de la Société d'Archéologie d'Avranches*, t. IV, p. 399.

point l'importance politique d'un Dillon, archevêque
de Narbonne, d'un Boisgelin, archevêque d'Aix, d'un
Cicé, archevêque de Bordeaux, d'un Conzié, évêque
d'Arras, l'importance religieuse d'un Lefranc de Pompignan, archevêque de Vienne, d'un Bonal, évêque
de Clermont, d'un Coucy, évêque de la Rochelle (1).
Pour cette raison il n'attire point l'attention. De plus
il ne nous apparaît pas avec une personnalité fortement marquée; sa vie ne semble pas présenter des
faits extraordinaires et l'on est porté à croire qu'il
n'eut pas une influence capitale sur les événements de
son temps.

Cette impression première s'affermit quand on vient
à envisager son *curriculum vilæ*. Il tient en quelques
lignes. Fils « de noble personne Messire Pierre Godart,
marquis de Belbeuf, seigneur et patron de cette
paroisse et autres lieux, et de noble dame Augustine-
Hélène Le Pelletier.», il naquit au château de Belbeuf
le 9 mai 1730, s'adonna de fort bonne heure à la carrière ecclésiastique (2), devint vicaire général de
Verdun de 1760 (3) à 1767, grand vicaire de Pontoise
de 1767 à 1774, prieur de Bellencombre de 1760 à 1781,
fut nommé évêque d'Avranches en 1774, abbé commendataire de Bonneval en 1781, refusa de prêter le

(1) On a la biographie de Mgr de Bonal, évêque de Clermont, due à
M. l'abbé Beuf. L'on prépare une étude de Mgr de Boisgelin, archevêque d'Aix.

(2) Il reçut à Rouen les ordres mineurs le 20 septembre 1748, le sous-
diaconat le 21 septembre 1754, obtint pour le diaconat un démissoire
le 9 décembre 1755. *Arch. départ. Seine-Inférieure*, G. supp. reg. nº 27.

(3) La date de la nomination de l'abbé de Belbeuf ne nous est pas
connue d'une façon précise. Dans le *Pouillé de Verdun* qui a été publié,
il est indiqué, t. I, p. 83, comme écolâtre en 1760.

serment à la Constitution civile du Clergé, s'embarqua pour l'Angleterre à Dieppe le 10 septembre 1792, résida à Londres où il mourut le 26 septembre 1808, royaliste intransigeant et gallican impénitent.

A s'en tenir au côté extérieur et superficiel de ces événements, ils n'offrent qu'un intérêt secondaire. Cependant l'on aurait tort de passer dédaigneusement à côté de Mgr Godart de Belbeuf. Si l'on se préoccupe de rechercher les documents conservés sur lui, l'on sera vite surpris de leur abondance, de leur variété, de leur portée, de leur charme, et l'on s'arrêtera avec complaisance devant un personnage très vivant et très spirituel. Peut-être l'homme officiel n'a point eu toute l'envergure voulue, mais l'homme privé est très attachant. Il nous donne des aperçus suggestifs et des renseignements de premier ordre.

## II

Les archives du château de Belbeuf (1), qui sont capitales pour l'histoire politique, judiciaire et religieuse de la Normandie pendant la seconde moitié du XVIIIᵉ siècle, renferment la plupart des documents concernant l'évêque d'Avranches. Quoique nombreux, ils sont bien groupés; ils sont même inventoriés non pas avec une méthode impeccable, mais avec une

(1) Les archives du château de Belbeuf sont très importantes. Elles comprennent au moins 393 liasses, et chaque liasse contient près d'un millier de pièces qui présentent toutes un très vif intérêt. Cependant cette masse de documents est très accessible grâce à l'inventaire qui occupe 3 énormes volumes manuscrits.

exactitude minutieuse. Les recherches par conséquent peuvent être rapides et sont toujours fructueuses (1).

Il n'est point un événement de la vie de Mgr Godart de Belbeuf sur lequel nous n'ayions des renseignements. Nous connaissons les meubles, les livres, le linge qu'il emporta quand il se rendit, le 22 septembre 1744, à la communauté de Saint-Nicolas pour ses études; nous savons ses impressions de vicaire général de Verdun; nous pénétrons le secret de la mort mystérieuse du Dauphin qui était lié avec Mgr de Nicolaï son évêque; nous avons l'acte de sa nomination au prieuré de Bellencombre et le bail stipulé pour l'une des fermes dépendant de ce bénéfice; nous assistons aux démarches qui furent faites quand il devint grand vicaire de Pontoise et fut nommé évêque d'Avranches.

Alors les documents abondent; nous ne pouvons en signaler que quelques-uns : ce sont l'inventaire très curieux du palais épiscopal fait le 30 janvier 1774, l'état des droits seigneuriaux et des revenus de l'évêché, les mémoires concernant la cathédrale, le chapitre; des études juridiques sur les landes et marais situés dans l'étendue de la baronnie d'Avranches, dépendant de l'évêché; ce sont les papiers très importants de l'abbé Thorel, son ancien maître devenu son vicaire général et l'archidiacre de Mortain, dans lesquels on remarque des pièces de comptabilité très rares, des correspondances curieuses, des détails nombreux sur l'archidiaconé de Mortain; ce sont les dossiers sur quelques affaires plus saillantes du diocèse, l'érection d'un second vicariat à Saint-Hilaire-du-

_____

(1) Les documents concernant Mgr de Belbeuf se trouvent principalement dans 5 liasses.

Harcouët, l'internement au séminaire du curé de Boisbenâtre, le procès avec le curé de Saint-Loup au sujet d'un trait de dîmes, les incidents tragiques qui marquèrent la Saint-Lubin à Marcey; ce sont les lettres multiples qui se rapportent à l'Abbaye de Bonneval et dont la plupart furent écrites par les avocats Quillet, Leclerc et par le terrible prieur Dom Leroux, les mémoires sur le Mont Saint-Michel dont Mgr de Belbeuf rêvait de réunir les revenus à son évêché.

A partir de son émigration, de sa déportation pour être plus exact, les documents ne nous font pas non plus défaut. Nous avons les pièces officielles qu'il dut se procurer avant son départ, en particulier son passeport, le mémoire (1) qu'il présenta « aux administrateurs des directoires du département de la Manche et du district d'Avranches » pour prouver qu'il n'était pas émigré. Nous sommes mis au courant des diverses formalités qu'il remplit pendant son exil ; nous connaissons les demeures qu'il habita ; nous savons comment il put sauver quelques-uns de ses biens, comment il pourvut à ses dépenses et, ce qui est beaucoup plus important, comment il gouverna et organisa son diocèse. Grâce au récit émouvant du comte du Moustier, nous assistons à sa longue et courageuse agonie. Il expira dans son fauteuil après douze heures de souffrances.

(1) Broch. de 14 pages. Nous tenons à signaler un autre imprimé : *Ordo divini officii recitandi, missasque celebrandi juxta Breviarium Abrincense et Missale Rotomagense ad usum insignis ecclesiæ cathedralis, et totius diœcesis de mandato Illust. et Reverend. DD. Petri Augustini Godart de Belbeuf Abrincensis episcopi... pro anno Domini 1783.* C'est un document rare et important.

Même après sa mort, nous ne sommes point dépourvus de documents sur Mgr Godart de Belbeuf. Les difficultés que suscita sa succession nous sont indiquées par l'abbé de Poilvillain dans des lettres fort intéressantes de 1825. Deux évêques, Mgr Robiou et Mgr Bravard nous apprennent leur dessein de ramener en France les restes de l'évêque d'Avranches, déposés sans pompe dans une fosse commune au vieux cimetière de Saint-Pancrace. Les pourparlers curieux, qui aboutirent à l'érection d'un souvenir en 1844 dans l'église Saint-Gervais d'Avranches, nous sont admirablement connus. Les lettres qui furent échangées nous montrent combien l'on ignorait déjà les institutions de l'ancien régime (1) et les faits de la Révolution.

Les archives du château de Belbeuf sont donc très riches en ce qui concerne l'évêque d'Avranches. Les dépôts publics sont plus pauvres en documents. Aux Archives Nationales nous n'avons guère de renseignements que dans les fonds de l'Agence du Clergé (2), de la Convocation aux Etats Généraux (3) et du Comité des Rapports (4). Les Archives départementales de la Seine-Inférieure et de la Manche ne nous fournissent

---

(1) On retira dans l'inscription projetée le titre de baron d'Avranches à Mgr de Belbeuf qui l'avait pourtant porté. On retrancha également ces mots « pour ne pas prêter un serment contraire aux saints canons ». La date pour le départ en Angleterre indiquée par l'inscription est fausse. Elle eut lieu en 1792 et non en 1791.

(2) *Arch. Nat.* G8 423.

(3) *Arch. Nat.* Ba 35, Bm 53, 54, C, 18. Voir Abbé Pigeon, *Le Grand Baillage de Mortain* dans Mémoires de la Société Académique du Cotentin, III (1880), p. 517-519, et III : E. Bridrey, *L'Assemblée générale des trois Ordres à Coutances en 1789* (Revue de Cherbourg et de Basse-Normandie, 15 janvier, 15 février 1907, 92-105, 121-136).

(4) *Arch. Nat.* DXXIX 8. On trouve également quelques documents dans les séries P et V et dans AA 62.

que des détails insignifiants. Les Archives départementales de Seine-et-Oise et du Calvados méritent d'être plus longuement consultées. Dans les unes (1), l'administration de l'abbé de Belbeuf pendant qu'il était grand vicaire de Pontoise nous est complètement révélée ; dans les autres (2), le rôle de l'évêque d'Avranches pour la restauration du Collège et dans les assemblées provinciales nous est clairement exposé. Il est encore fait mention de Mgr de Belbeuf dans les bibliothèques municipales de Rouen (3), de Verdun (4), de Caen (5), d'Avranches (6) et les Archives municipales de Dieppe (7), d'Avranches (8) et de Belbeuf (9). Quant aux Archives étrangères à Londres (10)

(1) *Arch. départ. Seine-et-Oise*, G 9, 19, 44, 59.

(2) *Arch. départ. Calvados*, G 1065, 1071, 6684, 6754, 7615, 7642, 7644, 7806, 8557, 8558.

(3) *Bibl. mun. Rouen*, Y 27, f. 193-230.

(4) La Bibliothèque municipale possède le Pouillé de Verdun au XVIIIᵉ siècle qui a été publié (*Bib. mun.*, Ms 160).

(5) *Bib. mun. Caen.* Varia IV, pièce 4.

(6) Manuscrits de Cousin, curé de Saint-Gervais d'Avranches (*Bib. mun.* 172-192).

(7) Les Archives municipales de Dieppe contiennent le registre des ecclésiastiques insermentés embarqués en cette ville pour l'Angleterre. L'évêque d'Avranches est désigné sous le nom de Pierre-Augustin Godart, clerc des sacrements à l'église Saint-André d'Avranches. Le récit de son embarquement nous est fourni dans une lettre qui se trouve aux Archives municipales de Rouen (fonds du Comité de Surveillance).

(8) Dans les registres de Délibérations municipales, il est question de l'évêque d'Avranches bénissant la chapelle du collège et chantant le *Te Deum* après la paix.

(9) Les Archives municipales nous fournissent l'acte de naissance de l'évêque d'Avranches qui a été publié par Mgr Deschamps du Manoir.

(10) *Record office* Treasury *French Refugee and Emigrant, passim.*

et à Rome (1), elles ne contiennent que des documents généraux dans lesquels il est question de l'évêque d'Avranches. Toutefois on trouve dans les registres paroissiaux de Saint-Pancrace (2) son acte de
décès.

D'après l'ensemble de ces documents et principalement d'après la correspondance de Mgr de Belbeuf,
dont nous aurons bientôt l'occasion de parler, nous
pouvons nous faire une idée assez exacte de sa personnalité. Mgr de Belbeuf était de taille moyenne :
il avait « cinq pieds » (3). Il avait « les cheveux et
les sourcils châtains, les yeux bleus, le nez aquilin,
la bouche ordinaire, le menton petit, le front rond,
le visage plein ». La perruque qu'il portait faisait
encore ressortir les deux traits saillants de sa physionomie. Il apparaissait en effet comme exubérant de
santé, de vie et plein d'une extraordinaire malice.

Ainsi ce qui frappe tout d'abord en Mgr de Belbeuf
c'est qu'il est essentiellement vivant, humain. Point
chez lui d'austérité rébarbative, il est bien portant,
robuste, prend soin de sa santé, s'intéresse au spectacle
de la vie, ne dédaigne point les jouissances qu'elle

(1) *Archives Vaticanes. Ep. Nap. Francia, passim.*
(2) Parish of S<sup>t</sup> Pancras Middlesex Day Book Register July 11 1793-
March 29 1810.

September 1808

| Man<br>Woman<br>Child | What Ground | Letter | N<sup>r</sup> | Names and where brought from | Age | Died | Buried | L. S. P. |
|---|---|---|---|---|---|---|---|---|
|  |  |  |  | Pierre – Augustin Godart | 79 | 26 | 29 | 15 |
| M | 3 |  |  |  |  |  |  |  |

(3) Ces renseignements nous sont fournis par le signalement du
passeport (*Arch. château de Belbeuf*). Ils concordent avec les indications du portrait de Mgr de Belbeuf qui se trouve en tête de cette
publication.

procure et donne aux biens d'ici-bas le prix qu'ils méritent. Cependant il n'a point le cœur desséché, il n'est pas du tout égoïste, il sait parler affectueusement, tendrement, il a une touchante affection pour son frère le procureur général; il se préoccupe de ses diocésains, plaide, quand il le faut, leur cause et le fait avec une habileté consommée et une finesse exquise. Car Mgr de Belbeuf est aussi spirituel que vivant; il voit immédiatement le côté amusant des personnes et des choses et nous le conte à merveille. Il en profite pour décrier son temps, ce qui lui permet de lancer de nombreux traits d'esprit; il se risque à percer les voiles de l'avenir et il a d'extraordinaires prédictions.

Etre vivant, être spirituel, voilà bien les deux tendances de la nature de Mgr de Belbeuf, ce qui devait être surtout remarqué par ses contemporains, peut-être avec quelque chose de hautain, de superbe. Mais examinons ses autres dispositions moins apparentes. Il avait sans nul doute une forte culture littéraire. Il possédait ses classiques; quand il jetait sur le papier ses impressions, il les interrompait pour enregistrer quelques réminiscences de ses auteurs préférés, d'Horace spécialement; il ne rougissait point de se livrer à des exercices purement littéraires et cultivait la poésie. Il avait des dons de l'écrivain ayant à sa disposition des mots expressifs, des formules neuves, saisissantes, pleines d'idées et d'observations. Mgr de Belbeuf savait en effet voir ce qui se passait autour de lui. Il prenait attention aux événements dont il était témoin. Pour les mieux pénétrer, il était avide d'informations, ne se lassait pas d'interroger, se glissait dans les milieux qui pouvaient l'éclairer. Il avait la même curiosité vis-à-vis des personnages importants de son époque. Il avait l'œil ouvert sur eux, se rendait compte de ce qu'ils valaient, jugeait leurs actes. Ses remarques d'observateur et de psychologue étaient accompagnées de vues profondes qui dénotaient un penseur. Cette tournure d'esprit s'était développée par suite de son éducation théologique. Elle donna à ses convictions de la vigueur, de l'intransigeance, soigneusement dissimulées derrière une prudence toujours en éveil; elle s'accentua sur le tard de sa vie quand il lutta dans le secret de sa solitude pour sa foi royaliste et ses opinions gallicanes.

En somme, Mgr de Belbeuf était un homme nullement banal. Ses causeries devaient être bien séduisantes. Turgot se laissa prendre au charme de l'une d'entre elles. « L'abbé de Bracquetuit, écrivait-il au futur procureur général le 26 novembre 1748 (1), pétille d'esprit et l'a même fort amusant. Je vous réponds qu'il fera fortune où ne pourra. » Nous devinons maintenant l'intérêt de la correspondance de Mgr de Belbeuf. Elle ne peut manquer d'être instructive, nous venant de quelqu'un qui a des qualités bien remarquables. Elle doit être sincère, Mgr de Belbeuf, et ceci est très important à mettre en relief, ne fut pas à proprement parler un personnage. Il n'était point intéressé aux événements qu'il rapporte et pouvait les juger plus sainement, plus froidement, plus impartialement. Aussi quand nous fîmes une plus ample connaissance avec l'évêque d'Avranches, s'il nous est possible de nous exprimer ainsi, nous eûmes l'idée de recueillir ses lettres et ses notes intimes et de les publier. Au reste le travail était aisé. Sa correspon-

_______

(1) *Arch. château de Belbeuf.*

dance se trouve en grande partie dans les archives du château de Belbeuf.

## III

Là, on rencontre un grand nombre de lettres qu'il écrivit de Verdun, de Paris, d'Avranches aux membres de sa famille, à ses amis, les manuscrits de quelques lettres pastorales, d'une allocution de mariage, une circulaire adressée à son clergé pendant son exil, des lettres confidentielles envoyées à plusieurs ecclésiastiques de son diocèse, des notes abondantes sur la situation nouvelle qu'avaient créé l'avènement de Bonaparte, la signature et la publication du Concordat. Nous avions de la sorte l'essentiel de la correspondance et des papiers de Mgr Godart de Belbeuf (1).

Nous avons voulu les compléter. Nous avons exploré les divers fonds des archives et des bibliothèques en France et à l'étranger. Nous avons eu la bonne fortune de découvrir des lettres intéressantes. Aux Archives départementales de Seine-et-Oise (2) nous avons trouvé en assez grande quantité les lettres qu'il adressa au secrétariat du grand vicariat de Pontoise; aux Archives départementales du Calvados et à la Bibliothèque municipale de Caen, une partie de sa correspondance (3) avec l'intendant de la généralité au sujet des travaux entrepris au collège d'Avranches; aux Archives Nationales, les lettres (4) qu'il envoya

(1) Ces différentes lettres et ces papiers se trouvent dans la 58e liasse de la 1re série et la 23e liasse de la 3e série.

(2) G 9.

(3) *Arch. dép. Calvados*, C 1071 et *Bibl. mun. Caen*, Varia IV, pièce 4.

(4) *Arch. Nat.*, G8 423.

aux agents du clergé et la lettre (1) qu'il communiqua à quelques curés sur la déplorable réforme religieuse de la Constituante.

Parmi les correspondants de l'évêque d'Avranches il convient de mettre en première ligne son frère aîné Jean-Pierre-Prosper Godart de Belbeuf (2), qui fut pendant 25 ans procureur général du Parlement de Rouen. Il acquit dans cette charge une réputation justement méritée, principalement aux yeux du clergé. Il entretenait des rapports avec la plupart des membres de l'épiscopat français. Les princes de l'Eglise (3) daignaient le consulter : l'archevêque de Sens lui déclarait « avoir une haute idée de ses connaissances et de son mérite (4) »; l'archevêque de Paris le vantait de son « zèle pour la religion (5) »; l'évêque de Saint-Malo lui écrivait ces lignes bien élogieuses : « Je n'ai pas l'honneur, Monsieur, d'être connu de vous; mais votre réputation est si grande qu'elle est parvenue jusqu'à moi. Vous êtes un illustre et respectable magistrat auquel je me ferai un devoir de m'en rapporter... (6) »

(1) *Arch. Nat.*, Dxxix 8.

(2) Né le 4 septembre 1725, il mourut le 21 avril 1811. Il fut procureur général du Parlement de Rouen de 1765 à 1790, fit partie de l'Assemblée des notables en 1787 et 1788, porta le titre de grand Pannetier.

(3) Voir en particulier les lettres du cardinal de Luynes (9 juin 1767), du cardinal de Rohan (22 juillet 1766), du cardinal de Bernis (8 novembre 1766), etc. *Archives du château de Belbeuf.*

(4) Lettre du 16 février 1756 (*Idem*).

(5) Lettre du 4 décembre 1786 (*Idem*).

(6) Lettre du 11 mars 1784 (*Idem*).

Nous pourrions citer d'autres témoignages. Monsieur le marquis de Belbeuf était en relations suivies avec un grand nombre de cardinaux, d'archevêques, d'évêques, notamment avec les évêques de Normandie, l'archevêque de Bordeaux, l'archevêque d'Aix, l'évêque d'Orléans, l'évêque d'Autun.

Les autres correspondants de Mgr Godart de Belbeuf étaient la charmante et spirituelle marquise de Sommery; son neveu Louis-Pierre-François Godart de Belbeuf (1), avocat général au Parlement de Rouen, qui devint député de la noblesse aux Etats Généraux et dont l'attitude en cette assemblée fut si énergique (2); son remarquable maître l'abbé Thorel (3) qui fut toujours son guide, son intendant, j'allais dire son agent d'affaires, même quand il fut nommé vicaire général d'Avranches, archidiacre de Mortain, prieur de Bellencombre; l'un de ses curés les plus fougueux, Motet (4), l'original curé de Notre-Dame-des-Champs, qui souffrit tant de se séparer de son évêque au moment de l'application du Concordat.

(1) Né le 24 janvier 1757, il mourut le 27 avril 1832. Il fut député à l'Assemblée Constituante et servit dans l'armée des princes.

(2) Voir son discours prononcé à Versailles le 19 juin 1789, 8 pages.

(3) Pierre-Jacques Thorel était un prêtre du diocèse de Rouen. Il fut précepteur de l'évêque d'Avranches et le suivit à Paris quand il y fit ses études. Il fut nommé en 1775 vicaire général d'Avranches et archidiacre de Mortain, devint prieur de Bellencombre en 1781, mourut en 1788. C'était un homme de grande valeur, très apprécié des membres de l'épiscopat. Les Archives du château de Belbeuf (22e liasse de la 3e série) contiennent plusieurs lettres de Mgr de Marbeuf, adressées à l'abbé Thorel (lettres des 16 avril 1780, 1er juillet 1781, 12 juillet 1781, 11 mars 1782), une lettre de cet évêque adressée à Madame la marquise de Belbeuf à l'occasion de la mort de l'abbé Thorel. Sa biographie serait intéressante; c'est un type de vicaire général très commun sous l'ancien régime, commençant par être précepteur de son futur évêque, le suivant dans toute sa carrière ecclésiastique, demeurant son chargé d'affaires au point de vue temporel tout en s'occupant de l'administration spirituelle du diocèse.

(4) Philippe-Michel Motet devint curé de Notre-Dame-des-Champs à Avranches, le 27 décembre 1789, resta en France pendant la Révolution, fut un des administrateurs du diocèse d'Avranches, devint desservant de sa paroisse après le Concordat, abandonna cette charge en 1812, et mourut à Paris.

Avec les lettres écrites par Mgr Godart de Belbeuf, nous avons trouvé les réponses qui lui furent adressées. Nous n'avons pas cru devoir les publier d'une façon générale. Ce que nous désirons faire connaître avant tout, c'est la pensée de Mgr de Belbeuf. Toutefois nous avons fait notamment deux exceptions. Il nous a paru intéressant de faire connaître les lettres envoyées par le procureur général à son frère. Elles sont d'ailleurs peu nombreuses : quoiqu'elles soient écrites très hâtivement elles sont toutes très curieuses et nous font pénétrer davantage dans l'intimité de l'évêque d'Avranches. De plus, à cause des nombreuses lacunes que l'on remarque dans la correspondance de Mgr de Belbeuf de 1792 à 1802, à cause de l'importance qu'elles présentent, nous avons publié : les lettres écrites par son neveu lorsqu'il servait dans l'armée des princes à Dusseldorf et au Ham et lorsqu'il rentra à Paris sous le Consulat; les lettres envoyées par quelques ecclé-siastiques au moment où tout le monde s'occupait du Concordat, tout spécialement les lettres de l'abbé Hamelin (1) son ancien secrétaire, auquel il avait confié l'administration du diocèse avant son départ (2).


## IV


De la sorte, *la correspondance et les papiers inédits* de Mgr Pierre-Augustin Godart de Belbeuf s'étendent de 1762 à 1804, presque un demi-siècle de notre his-

---

(1) Pierre-Joseph Hamelin fut secrétaire de Mgr de Belbeuf à par-tir de 1776, remplit la charge de vicaire général pendant la Révolution, mourut à Avranches, sa paroisse natale, en 1805.

(2) Ces différentes lettres se trouvent dans les Archives du château de Belbeuf.

toire de France qui vit se dérouler tant d'événements importants et se soulever de si graves problèmes. Ils se répartissent en douze chapitres dont les titres et les sommaires suffisent à montrer qu'ils nous fournissent des lumières nouvelles sur les faits religieux, sociaux, politiques de cette époque, principalement SUR LES IDÉES GALLICANES ET ROYALISTES DU HAUT CLERGÉ A LA FIN DE L'ANCIEN RÉGIME.

Nous avons en effet des renseignements : sur la crise des Parlements, sur l'avènement de Louis XVI, sur la guerre de l'Indépendance Américaine, sur les assemblées provinciales, sur les assemblées des notables, sur la Convocation des Etats Généraux, sur les armées des Princes, sur la Vendée, sur les idées et les doctrines royalistes à la fin de l'ancien régime, pendant la Révolution et au début du Consulat; des vues très pénétrantes sur l'expulsion des Jésuites, sur l'administration d'un grand vicariat, sur les privilèges du clergé, sur le déport, le pouvoir des patrons dans la présentation aux cures, sur les droits seigneuriaux de l'évêque et son rôle dans la vie sociale et l'enseignement, sur les relations d'un abbé commendataire avec les religieux, sur la dîme et les diverses assemblées ecclésiastiques, sur la constitution civile du clergé, sur la déportation en 1792, sur l'organisation d'un diocèse pendant la séparation de l'Eglise et de l'Etat, sur les droits des évêques, sur la liberté des cultes, sur la promesse de fidélité à la constitution, sur le Concordat et le gallicanisme.

Sur tous ces sujets nous avons des informations variées, puisées aux meilleures sources, présentées avec un charme littéraire indéniable : c'est un témoin fin, avisé, pondéré qui nous raconte ses impressions, encore toutes palpitantes je dirais; c'est un penseur convaincu et puissant qui nous expose son ardente doctrine; c'est un écrivain ingénieux qui trouve toujours des choses piquantes à dire, qui a des façons de s'exprimer très personnelles. Il est hors de propos d'insister; nous avons déjà présenté Mgr Pierre-Augustin Godart de Belbeuf.

Par conséquent, la publication de sa correspondance et de ses papiers inédits est vivement intéressante en soi; elle l'est d'autant plus qu'elle est presque unique en son genre. Les correspondances et les mémoires ecclésiastiques ne sont pas très nombreux pour cette époque. Nous ne connaissons que les *Mémoires de l'Abbé Baston* (1) qui embrassent une période plus étendue que celle de la correspondance de l'évêque d'Avranches. Certes ils ont une grande valeur littéraire et documentaire. Ils éclairent beaucoup de points de l'histoire religieuse. Mais ils sont longs, sinon diffus; ils descendent dans des détails peu importants, dans des questions purement personnelles, négligent les questions politiques. Puis ce sont des mémoires, écrits par quelqu'un qui rencontra bien des déboires, qui ne trouva point la satisfaction de ses hautes ambitions : pour ces raisons ils sont doublement sujets à caution.

D'autres publications concernent une période également étendue : ce sont les *Mémoires et les lettres du Cardinal de Bernis*, publiés par le célèbre académicien (2), M. Frédéric Masson; la *Correspondance diplomatique et*

_______

(1) 3 volumes, publication de M. l'abbé Julien Loth et de Ch. Verger (*Société d'Histoire contemporaine*) 1897-1899. La période qu'embrassent ces Mémoires est plus étendue que celle de la correspondance de Mgr de Belbeuf, elle va de 1741 à 1811.

(2) 2 volumes, 1878. Il faut également citer du même auteur : *Le cardinal de Bernis, depuis son ministère*, 1758-1794, 1 vol., 1884.

*les papiers inédits du Cardinal Maury* (1), présentés
par M. l'abbé Ricard. Ce sont, sans nul doute, des
publications de premier ordre. Mais nous sommes
en présence de personnages officiels et c'est un
langage officiel qu'ils tiennent la plupart du temps.
De plus ces publications ne sont pas complètes. Il
existe, aux Archives du Vatican, une partie de la
correspondance du cardinal Bernis qui n'a pas encore
été explorée (2), que nous utiliserons prochainement.
La correspondance de Mgr de Vintimille (3) se
rapproche davantage de celle de Mgr de Belbeuf.
Elle a moins d'ampleur et n'offre pas le même intérêt.

Il y a d'autres publications qui n'embrassent qu'une
période restreinte. On peut les diviser en trois caté-
gories : les unes s'occupent surtout de l'histoire
religieuse de la Révolution; les autres se rapportent à la persécution et à l'exil du clergé réfractaire;
enfin les troisièmes se rattachent à la question concordataire. La première catégorie des publications
est formée presque exclusivement par les correspondances des évêques constitutionnels et des ecclésiastiques assermentés (4). Quelques-unes de ces correspondances sont capitales, telles que celles de Lindet (5),

(1) 2 volumes, 1891.

(2) *Archives Vaticanes,* Francia 463 A. Biglietti all Ambassadore di
Francia, 1775-1794 : 529. Biglietti del Ministro di Francia, 1758-1769;
529 A, id. 1770-1775; 529 B 1776, 1780; 529 C, id. 1781-1787; 529 D, id.
1788-1794.

(3) Moncrie de Cabrens. *Mgr de Vintimille,* ÉVÊQUE DE CARCAS-
SONNE, d'après sa correspondance, 1 vol., 1888.

(4) Nous aurons l'occasion d'étudier ces publications dans notre ouvrage intitulé : *L'Opinion sur la Constitution Civile du Clergé avant les
décisions du Pape* (mars 1790-avril 1791), qui va paraître incessamment.

(5) A. Montier. *Correspondance de Thomas Lindet pendant la Constituante et la Législative,* 1 vol. in-8°, 1899 (publication de la Société
de la Révolution française).

évêque constitutionnel de l'Eure, et de Lecoz (1), évêque constitutionnel de l'Ille-et-Vilaine. Mais ordinairement dans ces correspondances, l'organisation des prêtres insermentés restés dans le pays est laissée de côté. Or les lettres de Mgr de Belbeuf apportent quelque lumière sur ce point si mal connu des historiens. La seconde catégorie des publications comprend les innombrables Mémoires du clergé persécuté et exilé. On en voit paraître fréquemment. Qu'il nous suffise de citer les Mémoires de l'abbé Dumesnil (2), de l'abbé Martinant de Préneuf (3), de l'abbé de la Corbière (4), etc. Tous ces Mémoires se ressemblent. Il y a quelque chose chez eux de stéréotypé, peu d'anecdotes et de traits caractéristiques. Les quelques détails que contiennent les lettres de l'évêque d'Avranches et de son neveu sont plus vivants et plus émouvants. La plus importante des publications de la troisième catégorie est constituée par les *documents sur la négociation du Concordat...* (5) qui ont été rassemblés par M. Boulay de la Meurthe. C'est une publication monumentale. Cependant si, à l'aide de cette publication et de quel-

(1) Roussel. *Correspondance de Lecoz* (Société d'Histoire contemporaine), 2 vol., 1900-1902.

(2) Baron Ernouf. *Ma prison ou mes aventures pendant la Terreur de la Révolution française de 1792 à 1802*, 1866, in-12. Les Mémoires de l'abbé Louis Dumesnil ne sont que partiellement publiés. Nous rangeons l'abbé Louis Dumesnil parmi les membres du clergé réfractaire bien qu'il ait prêté serment et bien qu'il ait abdiqué. Il dut se rétracter au début de l'an III et servir dès lors la cause de l'orthodoxie.

(3) Vanel. *Huit années d'émigration*. Souvenirs de l'abbé G.-J. Martinant de Préneuf, curé de Vaugirard et de Saint-Leu (1792-1801), 1 vol., 1908.

(4) F. Uzureau. *Un Prêtre français pendant la Révolution...* 1 vol., 1909.

(5) 5 vol., 1891-1897.

ques autres qui l'ont précédée et suivie, nous connaissons sur le Concordat tous les documents officiels, un grand nombre de mémoires, de pamphlets (1), quelques lettres inédites de Mgr de Coucy, évêque de la Rochelle (2), nous n'avions pas encore les notes, les réflexions, les méditations d'un évêque anti-concordataire : c'est ce que nous offrent les papiers de Mgr de Belbeuf sur cette question.

De cette façon l'utilité de la correspondance de l'évêque d'Avranches nous apparaît davantage quand on la compare aux publications similaires. Elle présente en outre un genre d'intérêt que nous ne saurions passer sous silence. Elle fourmille de vues profondes sur les doctrines royalistes. Il y a en certains passages comme une ébauche du système monarchique de Bonald. Mgr de Belbeuf fait partie de la foule obscure des théoriciens royalistes qui ont frayé la voie au génial écrivain. A ce point de vue n'était-il pas bon de le faire sortir de l'ombre où il est resté si longtemps ?

Tels sont les différents services que la *correspondance et les papiers inédits de Mgr. Pierre-Augustin Godart de Belbeuf* peuvent rendre à l'histoire. Nous avons pu mener à bonne fin ce travail grâce au concours empressé, intelligent, persévérant de M. le comte Raoul de Mathan, marquis de Belbeuf. Il nous a ouvert avec une grande libéralité et une amabilité excessivement rare les archives de son château. Il a bien voulu nous seconder pour la transcription des documents et nous fournir des notes très intéressantes sur les membres

---

(1) M. Latreille analyse quelques-uns de ces brochures et de ces pamphlets dans l'*Opposition au Concordat*, p. 146-179.

(2) Le Père Drochon publie quelques-unes des lettres de Mgr de Coucy, *La Petite Église*, p. 39-55.

de la famille de Mgr de Belbeuf. Il a aplani toutes les difficultés qui auraient pu retarder la publication. Afin de lui témoigner notre reconnaissance, nous nous sommes fait un devoir de lui dédier cet ouvrage qui lui appartient à bien des titres.

Qu'il nous permette de le féliciter. Il a servi deux belles causes, sans parler d'une autre qui lui est extrêmement chère, la cause de l'histoire et la cause du souvenir. Par cette publication il poursuit grandement l'œuvre commencée en 1844 par son grand-père le marquis de Belbeuf (1), pair de France, premier pré-

(1) Né le 2 octobre 1791, il mourut le 16 février 1872. Il était le fils de Louis-Pierre-François de Belbeuf, député de la noblesse à l'Assemblée Constituante.

Monsieur le Marquis de Belbeuf a fait incruster dans la muraille nord de l'église Saint-Gervais d'Avranches près de l'hémicycle ou chapelle de la Vierge à droite du chœur, une plaque de marbre noir, ayant 2$^m$50 de hauteur et 1$^m$50 de largeur, et portant en capitales romaines dorées, l'inscription suivante :

A la Mémoire
de Pierre Augustin Godart de Belbeuf,
des Marquis de Belbeuf,
Evêque d'Avranches, Abbé de Bonneval Saint Florentin,
dernier évêque de l'antique et illustré église d'Avranches,
décédé à Hampstead, comté de Middlesex
en Angleterre le 26 septembre 1805
où il s'était réfugié en 1791, et où il repose
Prélat pieux, de mœurs pures, de vie exemplaire
et zélé pour le maintien de la discipline ecclésiastique.
Priez Dieu pour le repos de son âme.
Le Marquis de Belbeuf, pair de France,
Premier président de la Cour royale de Lyon,
Officier de la Légion d'honneur, lui a consacré en 1844
cette inscription, pour conserver dans la mémoire
des hommes le souvenir de ses vertus.

A Avranches, on prétend que le bas d'un vitrail, près de la plaque commémorative, figurant le sacrifice de Melchisédech, représenterait l'évêque accompagné d'un prêtre, bénissant, du haut des falaises britanniques, la mer et les côtes lointaines de France.

sident de la cour royale de Lyon. Il rêve même d'ériger un souvenir en l'honneur de l'évêque d'Avranches dans le vieux cimetière de Saint-Pancrace où il fut enterré, par suite des circonstances, si pauvrement. Le projet est en bonne voie de réalisation.

Pendant que M. le comte Raoul de Mathan songeait à perpétuer la mémoire de Mgr Pierre-Augustin Godart de Belbeuf, évêque d'Avranches, M. le chanoine Guérard, l'auxiliaire dévoué de son frère, l'intrépide évêque de Coutances, pensait à remplir la même dette envers Mgr Ange-François de Talaru de Chalmazel. Ils savent maintenant qu'ils poursuivaient à leur insu un but identique. Leurs efforts combinés aboutiront infailliblement à la glorification de ces deux évêques, généreux confesseurs de la foi, dont les restes furent déposés dans la même tombe, et dont il ne demeure aucune trace sensible sur la terre d'exil où ils sont condamnés à dormir leur dernier sommeil. Il nous aura été doux de nous associer à cette œuvre urgente, à nous qui avons assumé la lourde tâche de faire revivre ces évêques et de discuter les grands problèmes religieux (1) auxquels ils furent mêlés.

E. S.

Caen, le 19 juillet 1911.

(1) Nous préparons en effet un ouvrage sur les *Problèmes religieux de la Révolution et de l'Empire en Normandie* (1787-1815) en 4 volumes :

1° *Situation de l'Eglise à la veille et au début de la Révolution* (1787-1790) (pour paraître en 1913) ;

2° *La Constitution Civile du Clergé* (1791-1795) (pour paraître en 1913) ;

3° *La Séparation de l'Eglise et de l'Etat* (1795-1802) ;

4° *Le Concordat sous le Consulat et l'Empire* (1802-1815).

# CHAPITRE PREMIER

## Le Vicaire général de Verdun et le Grand Vicaire de Pontoise (1760-1774)

---

### SOMMAIRE

I. *Premières impressions.* — Expulsion des Jésuites. — Voyage de l'évêque de Verdun à Versailles. — Nomination au grand vicariat de Pontoise.

II. *Soucis administratifs du grand vicaire de Pontoise.* — Les Pénitents de Meulan. — La permutation d'un curé. — L'emprunt des Mathurins. — Comment peut-on écrouer ?

III. *La crise des Parlements.* — Réception par le roi des députés du Parlement de Rouen en 1766. — L'exil du Parlement de Paris.

## I

### 1° *Lettre (1) à Monsieur le Marquis de Belbeuf en son hôtel à Rouen*

[Verdun] le 27 [février 1764].

Vous ne m'apprenez rien, ma chère amie (2), mais je profite avec bien de l'empressement de la permission que vous me donnez de vous faire mon compliment, je ne serai

---

(1) A moins d'indication contraire les lettres de Mgr de Belbeuf proviennent des Archives du château de Belbeuf et les documents publiés sont des autographes.

(2) La lettre est adressée à M. le marquis de Belbeuf. Dans le cours de la lettre, il s'adresse vraisemblablement à M^me la marquise de Belbeuf, Marie-Marguerite-Françoise Le Petit d'Aveine de Boëcé; c'était la deuxième femme du procureur général; il l'avait épousée en 1756.

pas longtemps probablement à vous en faire un second; ce moment-là est attendu par bien de vos amis comme celui de votre parfait rétablissement.

Vous avez vu sans doute l'arrêté de Paris contre les Jésuites (1). Ils seront bannis, c'est ce qui sera sûrement décidé dans l'assemblée de mercredi. On veut aussi chasser les Lazaristes de Versailles, voilà le second chaînon d'une chaîne dont la soutane violette sera sans doute le dernier. On renvoie les Invalides dans les provinces avec leur paye, et l'Hôtel-Dieu sera transporté aux Invalides; il sera beau de voir des trophées d'armes sur la porte de la salle des femmes en couche, et Louis le Grand avec tous les attributs de sa grandeur et de sa gloire, couronnant le fronton d'un hôpital. On changera sans doute les deux canons qui sont à la grille et on y mettra deux seringues sur leurs affûts.

On prétend aussi qu'on transportera l'Ecole Militaire au Collège de la Flèche; depuis les Jésuites (2), il était devenu le haras des Carabiniers, il deviendra le berceau de la jeune noblesse militaire; la métamorphose est plus noble que celle de l'Hôtel royal des Invalides.

Le Parlement de Paris avait refusé un édit du roi, signé du vice-chancelier. Le roi a tout accordé en le signant lui-même.

Vous avez su que le pauvre Evêque de Lescar a pensé mourir; il est bien rétabli. Le marché de l'archevêché de Cambrai se renoue, M. d'Albi l'aura; cela tenait à quarante mille écus qu'on refusait. Le Pape ne se prête point à accor-

---

(1) Sur la question des Jésuites l'on consultera les ouvrages de Crétineau Joly, le tome V de son *Histoire des Jésuites,* p. 172-241, 1 vol., 1846; le travail sur *Clément XIV et les Jésuites,* 1 vol., 1848; et l'*Histoire de France* de Lavisse, t. VIII, 2º partie, p. 319 et suivantes.

Vraisemblablement l'abbé de Belbeuf fait allusion à l'arrêté du Parlement du 22 février 1764. Le bannissement des Jésuites fut décidé le 9 mars 1764. Lavisse, *op. cit.,* p. 325.

(2) Les collèges des Jésuites durent être fermés le 1ᵉʳ avril 1762 (Crétineau Joly, *op. cit.,* t. V, p. 207).

der les bulles des six abbayes de Bénédictins, nous saurons bientôt nous passer de lui.

Le procès de Madame de Lauraguais en séparation est commencé, le sort de cette femme-là est bien touchant.

M. le Duc de Choiseul fait passer le titre du duché de Blainville sur la terre d'Amboise, on croit qu'il fera l'impossible pour que son frère soit Duc.

Vous verrez bientôt M. de Molé avec les sceaux, et le vieux Chevalier rappelé, faites attention à cela pour votre concurrence.

Le sort du Parlement de Rouen (1) ne peut être que très beau après tout ce que nous voyons des autres.

Adieu, mon cœur, je vous embrasse et votre mari et le toto, je lui écrirai au premier moment. Ne m'oubliez pas auprès de l'abbé de Marbeuf (2), il doit être à Rouen.

2° *Lettre à Madame la Marquise de Sommery (3) au château de Lenteuil [Lantheuil ?] chez Monsieur de Pontcarré, par Bayeux, Place Royale à Paris.*

A Verdun ce 25 août [1764].

Je vous avais écrit à Sommery, ma chère amie, je vous demandais l'ordre de vos courses pour vous suivre du moins par lettres, je serai longtemps sans jouir d'un plaisir plus réel. Sûrement vous n'avez point reçu ma lettre, vous n'au-

(1) Le Parlement de Rouen condamna les Jésuites le 12 février 1762 (Le Verdier. *Correspondance de Miromesnil,* 1757-1767. Soc. d'Hist. de Normandie, 1899-1903).

(2) L'abbé de Marbeuf (Yves-Alexandre), du diocèse de Rennes, né en 1732, devint évêque d'Autun en 1767, et plus tard, en 1788, archevêque de Lyon, mourut à Lubeck le 15 avril 1799. Il eut la feuille des bénéfices à partir de 1777. M. l'abbé de Montcrnot, curé du Bon Pasteur à Lyon, a écrit la biographie de Mgr de Marbeuf.

(3) Jeanne-Madeleine-Antoine-Pulchérie Le Petit d'Aveine de Boëcé, sœur de la marquise de Belbeuf.

riez pas été si longtemps sans y répondre. Les occupations dont j'ai été accablé à la fin du mois dernier ne m'ont pas laissé le temps de vous parler plus souvent de tous les tendres sentiments que vous me connaissez pour vous, et que j'aime à vous répéter.

Nos inquiétudes ont été communes au sujet de votre mari, je lui suis bien vivement attaché, et tout ce qu'il est pour vous est une raison pour moi d'un nouvel intérêt bien sensible. J'en ai reçu ces jours-ci une lettre qui s'est perdue dans les chemins pendant plus d'un mois, si j'en juge par la date et par les nouvelles qu'il m'y donne; il vous reviendra plein de santé et d'empressement de vous revoir, et vous vous embrasserez comme vous le fîtes à Sommery l'année passée; si j'en sais le moment je n'aurai sûrement point d'autre pensée alors et d'autre sentiment que celui de votre satisfaction. Notre pauvre sœur me donne un noir dans l'âme que je ne puis vous exprimer, je l'aime trop vivement pour sentir, pour jouir de quelque chose d'agréable; sa santé se détruit tous les jours, tous les remèdes inévitables dans les états où elle se trouve achèvent de l'épuiser; elle est languissante; son terrible sang est une source continuelle de maladies, et de chagrins pour ses amis.

Je n'irai point en Normandie avant l'hiver, M. de Verdun ira dans le milieu du mois prochain passer quelques semaines à Versailles, c'est une visite de compliment qu'il fera à M. le Dauphin (1) et à M^me la Dauphine à cause de la convalescence du Duc de Bourgogne; j'attendrai son retour à Verdun pour aller à Paris dans le temps qu'il y passera cet hiver. Vous ne pouvez pas douter de l'empressement que j'aurai de vous y retrouver et de vous y embrasser, ma chère amie, avec toute la tendresse de l'amitié la plus vive.

(1) Le dauphin était Louis de France (4 septembre 1729-21 décembre 1765), dont la biographie a été écrite par Henri de Lépinois en 1858. C'est une figure intéressante et, comme on le sait, sa mort fut mystérieuse.

3° *Lettre à Monsieur de Belbeuf, Procureur général.*
*en son hôtel à Rouen*

[Verdun] ce 27 [.... 1767].

Je devrais vous détester, mon ami, à cause de tout le tourment que vous me donnez; vous imaginez bien que je ne vous ferai pas faire une fausse démarche dans ce qui est aussi avantageux pour moi; mais mettez-vous à ma place, et jugez de ma surprise en recevant une lettre de Madame de Brézé, si éloignée de toutes mes idées. Mon premier mouvement a été contre vous qui m'engagez sans m'en avoir dit un seul mot (1) et le second a été de répondre à votre amitié en mettant toute l'honnêteté possible dans une chose aussi délicate; j'ai parlé à merveille, je n'ai point voulu prendre de parti, j'ai voulu être donné de la main de mon Evêque (2) que j'aime véritablement et à qui je ne voudrais

(1) C'est qu'il était urgent que l'abbé de Belbeuf quittât l'évêché de Verdun. L'abbé de Foy écrivait le 2 avril 1767 : « Je dois vous prévenir qu'il est très important pour Monsieur votre frère qu'il quitte promptement le séjour qu'il habite et qu'il tâche de s'attacher à un autre évêque, soit de notre province, soit d'ailleurs. Je vous en dirai davantage la première fois que j'aurai l'honneur de vous voir. » Déjà M. de Belbeuf avait prié le duc d'Harcourt d'intervenir auprès de l'évêque d'Orléans et ce dernier lui avait promis son concours le 21 mars 1767. L'évêque d'Orléans, de Jarente, qui détenait la feuille des Bénéfices, écrivait au Procureur général le 8 mai 1767 : « C'est avec un grand plaisir que j'ai appris, Monsieur, le choix qu'a fait M. l'archevêque de Rouen de M. l'abbé de Belbeuf votre frère, pour son grand vicaire de Pontoise et je suis très aise qu'il soit à portée de développer ses talents et ses vertus et de me mettre à même de rendre compte au roi de ses services dans l'Eglise comme des vôtres dans la Magistrature. » (*Archives du château de Belbeuf*).

(2) Son évêque, l'évêque de Verdun, était Aimard-Chrétien de Nicolay, né à Paris en 1720, nommé évêque en 1754, mort le 9 avril 1769. Il écrivait de Versailles au Procureur général le 1er mai 1766 : « Si Monsieur l'évêque d'Orléans, Monsieur, suivait quelquefois mes inspirations, Monsieur votre frère serait depuis longtemps établi et

pas manquer pour tout au monde. Il vous écrit aujourd'hui, il vous envoie une lettre pour M. l'Archevêque dont je dois être content; je ne vous dis point comment je vois cette nouvelle combinaison-là, elle ne me retarde point; et c'est la position la plus agréable pour moi en attendant la fortune. Je ne sais pas même si vous ne pourriez pas en tirer parti en me faisant donner, pour y vivre, une abbaye qui ne nuirait à rien; le cas est bien différent d'une abbaye demandée en d'autres circonstances; voyez cela avec M. l'Archevêque (1). Il serait peut-être à propos de consulter sur cela M. d'Oil[liamson] (2) lui-même, en lui disant ce qui peut lui être agréable, en mettant dans votre lettre que vous vous croyez trop sûr de sa bonne volonté pour le fatiguer de demandes ou de regrets; mais que vous ne lui écrivez que comme à quelqu'un sur l'amitié duquel vous devez compter, et que vous priez de vous dire si un bénéfice qu'il me donnerait dans ce moment-ci, n'ayant encore rien du roi, après tant d'années de service, et cela pour vivre décemment dans ce poste-là, pourrait être un obstacle aux désirs prochains qu'il vous a marqués de me placer, etc. Vous ferez la lettre mieux que moi. Adieu, mon ami, ou plutôt

placé, car je suis bien sûr qu'il gouvernerait un diocèse avec bien de la sagesse et qu'il ferait respecter la religion, mais je n'ai nul crédit réel chez ce ministre. Tout ce que je puis faire, c'est de seconder, d'animer le zèle de Monsieur le prince de Tingry qui me paraît vous être fort attaché et vouloir du bien véritablement à Monsieur votre frère. Il faut que de votre côté vous vous donniez aussi des mouvements, et que vous saisissiez les occasions qui peuvent être favorables. Vous me trouverez toujours disposé à vous seconder. Je le dois à Monsieur votre frère et à titre de justice et à titre d'amitié. »

(1) L'archevêque de Rouen était Dominique de la Rochefoucauld, né dans le diocèse de Mende en 1713, sacré archevêque d'Albi le 29 juin 1747, nommé archevêque de Rouen en 1759, cardinal en 1778, mort à Munster le 23 septembre 1800. (L'abbé Julien Loth. *Histoire du Cardinal de la Rochefoucauld...* Rouen, 1893).

(2) Il était vicaire général et archidiacre dans le diocèse de Rouen.

mon Maître, car vous m'ordonnez bien despotiquement. Je garde le plus grand secret vis-à-vis de tout le monde.


## II


*1º Lettre (1) à Monsieur Dardel, secrétaire du grand vicariat de Pontoise (2)*


A Belbeuf, ce 10 9bre 1767.

J'ai cherché moi-même, Monsieur, dans les archives du secrétariat de Rouen l'acte de réunion en question, je ne l'ai pas trouvé; les papiers y sont cependant dans le plus grand ordre.

Je rapporterai avec moi les feuilles imprimées que vous désirez; on vient de m'en envoyer un paquet.

Ecrivez donc, je vous prie, de ma part aux pénitents de Meulan de se charger de desservir la paroisse de Gaillon jusqu'à nouvel ordre si les Cordeliers de Pontoise ne peuvent pas le faire.

Jamais monitoire n'a été demandé avec plus de justice, le crime des incendiaires est un secret affreux et trop important à dévoiler.

Il y a eu des torts dans la conduite du vicaire de Saint-Pierre, mais la leçon est forte; il est à propos de secourir

(1) Cette lettre est extraite des Archives départementales de Seine-et-Oise, G 9 pièce 48. Les autres lettres, se rapportant à l'administration du grand vicariat de Pontoise, se trouvent également aux Archives départementales de Seine-et-Oise. Comme la plupart ne sont pas datées d'une façon précise, nous avons suivi l'ordre du classement des Archives d'une façon générale.

(2) Cette situation de grand vicaire de Pontoise était plus importante que celle d'un archidiacre ordinaire. Son administration était presque indépendante de l'archevêché de Rouen auquel elle se rattachait. Les Archives départementales de Seine-et-Oise contiennent des documents importants sur le grand vicariat de Pontoise (G 1-234).

et je vous suis obligé des soins que vous prenez; voudriez-vous bien faire remettre à Monsieur le curé de Gerocourt la lettre que je joins à la vôtre.

Continuez, je vous prie, de m'instruire de tout ce qui se passe, vous connaissez, Monsieur, tous les sentiments que je vous ai voués.

### 2º *Lettre* (1) *à Monsieur d'Aunay, notaire royal et secrétaire du grand vicariat de Pontoise*

Ce 14 mars 1768.

Voilà, Monsieur, la signature que vous demandez, je fais partir par le même ordinaire la réponse à M. le curé de Bennecourt (2) avec la dispense signée. M. Baslin attendra mon retour, je veux lui parler avant que de lui donner des pouvoirs. Le curé de St-Martin de Chaumont (3) m'écrit d'abord ce qu'il nous a dit, mais qu'il vient de recevoir une lettre du curé de Beauvais qui a changé d'avis et qui désire la permutation; il me demande un exeat et une attestation, st-ce l'usage d'en donner aux curés? et dans quelle forme? cela ne se faisait pas à Verdun. Le sieur Papon sort de chez moi, il faut rectifier son démissoire pour la tonsure ainsi que ses lettres. — Je prie M. le doyen de Chaumont de vérifier

---

(1) *Arch. départ. Seine-et-Oise*, G 9, pièce 39. La pièce 38 est également un billet de M. l'abbé Godart de Belbeuf, adressé à M. Dardet. Etant peu important, nous le donnons en note :

« Faites insinuer à la date que vous me marquez, Monsieur, la nomination que je vous renvoie signée; ce que je crains, c'est une prévention d'un autre que du signataire, comme son défaut d'âge était connu peut-être, — qu'on aura fait courir, j'en ai même quelque soupçon fondé. — Bonjour, Monsieur, je ne serai pas longtemps sans aller vous rejoindre. — Ce 7 Jer. »

(2) Le curé de Bennecourt était probablement Louis-Gabriel Gillebert (*Arch. départ. Seine-et-Oise*, G 3).

(3) En décembre 1742, le curé de St-Martin de Chaumont était Jacques-Guillaume Dufour (*Arch. départ. Seine-et-Oise*, G 3).

le registre dans la forme dont je vous ai parlé. Ma grande affaire pour laquelle je reste ici va très bien, je la pousse vivement. M. l'archevêque fera transférer à Rouen notre ivrogne, j'ai écrit pour savoir s'il y a une chambre de force vacante à côté de celle du fou qui y a été envoyé il y a quelques mois; prévenez-en Monsieur l'exempt de la maréchaussée. Nous livrerons maître Bouillant au Parlement.

Le sieur Papon revient, il me rapporte sa lettre de tonsure qui est en règle. Rectifiez le démissoire et renvoyez-le moi par la poste de demain avec son extrait de baptême qui lui sera nécessaire pour aller à l'examen mardi; envoyez-moi aussi une feuille de démissoire pour les [ordres] mineurs; il s'appelle François-Claude Papon, le démissoire sera pour Paris.

### 3º *Lettre* (1) *à Monsieur d'Auvray à Pontoise*

Envoyons à Guitrancourt M. Noël, j'ai signé sa feuille; si cependant l'incommodité du curé n'était que passagère, comme je vois par mon état que sa paroisse n'a que deux cent cinquante communiants, on pourrait ne lui donner M. Noël que pour le temps de Pâques, après lequel je le placerais dans une paroisse où un vicaire serait plus nécessaire. Arrangez cela et mandez-lui dans ce cas-là qu'il aille à Guitrancourt, en attendant une autre place, et que je lui donne tous les pouvoirs pour cela. Je serai encore retenu ici toute la semaine, j'y poursuis trois affaires essentielles, vous me reverrez au commencement de la semaine sainte, je vous donne le bonsoir, vous connaissez tous les sentiments que je vous ai voués; donnez-moi l'adresse de Madame de Grachi; dites-moi si on accorde facilement

(1) *Arch. dép. Seine-et-Oise*, G3, pièce 40. Cette lettre n'est pas datée, et il ne nous a pas été possible de lui donner une date approximative.

ces permissions-là. Vous ne m'avez pas écrit si le mendiant de M<sup>me</sup> la duchesse d'Auray est mort à la renfermerie.

*4º Lettre (1) à Monsieur d'Ailly, au secrétariat du grand vicariat de Pontoise, à Pontoise.*

Ce 1<sup>er</sup> de Janvier.

Monsieur Dardet, Monsieur, négligea de dresser la nomination de M. Gilbert, vicaire de Bennecourt pour Jambville, le jour qu'il vint avec vous chez moi, il l'a commencée seulement, il faut la remplir à la date du vingt-deux, jour auquel je l'en avais chargé, et la faire insinuer à la même date s'il n'y a rien de postérieur. J'ai le registre des insinuations, le résignataire n'a ses vingt-cinq ans que le 3 de ce mois-ci.

Je vous dis cela parce que je crains qu'il y ait eu de la négligence au secrétariat de Rouen. M. l'archevêque m'ayant mandé qu'il avait envoyé les provisions au sieur Gilbert, et je sais qu'il ne les avait pas encore reçues le vingt-neuf, et quand il les aurait reçues s'il a négligé de les faire insinuer tout de suite à Pontoise, elles ne lui serviraient de rien. Faites tout cela sans bruit, car le résignataire est déterminé à un procès; bonjour, Monsieur, vous connaissez tous mes sentiments pour vous.

L'abbé de Belbeuf.

*5º Lettre (2) à Monsieur d'Auvray à Pontoise*

Ce Mardi.

Je ne sais pas quelle peut être la force de l'exemple sur une tête aussi mal organisée que celle du curé de St-

_____

(1) *Arch. départ. Seine-et-Oise,* G9, pièce 41. La réponse est annexée à la lettre.

(2) *Arch. départ. Seine-et-Oise,* G9, pièce 42.

Martin, mais j'ai pris mon parti, si cette permutation-là ne réussit pas, de lui faire tout le mal qu'il mérite. Il n'y a point de place à Rouen pour l'ivrogne d'Auvers, il est bien là en attendant de nouveaux ordres, je verrai avec M. l'archevêque où on pourra lui faire un établissement plus solide.

J'ai livré maître Bouillant au Parlement; voilà trois articles qui ne font pas de la juridiction gracieuse. J'ai signé le démissoire de M. Pelletier, j'attends le sieur Bouteilles que j'ai envoyé chercher pour qu'il m'apporte son livre et ses attestations.

M. Baslin n'aura point ses pouvoirs qu'il n'ait terminé avec le vicaire de Marquemont ou qu'il n'ait pris du moins des arrangements sûrs.

Informez-vous, je prie, de M. de Chavannes s'il a dans son hôpital le sujet dont il est question dans le billet que je joins à ma lettre, c'est Madame la duchesse d'Auray qui me l'a remis et qui y prend intérêt; demandez à M. de Chavannes si on le rendrait à ses enfants qui iraient le chercher pour en prendre soin, il me semble qu'il est difficile de refuser cette grâce-là à son âge et à ses enfants.

Il y a une grande affaire à Limay (1) dont M. le procureur général m'a fait part. Le curé est gravement accusé. J'écris au doyen de Meulan de s'informer sur les lieux des faits, M. le procureur général veut bien suspendre la poursuite.

Comment ferez-vous passer à Messieurs les curés du Vexin le mandement de M. l'archevêque? ne faut-il pas que je vous envoie une lettre pour Messieurs les doyens?

J'imagine que M. Canot a suspendu ses ouvrages par le froid qu'il fait et qui y serait contraire.

Nos affaires ici sont en bon train, mais elles ont besoin d'être suivies de près.

Je resterai encore toute la semaine à Paris.

(1) Vraisemblablement le curé de Limay était Michel-François Boutron. Il était curé depuis 1754. Il était considéré comme ayant une mauvaise tête (*Arch. départ. Seine-et-Oise*, G3).

Vous connaissez, Monsieur, tous les sentiments que je vous ai voués.

6° *Lettre* (1) *à Monsieur d'Auvray, notaire royal et secrétaire du grand vicariat de Pontoise*

Ce 8 au soir.

Monsieur l'archevêque a trouvé bon l'emprunt des Mathurins, je l'aurais arrêté bien facilement, tout cela n'y fera rien ; je ne me flattais que médiocrement du succès sur la cure de Gaillon. Vous répondrez à M. le prieur d'Avernes qu'il peut absoudre de l'infraction du carême, que sur les autres cas je le prie de s'adresser à moi, que ces pouvoirs-là trop multipliés s'écartent de l'esprit qui a établi les réserves. Mandez au Père gardien des Récolets que j'enverrai à mon retour au Père J. X. Jauvet sa feuille d'approbation, qu'en attendant je lui permets de confesser.

Si le nouveau curé de Gaillon est pressé qu'il m'apporte l'expédition de ses provisions et je les signerai, vous lui donnerez mon adresse, mais qu'il vienne le matin avant dix heures.

J'attends ce soir M. Bouteilles qui vous remettra ma lettre. M. Pelletier vous en remettra une autre, je vous prie

(1) *Arch. départ. de Seine-et-Oise*, G9, pièce 45. La pièce 44 est également une lettre de M. l'abbé de Belbeuf adressée à M. Dardet.

A Paris, 6 février 1769.

J'ai prévenu il y a deux jours Monsieur Michelet sur ce qui vous intéresse, il m'a promis d'y mettre la plus grande attention et toute l'activité possible. M. l'archevêque est parti samedi dernier, je l'avais intéressé à votre affaire.

Attendez, je vous prie, à venir à la fin de la semaine, vous m'apporterez des papiers que je ne peux confier qu'à vous et que M. le curé de St-Maclou aura probablement reçus dans ce temps-là. Vous connaissez, Monsieur, tous mes sentiments pour vous.

L'abbé de Belbeuf.

de faire tenir ma réponse à M. le curé de Genainville que je vous envoie par la même occasion.

Vous connaissez, Monsieur, tous mes sentiments pour vous.

### 7º *Lettre* (1) *à Monsieur Dardel, secrétaire du grand vicarial de Pontoise*

Ce 2 février.

Je vous renvoie, Monsieur, la permission d'informer signée; j'envoie aussi les autres signatures qui vous sont nécessaires.

J'ai mandé à M. le doyen de Meulan que ceux, pour lesquels il a sollicité la dispense que j'accorde, donneront un louis aux renfermés.

Je suis persuadé que je trouverai à mon retour tout ce que vous aurez fait bien en règle, je ne peux trop vous recommander la plus scrupuleuse exactitude. Vous connaissez mes sentiments pour vous, Monsieur.

L'abbé de Belbeuf.

Vous ferez passer à M. le curé de Boissy-l'Aillerie la permission que je lui envoie.

### 8º *Lettre* (2) *à Monsieur Dardel, secrétaire du grand vicarial de Pontoise*

Ce samedi.

J'ai répondu, Monsieur, directement aux lettres que vous m'avez envoyées, j'ai donné des commissions d'informer;

(1) *Arch. départ. de Seine-et-Oise,* G9, pièce 43.

(2) *Arch. départ. de Seine-et-Oise,* G9, pièce 46. La pièce 47 est également un billet de M. l'abbé de Belbeuf, adressé à M. Dardel.

Paris, ce dimanche 29 janvier.

Vérifiez, Monsieur, la signature de M. le curé de Vaudancourt et mettez-y la légalisation que vous contresignerez avec le sceau; et vous me la renverrez tout de suite. Je suis très parfaitement, Monsieur, tout à vous.

L'abbé de Belbeuf.

j'en ai reçu hier une de M. Robin, vicaire d'Hénonville, qui me demande le desservice de la paroisse; il y est vicaire depuis vingt-deux ans; sachez, je vous prie, de M. Sauton qui est à St-Maclou, ce que c'est que ce vicaire-là et s'il y a quelque arrangement qui lui convienne sur le desservice.

Où en sont vos affaires? on ne finit rien ici qu'avec opiniâtreté; je me flatte d'être libre sous peu de jours, et de retourner à Pontoise. Bonjour, Monsieur, vous connaissez mes sentiments pour vous.

L'abbé de Belbeuf.

9° *Lettre* (1) *à Monsieur d'Auvray, secrétaire au grand vicarial de Pontoise*

A Paris, ce 12 mars.

Voilà, Monsieur, une lettre pour M. le curé de St-Pierre, que je vous prie de donner à M. Galbri, pour qu'il la lui remette; il peut exercer les fonctions du ministère, en attendant mon retour; j'en préviens M. le curé, je suis persuadé que nous faisons une bonne acquisition.

On m'a dit dans les bureaux de M. de St-Florentin qu'on ne doit point écrouer sur les ordres du roi; comment cela s'est-il fait à Pontoise? appelle-t-on écrou de l'avoir inscrit sur le registre et sur l'état du sieur Blondel? l'ordre est-il renvoyé à M. l'intendant? c'est à Bicêtre que M. l'archevêque destine le prisonnier; il lui paiera la pension.

Je crains bien que la gelée n'empêche la solidité des ouvrages qu'on vient de faire à mes murs, qu'en pense M. Canot?

Adieu, Monsieur, vous connaissez l'attachement que je vous ai voué.

_______

(1) *Arch. départ. Seine-et-Oise,* G9, pièce 49.

### III

*1° Lettre à Monsieur de Belbeuf, Procureur général*
*en son hôtel à Rouen*

Ce 8 [mars 1766].

Qu'allez-vous me mander aujourd'hui, mon ami, sera-ce la plus haute sottise que votre Parlement puisse faire ? pouvait-il s'attendre à une autre réception (1) ? qu'il relise les phrases de ses remontrances, qu'il vérifie les principes qu'il veut établir, qu'il repasse de sang-froid sur toute sa conduite ; des sujets ont-ils jamais parlé de ce ton-là à leur Maître ? ont-ils jamais plus abusé d'une portion d'autorité infiniment honorable s'ils y restaient uniquement attachés ? se flattent-ils qu'on met la main sur la couronne comme sur le bonnet d'un Jésuite ?

Je vous l'ai déjà dit, ils sont perdus s'ils quittent leurs charges, le parti est pris de les écraser ; et je ne réponds pas qu'il n'y ait quelques particuliers qui ne payent pour les autres.

Qu'ils regardent la Bretagne et Pau. Qu'est-il arrivé de leur résistance ? leur déshonneur et le malheur de leur province ; je ne reconnaîtrai jamais dans des démarches, dont les suites retombent sur le peuple à qui la justice est due, des hommes qui se sacrifient pour ce qu'ils croient le bien.

On avait répandu hier dans Paris le bruit des démissions, et on les blâmait hautement ; je vis le comte d'Harcourt avec qui je soupai ; j'avais vu le comte de Lillebonne, qui en étaient bien occupés ; votre lettre m'a rassuré, mais pour un

(1) Voir sur ces divers incidents : Floquet. *Histoire du Parlement de Rouen*, t. VI, p. 529. Cette réception avait eu lieu le 4 mars 1766.

moment. Si vous avez des amis qui ne soient pas du tour-
billon, vous ne pouvez trop les engager aux partis de la
soumission en donnant quelques phrases à leur douleur.

Le Parlement de Paris avait fait demander, jeudi au soir,
permission au roi de se présenter devant lui en Corps. Le
roi dit à l'Avocat général : que me veut mon parlement?
l'avocat général répondit qu'il n'en savait rien; le roi lui
répliqua : allez le savoir. Hier, chambres assemblées, les
gens du roi renvoyés pour dire que le Parlement voulait
porter au pied du trône sa douleur et ses regrets de lui avoir
déplu. Ils ont été reçus à sept heures et demie du soir, le
roi a accepté la démarche en les réduisant à trente-deux.
Ce qui désole le Parlement c'est que l'arrêt du Conseil et la
réponse du roi sont insérés dans les papiers publics et débi-
tés partout; mais leurs remontrances ont-elles été données
dans le secret ? qu'ils se jugent.

La Reine (1) n'était pas aussi bien hier, on assure qu'il
n'y a aucun danger.

Rendez-moi un important service. M^{me} la comtesse d'Es-
tourmelles veut placer en herbages des remboursements
qu'on lui fera d'ici à quatre mois. Elle y mettra jusqu'à
quarante mille écus; lisez vos affiches, faites agir vos émis-
saires; on lui a dit qu'on en trouve à acheter au denier
vingt-deux; j'ai peine à le croire; écrivez-moi sur cela un
article que je puisse lui montrer; elle les achèterait en mor-
ceaux détachés si on ne peut pas les rapprocher. Le Coq
pourra vous servir, je demanderai des notions à Havard;
il n'y a rien que je ne voulusse faire pour obliger M^{me} d'Es-
tourmelles qui me comble d'amitié.

Adieu, mon ami, voilà un long griffonnage, mais vous les
aimez.


(1) La reine était Charlotte-Félicité Leczinska, épouse de Louis XV.
Elle mourut en 1768.

2º *Lettre à Monsieur de Belbeuf, procureur général*

Ce 14 [avril 1771].

Le Roi est entré au lit de justice (1) hier à onze heures trois quarts et en est sorti à une heure et un quart.

Monsieur le Ch<sup>er</sup> a fait un assez long discours sur les raisons qui avaient obligé le Roi d'exiler le Parlement de Paris et qui le forçaient de le casser.

Le greffier en chef a lu un édit contenant 25 articles.

Monsieur Seguier a fait un discours long et touchant sur le passé et a fini par conclure l'enregistrement par respect et obéissance.

Le Parlement de Paris cassé, le Grand Conseil cassé, et substitué au Parlement, la Cour des Aides cassée et sa juridiction réunie au Parlement.

Toutes les charges seront remboursées, les intérêts en seront payés au denier vingt jusqu'au remboursement.

M. le comte de la Marche a été le seul Prince qui y soit allé; les autres princes avaient envoyé le matin une protestation au Conseil qui tenait la place du Parlement qui a dit qu'il n'avait pas le temps de délibérer parce qu'il était obligé de se rendre à Versailles.

Il est ordonné que l'édit sera envoyé aux Conseils supérieurs, baillages, sénéchaussées, etc.

Plusieurs pairs ont parlé et fait des réclamations, ils étaient 25.

Le Roi a terminé le lit de justice en assurant que c'était sa volonté suprême, qu'il voulait qu'elle fut exécutée, qu'elle était inébranlable et que le Parlement ancien ne reviendrait

_______

(I) Voir sur ces divers incidents: Lavisse, *op. cit.*; t. VIII (2º partie), p. 393-403, et Flammermont, *Remontrances du Parlement de Paris au XVIIIº siècle*, t. III, p. 185-207.

jamais. Il a ajouté qu'on installât sur-le-champ le nouveau Parlement, ce qui a été fait à 4 heures après midi.

Le lit de justice séparé, M. de Sauvigny (1) intendant de Paris est entré chez le Roi et a prêté le serment de premier président en disant à l'article : vous jurez et promettez, etc. Oui, par respect et obéissance et soumission pour les volontés du Roi.

Présidents le marquis de Nicolaï, de la Briffe, le Prêtre de Chateaugiron, de la Biochaïs (2). Cinq chanoines de la cathédrale conseillers clercs, dont un abbé de Beaumont, du nom et de la famille de l'archevêque.

On dit un courrier parti pour M. le duc d'Harcourt.

(1) Louis-Jean Bertier de Sauvigny, intendant de la généralité de Paris.

(2) N'est-ce point de la Bourdonnaye ? Voir au reste l'*Almanach Royal de 1772*, p. 219-221.

# CHAPITRE II

## L'Évêque d'Avranches aux débuts de son épiscopat
## (1774-1783)

### SOMMAIRE

I. *La nomination à l'évêché d'Avranches.* — Félicitations du cardinal La Roche-Aymon. — Prestation de serment. — Jugement sur Turgot.

II. *Intimités familiales.* — Les prérogatives du Procureur général. — Diverses recommandations. — Une vilaine affaire. — Un mariage en perspective.

III. *Allocution de mariage.* — Les caractères du mariage chrétien. — Ses devoirs. — Nécessité de la vertu.

### I

1° *Lettre* (1) *du cardinal de la Roche-Aymon* (2) *à Monsieur l'abbé de Belbeuf, évêque d'Avranches* (3)

16 janvier 1774.

Je m'empresse, mon cher seigneur, de vous annoncer que le roi vient de vous nommer à l'évêché d'Avranches, vacant

(1) Cette lettre a déjà été publiée par Mgr Deschamps du Manoir, *op. cit.*, p. 3. Nous avons cru devoir la rééditer.

(2) A cette époque, le cardinal de la Roche-Aymon détenait la feuille des Bénéfices. On avait enlevé cette charge à l'évêque d'Orléans. Mgr de Belbeuf lui écrivit quand il en fut privé, et l'évêque répondit ainsi, du Mans, le 4 avril 1771 :

« C'est une grande consolation dans la disgrâce, Monsieur, de rece-

par la translation de M. de Malide à celui de Montpellier.
J'ai pensé que cette place vous serait doublement agréable,

voir des marques d'intérêt des hommes honnêtes. J'ai été d'autant
plus touché de celles que vous me donnez, que, malgré la justice que
j'ai rendu, aux services de M. votre frère et aux vôtres, je n'avais pas
encore été assez heureux pour vous obliger l'un et l'autre. »

Charles-Antoine de la Roche-Aymon naquit le 17 février 1697,
mourut en 1777. Il fut successivement évêque de Sarept en 1725, de
Tarbes en 1729, archevêque de Toulouse en 1740, de Narbonne en
1752, de Reims en 1762, devint cardinal en 1771.

(3) Depuis fort longtemps des négociations étaient entamées en vue de
faire obtenir à l'abbé de Belbeuf un évêché. Nous avons trois billets
intéressants adressés au procureur par Montmorency-Longuy: a. « Ce
15 à Choisy. Je reparlerai très volontiers à M. l'évêque d'Orléans. Mais,
je vous abuserais, si je vous cachais que je doute beaucoup que vous
ayez satisfaction dès ce moment présent. Je crois qu'il prend des arrangements contraires à vos vues et au désir que j'aurais de vous voir
content. M. l'évêque de Verdun de retour de Sens hier ne fera pas
long séjour dans ce pays. »

b. « Ce 14 à Beaumont, près Pithiviers. Tout ce qui m'est revenu de la
nomination aux bénéfices m'annonce une bonne volonté pour M. votre
frère. Il faut espérer des effets prochains; il en a été beaucoup question
pour l'évêché vacant en Normandie. Des engagements anciens, pris
par l'abbé de Malide, ont déterminé l'évêque d'Orléans ; ce qu'il y a
de fâcheux c'est qu'il ne vaque pas souvent des évêchés en Normandie
et que celui-là était bien à votre convenance... il faut bien prendre
son parti et ne point perdre de vue les sollicitations qui sont bien nécessaires auprès M. d'Orléans; pendant 7 ou 8 mois je le verrai presque
tous les jours, et, je ne négligerai aucune occasion de lui parler de
M. l'abbé de Belbeuf.

c. « Ce 12 mars à Versailles. J'ai trouvé M. l'évêque d'Orléans dans
des dispositions favorables. Il m'a dit que vous lui avez écrit et quoique les nominations ne doivent pas selon toute apparence être prochaines, vous ferez bien de faire agir vivement auprès de lui. Vous
savez que ce prélat donne beaucoup de belles paroles et, pour l'exécution il faut beaucoup le presser. Il ne m'a objecté que le peu de temps
qu'il y a que M. votre frère est dans la place qu'il occupe. Je me suis
servi pour lui répondre des bonnes raisons que vous m'avez fournies.
Je quitte ce pays-ci aujourd'hui... l'élection d'un pape, selon les
apparences, retardera sans doute les nominations. »

De son côté, l'évêque de Lescar, qui précédemment avait demandé,

en ce qu'elle vous laisse dans le voisinage de votre famille. J'écris directement à Monsieur votre frère, pour lui faire part de cette nouvelle.

Le cardinal de la Roche-Aymon.

2° *Lettre à Monsieur l'abbé Thorel* (1) *place Saint-Ouen à Rouen*

[Paris] ce 19 [juin 1774].

J'ai prêté hier mon serment, mon ami, il sera enregistré.

le 3 août 1767, pour un futur conseiller clerc l'abbé de Lissaldi, l'appui du Procureur général, lui écrivait de l'Isle de Noë le 18 février 1769:

« Monsieur l'évêque de Tarbes vient de mourir, Monsieur, c'est une place agréable et assez riche pour quelqu'un qui ne craindrait pas de faire deux cents lieues.

Je serais enchanté d'avoir dans mon voisinage M. l'abbé de Belbeuf. Je vous donne la première nouvelle, afin que vous vous donniez des soins pour cette place, ou pour l'assurance de la première, qui serait plus à votre bienséance.

Je commence à trouver le vicariat de Pontoise un peu long. Prenez votre parti, parlez fort et ferme, vous présentez un bon sujet et vous appuyez une demande juste par de bons services. Personne ne fait des vœux plus sincères pour vos succès, ni des excuses plus humbles pour ses torts. Ma justification serait une longue histoire, je l'abrège, en la bornant aux assurances de mon tendre et respectueux attachement.

† M. A. évêque de Lescar.

Je vous prie, Monsieur, de me rappeler dans le souvenir et dans les bonnes grâces de Madame de Belbeuf. J'embrasse l'abbé Thorel et son pupille de la seconde génération. »

(1) Nous avons eu l'occasion de donner quelques notes biographiques sur l'abbé Thorel. Nous tenons toutefois à rappeler le rôle important qu'il joua dans la vie de l'évêque d'Avranches. Il fut son conseiller très écouté. Il n'est pas étonnant, que nous ayons trouvé de nombreuses lettres, qui lui soient adressées.

Nous transcrivons un autre billet adressé à M. l'abbé Thorel le 9 juin à une date inconnue : « Je n'ai pas trouvé le moment de vous écrire hier au soir, mon excellent ami, il faut que je sois à huit heures à quatre lieues d'ici; je vous écris la botte au pied, le fouet à la main.

Votre voyage, car c'en est un après l'évacuation qui était désirable, mais qui a dû vous affaiblir, a dû nécessairement un peu vous émou-

dans la semaine, mais c'est deux mille francs au lieu de douze cent et je serai obligé d'emprunter le surplus si on ne peut pas le laisser en souffrance (1).

Nous avons retrouvé un arrêt du Conseil d'Etat de 1606 ou seize, qui nous donne contradictoirement raison, à titre de possession et de vu de pièces. C'est une excellente trouvaille. Nous faisons le reste avec espérance de succès, s'il dépend d'un droit le mieux établi.

Le roi s'est fait inoculer ce matin avec les princes. Adieu, je griffonne, midi sonne.

3° *Lettre à Monsieur de Belbeuf, Procureur général à Rouen*

[Vraisemblablement en avril 1775].

Vous connaissez Monsieur Turgot, mon ami, c'est l'homme inabordable plus que jamais, sur toute espèce de demande. Son Monsieur Devin, fier comme Artaban, repoussera de ses bureaux tout ce qui n'est pas son protégé. Et, dans le

voir, et, il vous faut quelques jours pour en apprécier l'effet ; un air aussi pur, une température aussi douce, le changement de lieu toujours agréable aux convalescents, me permettent d'en augurer de vrais avantages pour vous; avec quelle impatience, mon très cher ami, je désire voir mes espérances confirmées.

J'enverrai par le premier courrier la nomination de Timor à mon frère. Je vous embrasse, je vous aime. Je suis tout à vous plus tendrement que je ne peux vous l'exprimer. »

(1) Mgr de Belbeuf avait été préconisé par le cardinal de Bernis, ambassadeur de France, dans le consistoire du 28 février et préposé dans le consistoire du 13 avril. Il avait été sacré le dimanche 15 mai suivant dans la chapelle de Notre-Dame de Lorette, à Issy, par Jean-Dieu-Raymond de Boisgelin de Cucé, archevêque d'Aix, qu'assistaient Joseph-François de Malide, évêque de Montpellier, son prédécesseur à Avranches, et Yves-Alexandre de Marbeuf, évêque d'Autun. Il prit possession de son siège par procureur le 21 juillet 1774, et personnellement, le 20 septembre 1774 (Bibl. Mun. d'Avranches. *Manuscrits du Docteur Cousin*, t. XVIII, f. 61).

public, pour vous dire le vrai, cet homme-là lui fait tort. Nous concerterons après Pâques, réunis ici, ce qu'on peut faire pour Paul Véronèse, dont le portrait, tracé de sa main, ou de celle de la famille, m'a frappé en beau.

Je voudrais bien trouver mieux que l'ombre de ma baronne, embrassez sa réalité pour moi.

Tu radotes, mon enfant, sur l'habillement de ton fils, arrange-le à Rouen comme tu voudras, mais tout ce que j'ai consulté ici, dit et redit qu'il ne peut paraître qu'en magistrat.

Vous, quand vous avez fait votre droit, vous n'étiez attaché à aucune charge, vous pouviez prendre les armes comme la plume. Mais votre fils ne vient-il pas faire ses remerciements d'une charge d'Avocat général, qu'il a payée, dont il a l'agrément. C'est clair comme le grand jour. Et monsieur l'avocat général, remerciant le premier magistrat peut-il porter un habit couleur de rose. Ne vous citez pas pour exemple, votre cas est tout différent.

Adieu, mon ami, je voudrais savoir s'il y a encore écurie, remise chez l'archevêque, où je compte débarquer, dimanche prochain. Au plaisir de t'embrasser.


## II


1º *Lettre* (1) *à Monsieur de Belbeuf, Procureur général*
*du Parlement*

Ce 25 janvier 1777.

Cette réponse-là, mon ami, ne met ni dehors ni dedans, je voudrais bien savoir ce que M. d'Ogni vous aura répondu. D'abord, le roi qu'on nomme toujours, n'y dit rien, et le point sur lequel il me semble que je dois insister, c'est

(1) Cette lettre est extraite d'un dossier concernant Rigoley de Juvigny. Ce dossier comprend plusieurs pièces. Nous n'avons publié que les documents provenant de Mgr de Belbeuf.

qu'il ne s'agit point d'une grâce nouvelle. Que sans la parodie qu'on a faite d'un Parlement à Rouen, par la substitution d'un conseil supérieur, jamais on n'aurait changé la prérogative du p[rocureur] g[énéral], que c'est la proximité, où la province est de Paris, qui en est la principale raison, que les normands abondants dans la capitale ne cessent d'envoyer de là leurs mémoires et leurs affaires au p[rocureur] g[énéral] et qu'il est barbare et mortifiant, qu'on dépouille un homme mal récompensé, de tout le zèle et de tous les sacrifices qu'il donne à sa place, depuis aussi longtemps. Je prendrai le rendez-vous qu'on me demande, et je vous en rendrai compte, mon ami.

Je vous embrasse de tout mon cœur.

P. S. Les offres de M. de la Maugerie, qui est occupé dans ce moment-ci de la grande affaire, dans laquelle cela fait un incident, sans doute combiné par ses adversaires et fâcheux, sont d'en passer sur les injures, par les réparations qui seraient jugées convenables par quelques gentilshommes, et de prendre, avec le sieur de la Rouillerie, des arrangements pour le payement des quinze cents francs et frais dont une partie, au temps de l'arrangement, et le reste cinq ou six mois après. Il désire que M. le p[rocureur] g[énéral] porte sa partie à cela et fasse tomber l'affaire.

### 2° *Lettre* (1) *à Monsieur de Belbeuf, Procureur général du Parlement à Rouen*

Prenez pitié, mon bon ami, de cet excellent homme, qui a tout sacrifié et qui sacrifie tout, ainsi que d'un cousin germain,

---

(1) Les diverses recommandations qui suivent ne sont pas datées. Nous avons trouvé quelques autres recommandations, en particulier l'une pour Jacques Baugrand « tombant du haut mal, un malheureux garçon de 28 ans de la paroisse de St-Martin de Cernières ». Nous avons par ailleurs de Mgr de Belbeuf une page curieuse sur l'internement de dom Gregorio, que nous n'avons pas cru néanmoins devoir publier.

autre excellent homme encore celui-ci, pour l'honneur de son père qui est l'oncle de l'autre.

Vous avez eu la charité de suspendre, depuis quatorze ans que le coupable est en prison à Vire, la suite de son procès et son jugement; le coupable veut être jugé, son délit serait puni par une peine déshonorante, suspendez encore si c'est possible. Ou si les juges pouvaient prononcer seulement une prison perpétuelle, les vœux du fils et du neveu seraient remplis. Le ministre refuse la lettre de cachet; il ne reste que ce moyen ou celui de suspendre. Tout le monde partage la crainte de ces honnêtes gens, trop malheureux, et qui l'exécutent d'une manière bien respectable.

Je vous en prie, avec un intérêt que je ne peux trop vous exprimer.

### 3º *Lettre à M. de Belbeuf, Procureur général du Parlement à Rouen*

Vous avez dû recevoir, mon ami, une lettre de M. Saffré de Bois-l'Abbé, qui veut être procureur du roi à Pontoise, et qui vous prie de le faire connaître à M. le procureur général de Paris.

Les ennemis qui le poursuivent ont envoyé ici un exemplaire des arrêts flétrissants portés contre lui, avec une délation anonyme, où il est traité d'un scélérat sans foi, sans loi et sans honneur.

L'anonyme avait fait impression ici, mais quand j'ai dit aux chefs, qui m'ont consulté, que le sieur Saffré s'était présenté dans le temps à M. le Chancelier et aux Ministres, avec une attestation de vous, que vous aviez été un de ses juges, comme avocat général, que vous aviez conclu pour lui, et que l'arrêt qui avait été contraire aux conclusions avait été biffé, anéanti: cela a fait la plus grande sensation, et ils m'ont dit, que votre attestation que je connaissais était plus que suffisante, et il a été bien accueilli; mais, écrivez en sa faveur au procureur général le plus tôt possible parce que le temps presse.

Je lui ai donné une lettre pour M. Boulenois, substitut et le grand faiseur.

Le Saffré m'a dit tout ce qui s'ourdit contre l'ennemi qui le persécute, c'est chaudement et fortement entrepris, il aura affaire à forte partie; je désire que justice soit faite des injustes.

Adieu, mon ami, vous devez trouver vos vacances bien douces, si on peut appeler repos, tout le travail qui vous reste à faire tous les jours. Que disent les sœurs, du château; M^{me} de Manerbe a du goût et du vrai goût, ses avis seront bons. Embrassez-les pour moi et ma gouvernante; et le toto, et tous les enfants in globo. Je te baise, mon enfant, de tout mon cœur.

Ce 25.....

### 4° *Lettre à Monsieur de Belbeuf, Procureur général du Parlement à Rouen*

Ce 28 [.... 1779].

C'est une vérité, mon ami, vieille comme les rues, que l'homme de bien serait mille fois écrasé, où le méchant triomphe.

Jamais affaire (1) n'a eu plus vilaine mine, que celle du g..., le dénouement en est absurde et honteux, pour la Compagnie qui le trouve un membre digne d'elle. Qu'est-ce que cela démontre : c'est que le plus grand nombre est insensible et plat, mais c'est partout de même; dans tous les états, dans tous les ordres; et j'en suis au point d'être convaincu, qu'une affaire délicate est bien plus dangereuse pour celui qui a toujours eu une conduite respectable, que pour celui qui est déjà noté; pourquoi? par la raison qu'on est toujours plus favorablement jugé par ses pairs.

(1) Nous n'avons pu découvrir à quelle affaire il fait allusion.

Je vous remercie de votre détail, j'en ai tiré parti. J'ai brûlé la petite note, elle était impraticable et n'aurait servi à rien, en exposant l'auteur à une découverte qui aurait été cruelle.

Vous ne serez pas longtemps sans me voir, mes projets sont encore trop dépendants pour que j'en arrête aucun.

Voudrez-vous bien présenter les lettres patentes que je me suis chargé de vous remettre. C'est sur une réunion que j'ai consentie (1), le bon toto sait l'affaire, elle ne peut souffrir aucune difficulté. Il serait bien désirable que M. l'abbé de Maisons ou M. Douessey (2) en fût le commissaire. Le prieur de Savigny voudrait pour bien des raisons que l'information s'en fît dans la vacance de Pâques; c'est un brave et galant homme que je désire obliger. Procurez-lui cela.

Pulchérie vous recommande son procès, elle compte qu'il payera ses dettes, vous trouverez son sac sous la même enveloppe.

Adieu, mon ami, vous savez que je vous aime de tout mon cœur.

### 5º *Lettre à Monsieur l'abbé Thorel, vicaire général d'Avranches, place Saint-Ouen à Rouen*

Ce dimanche [en décembre 1782 ou en janvier 1783].

J'ai fort assuré hier M. de Laverdy, mon cher ami, que mon frère n'avait sûrement point oublié d'écrire à Monsieur le Garde des Sceaux, suivant ce qui a été convenu. Il se proposait de vous en écrire demain.

Le consentement (3) est donné, comme nous l'avions

(1) Le décret de réunion avait eu lieu le 2 octobre 1779. Il unissait à l'Abbaye de Savigny la chapelle régulière du Saint-Esprit-de-Beaufour (Deschamps du Manoir, *op. cit.*, p. 15 et 16).

(2) Voir *Almanach de Normandie* pour l'année 1782.

(3) Il s'agit du mariage en perspective de son neveu Louis-Pierre-François de Belbeuf avec M^lle Angélique de Laverdy, fille de M. de Laverdy, ministre d'Etat, contrôleur général des Finances sous Louis XV. Le mariage eut lieu au commencement de 1783.

prévu, sur la célébration et sur la consommation ; le papa est venu m'en faire part sur-le-champ, ainsi qu'à M^me de Sommery et à M^me de Chambors (1), et le soir même, la mère a été présenter sa fille à ces Dames et l'a amenée chez moi. Aujourd'hui, Madame de Sommery et moi, nous allons rendre la visite en cérémonie. Je dois cette justice à M^me de Sommery, qu'elle ne veut manquer à rien, qu'elle lui tient les meilleurs propos, et qu'elle n'y mettrait, ni plus de suite, ni plus d'intérêt, ni plus de coquetterie pour son fils. Demain, nous y soupons ensemble, elle dévisage la jeune personne, crie à l'injustice si on prétend la trouver laide, remarque tous les défauts de la tenue, qui sont contre elle, conçoit toutes les manières qui seront pour elle, et ne nous laisse, ni rien à craindre, ni rien à désirer.

Madame de Baupré se meurt d'une indigestion, traitée en fluxion de poitrine, par des saignées et autres âneries.

Du reste, rien de nouveau, que la confirmation certaine des avantages de M. de Suffren (2). Des bruits encore incertains sur l'insurgence du Canada, et les mêmes espérances sur la paix.

Adieu, mon ami, j'attends une réponse de vous ce soir. On ne tourne point la page dans cette octave-ci.

### III

*Allocution pour un mariage* (3).

Dans un de ces temps marqués par la divine Providence pour donner de grandes leçons aux nations, et où le Ciel

(1) M^me de Chambors est, comme M^me de Sommery, une sœur de M^me la marquise de Belbeuf. Elle s'appelait Marie-Thérèse Le Petit d'Aveine de Boëcé.

(2) Voir sur Suffren, Lacour-Gayet. *La Marine militaire de France sous le règne de Louis XVI*, 1 vol., 1905, p. 441-553.

(3) Cette allocution de mariage n'est pas datée. Quelques détails feraient croire qu'elle fut prononcée par l'évêque pendant son exil. Mais comme la chose n'est pas absolument certaine, nous avons cru devoir la publier à la suite des pourparlers du mariage de son neveu.

éclaire la terre sur les illusions de tout ce qui n'est que vanité, vous n'attendez pas de moi, M. et M^lle, que je compare ici, par un langage purement humain, ces dons de la nature faits pour plaire et attacher, réunis à tout ce qui peut intéresser et donner un éclat particulier à vos familles.

Ces avantages distingués que vous vous offrez réciproquement, vont se confondre pour vous dans une propriété commune, par l'union que vous allez contracter, et prendre un nouveau caractère, sous le sceau sacré que la religion va lui imprimer.

Au pied de l'autel, où va se consommer le sacrifice d'un Dieu abaissé pour nous jusqu'à l'état de Victime, dont le mérite vous sera appliqué par une intention toute particulière pour votre sanctification et pour votre bonheur dans le temps et dans l'éternité, je ne peux, je ne dois vous occuper que de devoirs et de vertus, et vous y attacher de plus en plus, par l'espérance qui ne sera point trompée, des bénédictions qui en deviendront la récompense.

Déposés dans les bras de la religion qui vous a adoptés pour ses enfants aux moments de votre naissance, l'éducation chrétienne, que vous avez reçue, et qui n'a cessé de vous rappeler à cette heureuse adoption, n'a pu manquer de graver dans vos âmes les principes éternels des devoirs qu'elle vous impose; et vous n'aurez point négligé de vous pénétrer des devoirs nouveaux, qu'une union scellée par sa main divine va y ajouter.

Si cette religion sainte a élevé, à la dignité de Sacrement, ce vœu le plus puissant de la nature, vous n'oublierez jamais que c'est pour séparer la raison de l'homme formé à l'image de Dieu, de ce qu'elle a de commun, et par conséquent de dégradant, avec l'instinct aveugle, qui ne peut que se traîner sur les choses de la terre, sans avoir la faculté de les reporter à leur divin Auteur.

C'est dans ce rapport de sentiment et d'action de l'être créé avec le Créateur, qu'est placée la vraie dignité de l'homme; c'est lui qui ennoblit dans l'emploi de la vie, et qui consacre pour l'éternité ses actions même les plus communes.

Si ce rapport est le premier de nos titres, il est aussi le premier de nos devoirs. Et pourrions-nous trouver une contrainte pénible dans une loi qui fait toute notre gloire, en nous plaçant en tête de tous les êtres créés ?

Jamais, non, jamais aucun temps ne fut plus propre, non seulement à nous y rappeler, mais encore à nous la rendre d'un prix inestimable, que celui où tout ce qui faisait sur la terre notre appui, notre force, notre bonheur, ou nos ressources, dans les traverses inséparables de la vie, a disparu. La terre ne semble-t-elle pas effacée pour nous? Où reposer désormais nos regards, si ce n'est sur le ciel?

N'appelez, n'appelez jamais une gêne, une contrainte, le privilège de pouvoir déposer nos peines, nos malheurs dans le sein de toutes les consolations. Là, l'espérance chrétienne nous montrera la place, que la bonté divine nous a marquée au séjour éternel du vrai bonheur.

Si nous sommes véritablement chrétiens, nous verrons que les obstacles les plus forts ou les plus séduisants, qui embarrassaient la route qui y conduit, que les fantômes multipliés qui retardaient notre marche, sont écartés. Les funestes effets de nos égarements ont rapproché les vertus de nous; elles nous offrent leurs moyens; elles nous invitent de les accepter pour arriver à ce terme si désirable.

Vous ne les refuserez point, leurs attraits ont un pouvoir trop assuré sur ceux qui savent si bien les apprécier. Et la pratique de la vertu ne devient-elle pas d'autant plus facile que des circonstances impérieuses la rendent plus nécessaire?

Pour porter cette vérité jusqu'à l'évidence, souffrez, M. et M<sup>lle</sup>, que je voile un moment l'image du bonheur que tous les calculs de la sagesse vous ont préparé, et que je fasse passer sous vos yeux l'esquisse rapide de nos maux, comparés à ce qui doit en devenir le remède. Si Dieu a pesé la terre, s'il l'a trouvée coupable, s'il l'a jugée, la masse entière de ses forces réunies pourra-t-elle résister à ses jugements? La soumission, la résignation, la confiance en sa miséricorde, sont donc devenues des vertus nécessaires pour l'intéresser à nos malheurs.

Sa verge châtie les nations, elle ne peut être suspendue que par l'expiation ; le repentir, la pénitence, l'abjuration sincère des erreurs et des fautes passées, sont donc devenus des vertus nécessaires pour apaiser sa justice.

Les principes désorganisateurs de la rébellion contre toute loi divine et humaine, ont rompu tous les liens sociaux, et, par des conséquences irrésistibles, un délire furieux et sacrilège a égaré la multitude. Le retour à la sagesse, la profession la plus éclatante comme la plus profonde de la sainte et salutaire doctrine de la religion, sont donc devenus des vertus nécessaires pour ramener les peuples au respect des lois, à la raison et à la foi.

Tandis qu'un égoïsme presque général isolait l'homme d'avec l'homme, et desséchait le sein des familles, une déplorable fraternité de vices et de crimes, substituée à celle de la nature et de la religion, a peuplé notre terre de monstres. L'humanité, la bienfaisance, cet amour du prochain inspiré par la nature et commandé par l'Evangile, sont donc devenus des vertus nécessaires, pour ramener parmi les hommes, cet échange heureux d'intérêts, de soins, de douces et honnêtes affections, qui fait la ressource et le charme de la vie.

Le séjour de l'antique honneur, celui des qualités brillantes et sociales, est devenu méconnaissable ; il n'offre plus aux fastes de son histoire, qu'un monument de honte et d'effroi, élevé au vice sans frein, sur la cendre des plus pures comme des plus nobles victimes. Les nuances les plus délicates, comme les traits les plus prononcés de tous les sentiments généreux ; l'amour de l'ordre qui embrasse également les mœurs domestiques et les mœurs publiques, sont donc devenus des vertus nécessaires pour relever les trophées de l'honneur et pour replacer la sûreté, le repos et la vertu dans la demeure de l'homme.

Il est donc évident, que les intérêts les plus pressants, sont attachés à la pratique des vertus; et qu'est-ce qui procure plus de facilité pour l'action et qui donne plus d'activité et d'énergie contre la résistance, qu'un intérêt dans lequel se confondent tous les intérêts du temps et de l'éternité, d'une manière aussi simple qu'elle est frappante.

Plus cette pratique constante des vertus doit nous procurer d'avantages, plus elle devient un devoir particulier, d'abord pour ceux qui ne peuvent pas se tromper sur l'influence de leurs opinions et de leur conduite, et plus particulièrement encore, pour les pères et pour les mères. Tous doivent l'étendre par la force de l'exemple, bien mieux que par de faciles leçons.

Quels intérêts nouveaux n'inspirent pas surtout l'enfance et la jeunesse de la génération présente? Elle se trouve jetée d'une manière si effrayante au milieu de la corruption générale! Et combien n'importe-t-il pas à de nouveaux époux de s'en pénétrer, et de se fortifier de plus en plus par les habitudes, pour en faire un jour les leçons de la génération à naître.

Si Dieu daigne entendre les vœux que nous allons former sur vous, et que l'Eglise met dans la bouche de ses ministres, il accordera à votre union les bénédictions dont il comblait celle des Patriarches. Ce sera alors, M. et M<sup>lle</sup>, que rentrant en vous-mêmes et repassant sur les traces de toutes vos inclinations, sur celles de toutes vos habitudes, vous y reconnaîtrez toute la puissance de l'exemple sur l'éducation, et toute son influence sur ce qui donne le plus généralement le ton à la suite de la vie.

Quels sujets d'émulation, quelle reconnaissance envers vos parents, ces souvenirs ne vous offriront-ils pas! vous vous convaincrez, par le retour que vous ferez sur eux et sur vous, que ce sera comme cela que vous serez jugés un jour par vos enfants; le plus précieux de tous vos dépôts vous est confié pour eux : l'honneur et la foi de vos ancêtres.

Sous une époque, qui semble finir pour nous les époques

qui l'ont précédée, et, recommencer l'histoire de notre malheureuse patrie, qu'il m'est consolant de trouver, dans l'intérêt si général qu'on prend à votre union, les succès d'une réputation déjà établie, et la confiance que vous continuerez dans ce temps d'épreuve et de douleur, et sous les épreuves nouvelles et trop certaines qu'il nous prépare, d'attacher à vos noms ce qui doit les rendre de plus en plus recommandables.

Intéressez le ciel à ces espérances et à nos vœux, en unissant vos prières aux nôtres : prenez-le à témoin de la résolution que vous formez de vous encourager mutuellement à ne jamais vous écarter de ses voies ; et redoublez de ferveur et de foi dans cette action la plus solennelle de votre vie, pour attirer sur vous les grâces que les mérites de J.-C. ont attachées à ce sacrement.

Que les bénédictions du ciel et de la terre s'étendent sur vous et sur vos familles, qu'elles y portent les consolations et les succès, et que tout le bonheur dont ces jours périssables peuvent être susceptibles, vous prépare celui de vos jours éternels.

# CHAPITRE III

## L'Évêque d'Avranches et les questions religieuses avant la Révolution (1777-1784)

### SOMMAIRE

I. *Le clergé et l'exemption de la capitation.* — Difficultés survenues dans le diocèse d'Avranches à ce sujet. — Distinction entre les ecclésiastiques bénéficiaires et non bénéficiaires. — Fâcheuses conséquences de cette doctrine.

II. *Le déport et le pouvoir des patrons dans la présentation aux cures.* — Ressources provenant du déport dans le diocèse d'Avranches. — Conflit entre l'évêque d'Avranches et les religieux du Mont Saint-Michel à propos de la nomination du curé de Sartilly.

III. *Les droits seigneuriaux de l'évêque et son rôle dans la vie sociale et l'enseignement.* — La baronnie de St-Philbert faisant partie du temporel de l'évêché d'Avranches. — Plan pour un cimetière général à Avranches. — Travaux au collège d'Avranches.

### I

*1° Lettre (1) à Messieurs les agents du Clergé*

Avranches, le 24 août 1777.

J'ai l'honneur de vous donner avis, Messieurs, d'une distinction que l'on veut introduire dans mon diocèse, par

(1) *Arch. Nat.*, G8 623. La lettre n'est pas autographe. On trouve aux Archives Nationales tout un dossier sur cette affaire. Nous avons remarqué les lettres de l'abbé de la Rochefoucauld, agent du clergé, du 1er septembre 1777, et de l'abbé de Jarente, agent du clergé, du 18 décembre 1778.

rapport à la capitation entre les ecclésiastiques non bénéficiers, et ceux qui jouissent de quelque bénéfice. L'on convient que ceux-ci sont exempts de la capitation, même pour leurs biens de patrimoine, au moyen des décimes qu'ils payent, mais l'on veut que les premiers ne payant point de décimes, n'aient aucune immunité à prétendre pour leurs biens patrimoniaux.

Cette distinction avait toujours été inconnue dans mon diocèse, et l'on n'y avait imposé à la capitation aucun ecclésiastique jusqu'en 1775, que l'on s'y est avisé de comprendre dix ou douze prêtres, au rôle de la capitation des nobles et privilégiés.

Je ne fus pas plutôt informé l'hiver dernier de cette entreprise, lorsque j'étais encore à Paris, que j'en portai mes plaintes à M. le Contrôleur général et à M. Esmangart (1), intendant de la généralité de Caen, ils me marquèrent l'un et l'autre une égale surprise, et ne pouvant concevoir comment l'imposition dont je me plaignais avait eu lieu, ils soupçonnent quelque erreur de la part des assesseurs ou répartiteurs de la capitation, ou quelque confusion de la part de ceux qui m'avaient écrit, et lesquels, me dirent-ils, auraient pu prendre pour imposition directe et personnelle aux ecclésiastiques imposés, une imposition qui n'était peut-être qu'une imposition indirecte, et à raison simplement de leurs domestiques. En tout événement M. Esmangart me promit une entière justice, lorsque, revenu dans mon diocèse, j'aurais pu prendre connaissance des choses sur les lieux par moi-même, et lui marquer la nature et l'objet de

(1) Dans le dossier l'on remarque deux lettres provenant d'Esmangart, l'une du 19 juillet 1777, l'autre du 18 avril 1777. Il y a encore une lettre du directeur adressée à Esmangart du 17 décembre 1778.

Charles-François-Hyacinthe Esmangart, chevalier, seigneur de Montigny, des Bordes, des Feynes, Pierreruc et autres lieux... fut intendant de la généralité de Caen de 1775 jusqu'en 1783, devint ensuite intendant de la généralité de Lille et donna sa démission le 17 octobre 1789.

l'imposition. Mais, je l'ai trouvé dans des principes bien différents, quand je lui ai envoyé les exploits des saisies qui ont été faites à la diligence du receveur de la capitation, sur les ecclésiastiques imposés, pour les contraindre à payer.

Vous verrez, Messieurs, par la copie que je joins de la réponse qu'il me fit le 19 juillet dernier, qu'il regarde comme hors de doute, que les ecclésiastiques non bénéficiers, doivent être imposés à la capitation, à raison des biens patrimoniaux qu'ils possèdent. Il se fonde sur ce que les ecclésiastiques sont assujettis, comme les laïques, aux vingtièmes, à cause de leurs propriétés, et, qu'étant habiles à succéder, il en remettrait une surcharge sur les autres, s'il ne s'opérait une transmission des charges sur eux, à même temps qu'il s'en fait une de l'hérédité à leur profit. Je lui répondis le 5 de ce mois qu'il n'y avait point de raisonnement à faire des vingtièmes à la capitation, que les ecclésiastiques, bénéficiers ou non bénéficiers, étaient tous également assujettis aux vingtièmes, à raison de leurs biens patrimoniaux; que de son aveu, cependant, les bénéficiers payant décimes étaient pour ces mêmes raisons exempts de capitation; que la raison radicale pour laquelle les bénéficiers étaient affranchis de la capitation, même pour leurs biens patrimoniaux, était que le clergé général de France avait fait en 1710, pour une somme de vingt-quatre millions, le rachat des quatre millions de subvention, tenant lieu de capitation, accordée en 1701 au Roi par chacun an, pendant la durée de la guerre; que cette même raison militait pour l'exemption des biens patrimoniaux des ecclésiastiques non bénéficiers, comme pour ceux des bénéficiers; presque tous les ecclésiastiques sans distinction, bénéficiers ou non bénéficiers, avaient contribué au rachat; et que l'immunité au moyen de ce rachat, avait également été stipulée au profit des uns et des autres, par le contrat passé le 5 juillet 1710 entre le roi et le clergé.

Cette raison n'a point paru suffisante à M. l'Intendant,

vous jugerez vous-mêmes, Messieurs, des raisons qu'il y oppose, par la copie que je joins également ici de sa réponse du 18 de ce mois. Je crois d'ailleurs être assuré, que la décision du Ministre des finances, laquelle y est citée, est une simple lettre de M. d'Ormesson.

Je vous demande, Messieurs, ce que je dois faire dans la circonstance. J'ai déjà fait prévenir à tout événement, les ecclésiastiques saisis, de ne pas payer que forcément, et pour obvier à la vente de leurs meubles, si l'on veut en venir jusque-là. Je ne connais encore aucun diocèse autre que le mien, où les ecclésiastiques, non bénéficiers, soient imposés personnellement à la capitation, à raison de leurs biens patrimoniaux.

Cette entreprise me paraît mériter d'autant plus d'attention de votre part, Messieurs, et de la part de tout le clergé, que si elle passe une fois, il est à craindre que le mal ne s'étende, et que les bénéficiers ne se trouvent bientôt assujettis eux-mêmes à la capitation pour leurs biens patrimoniaux, sans que leur assujettissement aux décimes puisse les en garantir, puisque dans le fait, ce n'est qu'à raison des biens de leurs bénéfices qu'ils sont imposés aux décimes, et que si l'immunité, dont ils ont toujours joui de la capitation, pour leurs biens patrimoniaux, ne dérive du rachat que le clergé a fait en 1710 de la capitation, je ne lui vois aucun fondement, ni ne trouve aucun moyen de défendre de la capitation les biens patrimoniaux des bénéficiers, à moins que l'on ne veuille réputer les décimes comme une espèce de capitation, ce qui ne se peut.

J'ai l'honneur d'être avec un attachement respectueux

Messieurs

Votre très humble et très obéissant serviteur.

† P. A., év. d'Avranches.

Trouvez bon, Messieurs, que j'aie l'honneur de vous prier de vouloir bien avancer la réponse; les biens de mes ecclésiastiques sont saisis et on pourrait procéder à la vente de leurs meubles (1).

### 2º *Lettre* (2) *à Messieurs les agents du Clergé*

J'ai eu l'honneur, Messieurs, de vous faire part dans le courant du mois d'août de l'année dernière, d'une innovation qu'on se propose de faire dans mon diocèse, au sujet de la capitation à laquelle on veut imposer mes ecclésiastiques non bénéficiers.

J'avais cru l'affaire finie par les soins que vous avez bien voulu vous donner, lorsque tout à l'heure, au moment de mon départ d'Avranches pour me rendre ici, je me suis assuré que les saisies sur les ecclésiastiques qui ont tous refusé de payer, bien loin d'être levées, étaient sur le point d'être suivies.

Je ne peux mieux vous rappeler cette affaire, Messieurs, qu'en vous remettant sous les yeux, la lettre que j'eus l'honneur de vous écrire, la réponse que je reçus de vous, la copie que vous y joignîtes de votre lettre à M. l'Intendant de Caen, avec celle d'une lettre de M. de la Michaudière à Messieurs vos prédécesseurs, sur une affaire à peu près semblable. J'y ajoute deux lettres que j'avais reçues de monsieur Esmangart intendant de la généralité de Caen avec qui j'avais traité cette affaire avant de m'adresser à vous. Votre activité, Messieurs, obtiendra sans doute promptement des ordres, qui empêcheront la poursuite des saisies, et qui préviendront pour la suite une pareille entreprise contre un privilège qui n'a point été altéré jusqu'à ce moment-ci.

On ne peut rien ajouter aux sentiments de l'attachement respectueux avec lequel j'ai l'honneur d'être, Messieurs,

Votre très humble et très obéissant serviteur

† P. A., Ev. d'Avranches.

A Paris, le 23 j<sup>er</sup> 1778.

(1) Ces dernières lignes sont écrites par Mgr Godart de Belbeuf.
(2) *Arch. Nat.*, G⁸ 623. Cette lettre est autographe.

#### 3° *Billet* (1) *adressé à Messieurs les agents du Clergé*

M. l'Evêque d'Avranches, de retour ici depuis huit jours, n'a rien de plus pressé que de passer chez Monsieur l'abbé de Jarente, d'abord pour avoir l'honneur de le voir et lui donner des nouvelles de madame sa sœur. En second lieu, pour le prier de trouver bon qu'il lui fasse quelques plaintes sur l'affaire de la capitation, à laquelle on impose plusieurs ecclésiastiques de son diocèse, affaire très majeure, très pressante, dont monsieur l'abbé Jarente avait bien voulu se charger pour la finir promptement, dont monsieur l'abbé a tous les mémoires et toutes les notes. M. l'évêque d'Avranche réclame instamment et l'amitié et l'activité de monsieur l'abbé de Jarente en lui faisant mille tendres compliments.

A Paris le 26 mai 1778.

On est au moment de vendre les effets saisis sur les ecclésiastiques, ainsi rien n'est plus pressant.

#### 4° *Lettre* (2) *à Messieurs les agents du Clergé*

Avranches, le 1ᵉʳ 8ᵇʳᵉ 1778.

J'ai eu l'honneur, Messieurs, de vous faire part, il y a déjà plus d'un an, d'une atteinte portée au privilège du clergé de mon diocèse, par l'imposition d'un certain nombre d'ecclésiastiques non bénéficiers, aux règles de la capitation des exempts et privilégiés; j'ai suspendu, jusqu'à ce moment, à toute espèce de poursuite de la part du receveur de cette imposition, dans l'espérance d'obtenir une décision favorable et conséquente aux principes, de la part du ministre des finances; mais les ordres se multiplient et deviennent aujourd'hui plus pressants, le terme du payement, suivant

(1) *Arch. Nat.*, G⁸, 623. Ce billet est autographe.
(2) *Arch. Nat.*, G⁸, 623. Cette lettre est autographe.

l'avertissement que je joins à ma lettre, est fixé pour ce mois-ci et les frais et voyes pour y forcer sont annoncées; j'ai laissé cet hiver dans vos bureaux mes lettres, mes mémoires, les réponses de monsieur l'intendant et les vôtres sur cet objet. Vous pouvez vous rappeler, Messieurs, que vous avez fait en conséquence une démarche auprès de monsieur l'intendant de Caen, et que ce magistrat vous répondit qu'il ne pouvait rien contre des ordres supérieurs, reçus par son prédécesseur, sans des ordres contraires de la même autorité. J'eus l'honneur d'intéresser dans cette affaire avant mon retour dans mon diocèse, M. l'évêque d'Autun qui en parla à M. Necker. Les ordres que le ministre avait fait espérer ont sans doute été oubliés, c'est le moment, Messieurs, d'y rappeler vivement et avec tout le zèle dont vous êtes capables; je suis persuadé que M. l'évêque d'Autun voudra bien vous prêter tout le secours dont vous pourriez avoir besoin; la circonstance est majeure et urgente, je n'ai plus de sur-séance à espérer.

On ne peut rien ajouter aux sentiments de l'attachement respectueux avec lesquels j'ai l'honneur d'être, Messieurs, votre très humble et très obéissant serviteur.

† P. A, év. d'Avranches.

5º *Lettre* (1) *à Messieurs les agents du Clergé*

Avranches, le 12 décembre 1778.

Il y a environ cinq semaines, Messieurs, qu'en vous rap-pelant que douze ou treize ecclésiastiques de mon diocèse non bénéficiers, se trouvaient compris; depuis quelques années, au rôle de la capitation des exempts et privilégiés, j'avais l'honneur de vous informer que ces ecclésiastiques venaient de recevoir du commis à la perception de cette imposition, l'avertissement de payer dans le courant du mois dernier, pour tout délai. Ce terme étant expiré, quel parti prendront ces ecclésiastiques? si pour obvier à la saisie

(1) *Arch. Nat.,* G⁸ 623.

et à la vente de leurs meubles, ils payent volontairement, ils reconnaissent en quelque sorte la justice de l'imposition, toute contraire qu'elle est, aux immunités du clergé et au remboursement que le clergé a fait en 1710 des quatre millions de subvention; et point de récompense en cas de décharge. S'ils souffrent la saisie et la vente de leurs meubles, ce seront des frais à joindre à leur imposition qui, toute modique qu'elle est, se trouve déjà au-dessus de leurs forces, vu leur peu de fortune, ou plutôt leur pauvreté; à peine le plus aisé d'entre eux a-t-il cent cinquante ou deux cents livres de revenu, et les autres rien, ou approchant de rien; mais ils n'en sont, Messieurs, que plus dignes de votre protection et de la mienne; le mal est d'autant plus dangereux, que si l'on ne vient efficacement à leur secours, il ne manquera point de s'étendre d'un diocèse à l'autre, et je ne sais si, à la suite, il sera bien facile de défendre les bénéficiers mêmes d'une semblable imposition, puisque s'ils payent des décimes, ce n'est uniquement que pour les biens de leurs bénéfices, et que les décimes ne sont point une capitation. Il est donc bien important de s'opposer à l'introduction du mal, et il semble qu'il doive y avoir encore d'autant moins de difficulté, que jusqu'ici les remontrances du clergé ont toujours eu mon diocèse; souffrez donc, Messieurs, que me conformant à la circonstance du temps, je vous presse de renouveler vos instances : il n'y a plus de délai à se promettre. J'ai l'honneur d'être avec un respectueux attachement, Messieurs, votre très humble et très obéissant serviteur.

† P. A., év. d'Avranches.

Rien n'est plus instant, Monsieur l'abbé, je n'ai trouvé d'autre moyen de suspendre l'exécution qu'en annonçant à toutes les portes une réponse et une décision, je dois trop compter sur votre zèle pour n'être pas persuadé qu'elle sera prompte et favorable.

## II

### 1° *Lettre à Monsieur l'abbé Thorel, vicaire général d'Avranches, place Saint-Ouen, à Rouen*

Ce 25 [... 1780].

Je me suis cassé hier le nez deux fois à la porte de M. le Garde des Sceaux : le matin, l'audience fermée à midi et un quart, et l'après-dîner à cinq heures ; je croyais M^me le Bret de retour, et point de M^me le Bret, et par conséquent point de Garde des Sceaux, qu'on n'attrape que chez elle à cette heure ; il aura du moins vu deux fois en huit jours mon nom sur sa liste, et l'ami St-Mar a été expressément chargé de le lui dire.

Le silencieux Duhamel (1) a enfin répondu. Vous avez pour votre part de 1779 : sept cent-seize livres 13^s 4^d. Pour celle de 1780 : deux mille cent trente-trois livres 6^s 8^d , et pour cette année-ci : trois mille deux cent-treize livres 6^s 8^d. L'abbé de Brigeat en 1779, 1808^l, en 80... 1158^l, et celle-ci 1376^l. Moi en 79... 5050^l, en 80... 6583^l, celle-ci 9380 . Ce pauvre Duhamel a senti vivement l'obligeance de mes reproches, jamais homme n'a été plus confondu de mon honnêteté comparée à des torts trop réels ; il me prie de lui ménager sa grâce auprès de vous, dans un ton de componction qui la mérite. Je joins mes mains aux siennes pour vous la demander.

Si vous n'avez rien touché de 79 jusqu'à ce moment-ci, il va vous rentrer environ deux mille sept cents livres qu'il se propose de vous envoyer sous huit jours ; si vous avez besoin de plus, vous savez, mon ami, que ma bourse est la

---

(1) Duhamel était un des agents d'affaires de l'évêché. On a de nombreux comptes de lui, en particulier les comptes de 1780, dans lesquels se trouvent des remarques intéressant Barenton, Braffais, St-Saturnin (*Archives du château de Belbeuf*).

vôtre, et n'en faites faute parce que j'ai tiré de l'argent sur lui, et que je serai du temps sans vous en demander; mais faites vider St-Philibert comme si je tirais la langue d'un pied, ne laissons point arriérer Haroult.

Je suis passé le matin chez M. de Mondran pour mon bois, il n'y était point; mon plan et ma requête ont couru grand risque au feu de l'opéra, il pleuvait des charbons sur la maison du Monsieur dont j'ai oublié le nom, il était chauffé de près.

Dimanche, car c'est toujours Dimanche, il devait y avoir un travail; mais cette terreur qui fait tous les retards, a encore suspendu je ne sais comment; quel remède y a-t-il à ce mal-là, je n'en connais point.

Adieu, mon ami, ménagez vos rhumes, la saison est bonne pour la coction. Je vous embrasse tous bien tendrement. Rien de nouveau.


2º *Lettre à Monsieur le Marquis de Belbeuf, Procureur général du Parlement, en son hôtel à Rouen.*


A Avranches, ce 28 [... 1780].


Je ne serai certainement pas, mon ami, gros Jean qui remontre à son Curé; mais je vous avoue que, d'après l'étendue qu'on donne à notre affaire de Sartilly (1), elle n'a plus pour moi les points simples et lumineux qu'elle me présentait; ce n'est point comme cela que l'ont vue les avocats du Clergé, et M. de Lisle, ils ont éloigné tout ce qui est étranger à mon fait; pourquoi s'éloigner de leur canevas? Vous paraissez saisir l'occasion de faire juger l'abus des nominations conjointes; mais 1º ce n'est pas là mon affaire;

(1) On a le dossier sur cette affaire. Le dossier est très intéressant et très volumineux. L'évêque d'Avranches avait nommé comme curé Germain Adelée, vicaire à Bacilly, et les religieux du Mont-Saint-Michel, Langlois. *(Archives du Château de Belbeuf).*

2° c'est contraire à la déclaration de 1735 que j'ai lue hier dans Lacombe et qui est précise; quelle besogne que celle de discuter contre une loi aussi claire, et il me semble impraticable de la faire changer.

Les termes de la transaction de l'abbé de Broglie (1) avec les religieux, vous l'avez sous les yeux, et c'est ma grande pièce, sont triomphants; il fait toute espèce de réserve pour lui et ses successeurs contre le droit conjoint; ont-elles été levées, ces réserves? le droit a-t-il été établi depuis lui? L'archevêque de Toulouse a donné sa procuration pour nommer, pure et simple sans parler du conjoint, il n'a rien fait qui ait décidé la question, et changé l'état de litige qui subsistait par les réserves de son prédécesseur; que les religieux qui argumentent le prouvent, qu'ils présentent un acte, un fait avec ses preuves; on peut les mettre au défi, il n'en existe point.

Me voilà donc nommant, au droit de l'Abbé, si la transaction n'est pas anéantie, et c'est un fait clair qu'elle ne l'est pas; et le moindre argument qu'on puisse en tirer, c'est que le fond du droit est litigieux, alors je nomme, comme Ordinaire, au droit primitif et constant de l'Episcopat. J'ai entendu cela, je me suis jugé d'après cela, et c'est comme cela que je n'ai pas balancé à donner mon accession.

Quand M. de Bayeux a gagné, l'arch[evêque] de Toulouse n'était plus abbé, et la transaction de l'abbé de Broglie ne fut pas regardée comme anéantie par le passage de l'archevêque dans l'Abbaye.

C'est l'intérêt des religieux d'étendre l'affaire, le mien est de la réduire, je ne suis pas un Abbé qui plaide ses Moines, je suis l'Evêque diocésain qui prend les choses dans un *statu quo* qui est, sous ces deux seuls points de vue, tout en ma faveur; voilà comme les avocats du Clergé m'ont vu inattaquable.

(1) Cette transaction de l'abbé de Broglie se trouve dans le dossier. Elle est datée de 1744 et comprend 8 folios.

L'abbé Fourny (1) vous envoie ce qu'il faut de pièces ; encore une fois, c'est aux religieux à prouver ; la transaction et le droit des Evêques n'ont pas besoin d'accessions.

Les flottes reposent tandis que nous combattons ; cette défection du général espagnol (2) est affreuse et menaçante, si elle est vraie.

Adieu, mon ami, vous avez vu que je n'ai pas négligé une seule lettre, il en arrivera ce qui pourra, mais la meilleure volonté et une indignation aussi naturellement acquise ont besoin d'être aidées par des vues claires de justice.

Tirez, je vous prie, de la lettre que Monsieur l'abbé Fourny vous écrit, et qu'il vient de me faire lire, le petit mémoire que vous proposez de présenter aux juges. C'est là le vrai point de vue, et qui présente un objet de décision net et juste.

### III

#### 1º *Observations présentées au Conseil du Roi* (3)

L'Evêque d'Avranches a appris, que le Seigneur de Pont-Audemer sollicitait un arrêt du Conseil pour toiles, dites Blancards de St-Georges, semblable à celui dont jouissent les seigneurs de St-Georges et dont ils ont joui seuls de temps immémorial, et un bureau de visite tel qu'il a été établi par un arrêté du Conseil en date du 5 avril 1773. L'Evêque d'Avranches a l'honneur de faire observer, que de semblables demandes ont été souvent renouvelées, et qu'elles ont toujours été rejetées.

(1) L'abbé Fourny fut longtemps secrétaire de l'évêque d'Avranches et devint vicaire général.

(2) Il s'agit vraisemblablement du général Solano (Lacour-Gayet, *op. cit.*, p. 343 et suivantes.

(3) Il ne nous a pas été possible de dater cette observation. On a beaucoup de documents aux Archives du château de Belbeuf sur la baronnie de St-Philibert.

En effet, comment le Conseil du Roi pourrait-il accueillir une demande inspirée par le seul intérêt particulier, sans être fondée sur aucun titre, sur aucun avantage pour le bien public, sur aucun abus qui peut mériter l'attention du Conseil. Si le Conseil avait perdu de vue les raisons qui l'ont sans doute déterminé, un détail précis de l'objet suffira pour les lui rappeler.

Les Evêques d'Avranches, comme seigneurs du bourg de Saint-Georges, au titre de la baronnie de St-Philibert, une des plus anciennes de la province, ont toujours joui et jouissent de temps immémorial seuls et exclusivement à tout autre, du droit de la seule marque qui distingue les toiles Blancards, dites de St-Georges. Elles ont toujours été marquées à leur marché de St-Georges, par un commis préposé par eux. Pour cela, nombre d'arrêts du Conseil, notamment celui de qui rappelle etc. et celui de 1773, qui en renouvellent les dispositions, s'en expliquent en ces termes.

Le marché de St-Georges se trouve au centre des manufactures de ce genre de toiles, et la commodité seule du lieu, indépendamment des titres, y fixerait la marque et l'inspection.

Cette marque est tellement connue par les étrangers, et surtout le messager, qu'on peut assurer que c'est elle qui donne le caractère aux toiles dites Blancards, et que toute marque nouvelle y passerait pour frauduleuse, et en suspendrait, du moins pour quelque temps, le commerce.

Jamais les fabricants n'ont fait aucun refus ni aucune représentation sur cette marque-là ; on peut même affirmer qu'ils préfèrent ce lieu-là à tout autre, et qu'ils ont regardé comme un bienfait nouveau du roi, l'établissement de l'inspection qu'il a jointe à l'apposition de la marque.

Le seigneur de Pontaudemer ne présente aucun titre, demande une taxe de cinq deniers. Le Pontaudemer n'est que trois ou quatre tours au plus de St-Georges.

Le droit modique de quinze deniers que perçoivent les

seigneurs de St-Georges sur chaque pièce de toile, suffisent à peine aux honoraires du commis, à la marque, et à l'entretien de la halle, et des choses qui y sont employées.

L'évêque d'Avranches ne peut donc pas opposer des vues plus désintéressées, des droits d'une propriété mieux établis, un ordre plus agréable au public.

Partager un objet dont ils jouissent seuls, ce serait le détruire; l'évêque d'Avranches ne peut trop supplier le Conseil.

Il est de votre justice, Monsieur, d'interposer votre autorité, pour faire cesser une démarche qui a tout le caractère d'une entreprise, qui choque la raison et l'intérêt particulier, ce qui a été établi par l'ordre du roi de la manière la plus précise, et qui inquiète un propriétaire qui jouit paisiblement, dans la propriété et la tranquillité que doivent assurer la possession et les titres les plus anciens et les mieux établis, et que les dispositions les plus anciennes, encore dernièrement renouvelées, et de la manière la plus précise.

*2o Remarques présentées à M. de Belbeuf, Procureur général du Parlement à Rouen [vraisemblablement en 1783] (1)*

Monsieur le Procureur général voudra bien répondre à son substitut que le plan de la ville d'Avranches qu'il a sous les yeux, contredit absolument les différents motifs qui sont rapportés dans la délibération qu'il lui envoie.

Qu'il saute aux yeux d'abord, que la paroisse de St-Gervais ne partagerait point les avantages de la proximité qui serait toute entière pour les deux autres paroisses, mais que c'est là le moindre des inconvénients.

Que ce qui devient véritablement aussi inconcevable

_______________

(1) Nous les avons datées de 1783. C'est surtout à partir de cette date que l'on s'occupa des cimetières (*Arch. dép. du Calvados*, C 95, imprimé sur les Cimetières en Normandie, du 8 août 1783).

qu'improbable par la seule inspection du plan, c'est qu'on préfère un terrain qui, bien loin de remplir les vues de la loi, met au contraire le comble aux inconvénients qu'elle veut qu'ils soient réformés.

Que le champ nommé Barrierre, qu'on propose pour devenir le cimetière général de toutes les paroisses de la ville, se trouve placé entre le Collège et le Séminaire, deux établissements précieux, dont le nom seul offre les intérêts de la santé et de la vie d'une multitude qui y habite ou qui s'y porte continuellement. Qu'il est assis au plein aspect du Midi, et au vent du Sud-Ouest qu'on dit être celui qui domine le plus communément, qui portera d'abord sur le Séminaire et sur le Collège, et ensuite sur la ville qui est placée sous le coup de ce vent, les exhalaisons pestilentielles d'un cimetière public.

Qu'on ne peut pas penser que ceux à qui l'exécution de l'esprit, bien plus encore que de la lettre, de la loi est confiée, soient satisfaits, sans autre examen, de la seule assurance que les cimetières seront transférés hors de la ville.

Que le plan leur démontrera d'abord, que s'ils ont dû condamner le cimetière de Notre-Dame des Champs, qui n'a contre lui que les inconvénients d'un cimetière particulier d'une seule paroisse, parce qu'il se trouve placé près du collège, il serait absurde de le transporter dans un autre emplacement aussi près de ce même collège, et qui le rapprocherait du Séminaire dont il se trouve éloigné dans l'état présent, et que des Magistrats mettraient le sceau le plus barbare à cette inconséquence, en autorisant qu'on y ajoute la putréfaction des cadavres de deux paroisses de plus. Que son ministère s'y refuse, et que jamais le Parlement, qui sera éclairé par l'évidence des plans et par des oppositions dont il est facile de prévoir le poids et les raisons, n'ordonnera contre le vœu de la loi et de ses arrêts .

### 3° *Lettre* (1) *à l'Intendant* (2) *de la Généralité de Caen*

A Sommery ce 8 8^{bre} 1780.

Vous connaissez, Monsieur, tous nos besoins et personne n'est plus persuadé que moi du désir que vous avez de venir à notre secours.

Nous avons tenté de trouver des ressources parmi nous pour notre collège, qui est dans un état de destruction, dont les études ont été de tout temps distinguées, et qui manquerait infiniment à mon diocèse et à cette partie de votre généralité. Malgré tout le zèle de quelques administrateurs, qui ont épuisé tous les moyens pour y subvenir, ils n'ont obtenu de l'intérêt commun qu'une somme très insuffisante. Ils ont tenté de recourir à M. de Vergennes, et le ministre a dû vous écrire pour s'assurer de l'état des choses et vous demander votre avis. Si je pouvais douter qu'il nous soit favorable, je vous prierais, Monsieur, d'agréer mes instances les plus vives. Les moyens, voilà ce qui est toujours le plus embarrassant. Il me semble que le recours naturel est sur les économats. Monsieur de Marville y met souvent des difficultés insurmontables : Si nous étions assez heureux pour obtenir en plusieurs années une somme déterminée, et la permission pour la ville d'emprunter cette somme, nous userions de toute l'économie possible. J'y suppléerais dans ce qui ne serait pas au-delà de mes forces, et nous parviendrions à sauver notre collège de sa ruine.

C'est avec bien des regrets que j'ai perdu l'occasion de pouvoir me flatter de vous attirer cette année-ci dans nos contrées, et que j'ai été privé de la satisfaction de vous recevoir chez moi. Les circonstances ne me l'ont pas permis. J'attends, avec bien de l'impatience, les moments de m'en

---

(1) *Bibliothèque municipale de Caen* : *Varia*, IV, n° 4.

(2) A cette époque l'intendant de la généralité de Caen était encore Esmangart.

dédommager et de vous renouveler les assurances de l'attachement respectueux, avec lequel j'ai l'honneur d'être votre très humble et très obéissant serviteur.

† P. A. év., d'Avranches.

Je serai dans quelques jours chez mon frère près Rouen. Si vous me faites l'honneur de me répondre, Monsieur, je vous prie que l'adresse soit à Rouen.

4° Lettre à M. de Belbeuf, Procureur général du Parlement à Rouen

Avranches, ce 14 août 1782.

C'est au nom du bureau de l'administration du Collège d'Avranches que je vous écris, mon cher ami. Je joins à ma lettre, copie délivrée par le Greffier, de l'arrêté porté sur le registre de ses délibérations, une autre copie dans la même forme de l'adjonction de l'Hôtel-de-Ville, pour engager les objets qui feront la sûreté de l'emprunt, qui devient d'une absolue nécessité, avec une requête que nous désirons qui soit présentée au Parlement, pour être autorisés à faire cet emprunt.

L'administration du Collège m'a préféré pour soumettre à votre sagesse ses vues, ses raisons et ses moyens; elle se flatte, que si vous les approuvez, vous voudrez bien exciter à votre réquisition l'arrêt de la Cour, et le plus tôt qu'il vous sera possible. Vous rendrez le plus grand service à un établissement nécessaire, que nous étions au moment de perdre, sans le zèle infatigable du bureau, à user de tous les moyens possibles, pour suffire à une dépense qui paraissait si fort au-dessus de nos ressources.

Je n'ai pas besoin d'ajouter combien vous m'obligerez personnellement; vous ne doutez pas de toute la satisfaction que je dois trouver à remplir la confiance que me marquent en toute occasion, les corps réunis de la Ville et du Collège.

Bonjour, mon cher ami, de tout mon cœur.

### 5° *Lettre* (1) *à M. Feydeau de Brou* (2) *intendant de la généralité de Caen*

J'ai différé, Monsieur, à avoir l'honneur de vous répondre, que je fusse à portée de pouvoir vous assurer quelque chose de positif, sur la reconstruction entière de notre collège. On m'a présenté les plans, les projets de l'ouvrage de l'année, les calculs et les moyens.

Il nous reste à construire un corps de milieu que nous avons réduit au pur nécessaire, sans cependant y sacrifier par des vues trop rétrécies, ce qu'on pourrait regretter quelque jour. Avec quelques fonds qui nous restent, quinze mille

(1) *Arch. dép. Calvados*, C 1071. On trouve un dossier très important concernant le Collège d'Avranches. On trouve encore deux pièces dans C 6684. Mgr de Belbeuf dut envoyer plusieurs lettres à l'intendant. Ainsi, Mgr l'évêque d'Avranches avait écrit précédemment à l'intendant le 13 décembre 1783. Voici des extraits de cette lettre d'après l'intendant lui-même : « Les projets étaient arrêtés pour subvenir aux pressants besoins d'une ville.... qui est dénuée de tout. Elle se prête cependant avec bien peu de frais à une vraie création... La guerre avait retranché toutes les ressources, et des plans déjà anciens étaient vite suspendus. M. Esmangart se proposait d'obtenir du Conseil, cet hiver, ce qui pourrait préparer quelques travaux cet été... »
Mgr l'évêque d'Avranches a encore signé un mémoire du bureau du collège du 2 octobre 1783. On a les minutes dés réponses de l'intendant. Parmi les autres documents intéressants, il faut signaler les lettres de Meslé. Tous ces documents d'une importance capitale n'ont pas été utilisés par M. Laveille dans son travail sur le *Collège d'Avranches* (Mémoire lu au Congrès des Sociétés Savantes de 1900). Avranches, 56 p.
(2) Charles-Henri Feydeau, marquis de Brou, ne fut intendant que pendant quelque temps, de 1783 à 1787.

francs, qu'un patriote zélé nous prête sans intérêt et sans autre terme de paiement, que celui où nous serons en état de le rembourser, et ce que les circonstances pourront me permettre d'y ajouter, je peux vous assurer que ce bâtiment sera élevé et couvert en entier dans le cours de cette année.

Il est vrai qu'on ne placera des planchers que les pièces indispensables pour lier les murs, et donner la solidité nécessaire à l'ouvrage. Vous voyez, Monsieur, que nous prévenons par ce moyen votre objection trop fondée sur l'expérience, et que les murailles que nous élevons ne seront point abandonnées, et ne présenteront point par la suite l'image de ruines.

Mais, nous resterons épuisés et sans ressources; la ville n'a rien. Les habitants qu'on nomme aisés, sont réduits au simple nécessaire. Nous payons, et cela depuis des siècles, pour des ouvrages qui nous sont absolument étrangers, et le gouvernement n'a encore rien fait pour nous. Nous manquons cependant des choses de première nécessité : point de fontaine publique, à peine de mauvais puits, un cloaque pour abreuvoir, si on peut lui donner ce nom, pas une goutte d'eau en cas d'incendie, et nous sommes enveloppés de sources; des prisons en ruines sur un égoût d'immondices, où les hommes et les femmes sont pêle-mêle, ce qui est le comble de l'indécence comme celui de la barbarie; un tribunal de baillage dans une espèce de grange; point de dépôt public pour les papiers; ils sont empilés dans un taudis qui renferme le ménage d'un greffier; dessous et dessus des lits; point d'hôtel de ville, pas une seule place où quatre cents hommes puissent se ranger pour recevoir l'ordre ou faire l'exercice; et notre ville a été remplie de troupes pendant tout le temps de la dernière guerre. Voilà, Monsieur, ce que vous verrez lorsque vous viendrez nous consoler, et nous tirer de notre état vaguement déplorable.

Et, c'est pour une semblable ville, peuplée d'une très bonne et très intéressante noblesse, qui a des enfants à élever pour l'Etat, et qui n'a pas le moyen de les faire instruire ailleurs, qu'un ministre du roi regrette l'emploi de la somme médiocre de mille écus, payée cent fois par cette même ville, pour le superflu et la décoration de celles qui abondent de moyens. Vous penserez autrement, Monsieur, et l'ouvrage que nous vous présenterons vous encouragera à la défendre, d'un mauvais raisonnement aussi injuste que peu conséquent; et, comment cette malheureuse ville paiera-t-elle pour ce qu'un ministre a appelé sa dépense particulière, lorsqu'on l'épuise journellement pour la dépense particulière des autres.

Vous vous assurerez, Monsieur, que Monsieur votre prédécesseur, et celui qui l'a précédé, pensaient mieux que le ministre, et votre justice nous fera trouver, dans celle de Monsieur le Contrôleur général actuel, les ressources que j'ose dire que notre zèle nous donne le droit d'en attendre. Vous verrez des travaux commencés, des emplacements, des projets, des plans simples, et qui remplissent à peu de frais tant d'objets si intéressants et si indispensables. Vous trouverez du plaisir à créer, et la connaissance des lieux vous en démontrera la facilité autant que la nécessité.

C'est moins pour la décoration, qui n'est rien si elle ne tient à l'utile, que pour ouvrir des canaux qui portent la vie, que je réclame les secours et les ressources; je viens de sentir, dans toute son amertume, le malheur d'un évêque, qui se trouve, par une intempérie cruelle, presque seul vis-à-vis de la misère publique. Des pauvres tendent bien faiblement les mains à d'autres pauvres. Je ne parle pas de ceux dont la mendicité est l'état, ils le seront toujours. Mais je me suis assuré, combien ceux qui paraissaient aisés, touchaient de près à la misère : voilà ce que j'avais trop prévu depuis longtemps, et c'est pourquoi, je sollicite avec ardeur, les moyens qui nous ranimeront, qui sont autour de nous et qu'il ne s'agit que de mettre en valeur.

Tout ceci tient à des spéculations, qu'une lettre déjà trop

longue ne permet pas, mais que j'aurai l'honneur de vous présenter quelque jour.

Il me reste à vous remercier, Monsieur, de l'intérêt que vous voulez bien nous porter, que vous avez marqué pour notre collège à Monsieur de Marville, et qui vous engage à solliciter Monsieur le Cardinal de Rohan (1). Je l'ai sollicité l'année passée; Monsieur de Vergennes, qui veut bien se souvenir de ce que je lui ai dit de nos besoins, et y prendre une part bien digne de ses vues pour le bien, et de son activité qui embrasse tout, en parle lui-même. Mais, le roi a des reprises considérables à faire sur les biens de ce collège du Mont, comme sur tous ceux des Jésuites, parce qu'il a fait des avances. D'ailleurs, les charges en sont multipliées, et le secours que nous pouvons en espérer ne peut être qu'éloigné, nous l'emploirions à faire un petit fonds à notre collège.

Il nous faudra un secours plus prochain pour remplir le vide de ce bâtiment, qui nous sera inutile sans cela, et qui nous est absolument nécessaire; nous le refusera-t-on ? Non, Monsieur, vous voudrez bien vous attacher à nous le procurer. Monsieur le comte de Vergennes (2), j'ose m'en flatter, ne se refusera pas à s'y intéresser. Il est le ministre de notre province, et nous le trouvons dans toutes les occasions. Permettez-moi de vous prier de le rappeler à l'intérêt qu'il m'a toujours marqué, et dont nous aurions éprouvé les effets, sans le malheur de la guerre qui épuisait tous les moyens.

Je ne peux vous exprimer avec quelle impatience j'attends le moment d'avoir l'honneur de vous connaître, et de

(1) Le cardinal de Rohan était président de la Commission établie pour la distribution des biens attachés au collège du Mont de la ville de Caen, appartenant ci-devant aux Jésuites. On a une partie de sa correspondance à l'occasion de cette affaire du collège d'Avranches. *Arch. dép. Calvados,* C 1071.

(2) Monsieur de Vergennes était à cette époque ministre des Affaires étrangères. Or la Normandie dépendait du Ministère des Affaires étrangères. Sous l'Ancien régime chaque province était rattachée à un Ministère.

vous recevoir chez moi. L'estime et la confiance que vous inspirez vous auront précédé, j'y joindrai tous les sentiments de sincère et respectueux attachement avec lesquels j'ai l'honneur d'être, Monsieur, votre très humble et très obéissant serviteur.

† P. A., év. d'Avranches.

# CHAPITRE IV

## L'Évêque d'Avranches et les questions religieuses avant la Révolution (1782-1788)

### SOMMAIRE

I. *Les relations d'un Abbé commendataire avec les religieux.* — Retour à Avranches. — Tracas causés par l'Abbaye de Bonneval. — D'Aguesseau maître des cérémonies. — Jugement sur dom Leroux, abbé de Balivières et appréciation de divers prélats.

II. *La dîme et les assemblées du Clergé.* — Projet de déclaration sur les dîmes. — Rôle social de la propriété ecclésiastique. — Résistance du Parlement de Rennes et du Parlement de Bordeaux. — Le procès du cardinal de Rohan. — L'assemblée du Clergé de 1786. — Les assemblées de la province ecclésiastique de Rouen en 1787 et 1788.

### I

*1° Lettre (1) à Monsieur de Belbeuf, Procureur général en son hôtel à Rouen*

Avranches, ce 27 mars 1782.

Je suis arrivé de vendredi, mon ami, par le plus mauvais ciel et par le chemin le plus abominable, il était une heure et demie, j'étais parti de Vire à cinq heures du matin.

(1) Nous transcrirons en note un autre billet adressé d'Avranches à M. le marquis de Belbeuf, daté du 11 avril ou mai 1782, et se rapportant à l'affaire de l'Abbaye de Bonneval: « Mon cher ami, j'ai écrit avec de la bonne encre au Grand Maître. J'autorise par une lettre le sieur Quillet pour l'opposition. Vos ordres sont remplis. Il ne reste qu'à vous embrasser. Parlez à dom Bourdon. Il n'approuve sûrement pas la mauvaise foi de son confrère. »

P ETRUS-AUGUSTINUS GODART DE BELBEUF, miseratione Divinâ, & Sanctæ Sedis Apostolicæ gratiâ Episcopus Abrincensis, Regi ab omnibus Consiliis, &c. Universis notum facimus quod Nos die datæ præsentium in nostrâ Cathedrali Ecclesiâ generales Ordines & Missam in Pontificalibus, Altissimo favente, celebrantes dilectum nostrum *Magistrum*

*Stephanum Julianum Blondel Diaconum de parochiâ de Gavray — Diœcesis nostræ* ————————————————————————————

ad Sacrum *Presbyteratus* Ordinem ritè & Canonicè promovendum duximus & promovimus. DATUM Abrincis in Palatio nostro Episcopali sub signo *sigilloque nostro* —— ac Secretarii nostri ordinarii subscriptione, anno Domini millesimo septingentesimo septuagesimo *quarto*, —— die mensis *septembris vigesimâ quartâ*.

De Mandato Illustrissimi ac Reverendissimi
D. D. Abrincensis Episcopi.

Insinuatæ & contrarotulatæ Abrincis anno dieque prædictis.

Lettre d'ordination conférée par Mgr Godart de Belbeuf,
éveque d'Avranches

(Archives personnelles).

J'ai reçu votre lettre le samedi; je fus si enveloppé, si détourné qu'il me fut impossible d'écrire le soir. Le lendemain avant huit heures à l'église jusqu'à onze heures, je ne trouvai pas le moment de vous dire bonjour.

Je ne vous en dirai pas beaucoup plus aujourd'hui quoique je m'y prenne à cinq heures du matin; mais j'ai cent lettres à écrire et un Séminaire à huit heures et demie.

Soyez tranquille, nous jouirons de quatre-vingt deux, les Gervais n'y auront rien; arrangez avec Moulinneuf en conséquence (1).

Le bon Laverdy m'écrit la suite de la petite scierie; c'est un bibus, mais il retarde nos bénédictions.

Je vais presser ici les affaires, on m'y fête beaucoup; je vous en dirai davantage un autre jour. J'espère arracher les épines qui ont poussé sur un terrain que je n'ai pas cultivé depuis si longtemps: épines de chapitre, épines de collège, épines d'imbécilité publique.

Bonjour, mon ami, et à tous les miens.

C'est l'abbé de Balivières (2) qui touche par lui-même Saint-Sauveur : il me donne les premiers six mois, c'est-à-dire depuis juillet dernier jusqu'au premier de janvier de cette année, à mon retour à Paris; et je toucherai par moi-même l'année courante.

(1) Il fait allusion aux difficultés qu'il rencontra à l'Abbaye de Bonneval-Saint-Florentin, dont il était abbé commendataire. Cette Abbaye se trouvait dans le diocèse de Chartres. D'après l'Almanach royal, elle rapportait 4.500 l. Les Archives du château de Belbeuf contiennent beaucoup de documents sur l'Abbaye de Bonneval. Les revenus auraient été plus élevés. Les recettes auraient été de 33.329 l. et les charges de 21.478 l. Les revenus nets auraient été de 11.851 l.

(2) L'abbé Le Cornu de Balivières était précédemment abbé commendataire de Bonneval. Il devint abbé commendataire de Royaumont dans le diocèse de Beauvais. Il était aumônier ordinaire du roi.

### 2º *Lettré à Monsieur de Belbeuf, Procureur général du Parlement en son hôtel à Rouen*

[Avranches] ce 28 [avril 1782].

Vous avez, mon ami, une opinion de Monsieur de Balivières qu'il ne mérite point, il est peu occupé de ses affaires; il y met même beaucoup trop de légèreté; voilà son défaut, mais il est bien éloigné de la fausseté, de l'astuce et des mauvais procédés.

Nous avons arrangé avant mon départ et signé sur la dictée de Monsieur Quillet (1) une commission pour faire le procès-verbal des réparations, je vous l'ai mandé dans le temps, et le nom et la confiance que mérite celui que nous en avons chargé; il m'apporta le procès-verbal gros in-folio dressé par M. l'évêque d'Autun (2). C'est d'après ce canevas immense qu'il doit faire ses notes, je suis étonné qu'il n'ait pas encore paru sur les lieux et je vais en écrire à M. Quillet.

Mais n'avons-nous pas, mon bon ami, bien mauvais air de notre côté vis-à-vis de l'abbé de Balivières? je lui avais promis sur-le-champ et aux Gervais main levée des saisies, et je reçois aujourd'hui une lettre de Moulinneuf qui me demande une main levée en mon nom des saisies faites ès-mains des quatre fermiers délégués et des autres fermiers.

Comment, mon ami, suis-je encore à ce point-là? je vous avais prié dans le temps de ne pas perdre un moment à donner ordre à Moulinneuf de faire faire cette main levée dans la même forme qu'il avait fait la saisie; je me suis adressé à vous au lieu d'en écrire directement à Moulinneuf pour ne pas me mettre en contradiction avec vous qui lui

(1) Quillet était avocat. Nous avons dix lettres de lui, adressées à l'abbé Thorel pendant les 6 derniers mois de l'année 1782 *(Archives du château de Belbeuf)*.

(2) L'évêque d'Autun était Yves-Alexandre de Marbeuf.

aviez donné les premiers ordres. Je suis confondu d'apprendre que j'en suis à un point qui me donne l'air de la plus mauvaise foi. Je vous le répète, les Gervais pouvaient nous mener loin sur cette saisie-là et nous faire compter de gros dédommagements. Ecrivez donc, je vous prie, tout de suite à Moulinneuf qu'il ne perde pas un instant à faire lever la saisie, il l'a faite sans signature de moi et sur sa seule procuration, il peut la lever de même.

La fièvre de la future vous met en l'air et moi aussi, cela ne dit rien contre son tempérament, je vois le plus fort enfant de notre ville, qui est le petit de Chavoi, qui en est là depuis huit mois. Je ne vous répète point les mauvaises nouvelles qu'on nous dit ici de la dispersion et de la prise de notre convoi pour l'Inde (1), au moment où il sortait de Brest, j'ai bien peur que cela ne se trouve trop vrai; on le mande de St-Malo qui est bien à portée d'en être instruit. Bonjour, mon très bon ami.

*3º Lettre à Monsieur l'abbé Thorel, vicaire général d'Avranches, Place Saint-Ouen, à Rouen*

Ce 7 au soir [janvier 1783].

Le petit mot que vous me dites, mon ami, du triste sort qui sera le terme des souffrances de M<sup>me</sup> de Folleville me perce l'âme; je réponds à son mari comme si j'espérais, sans parler d'espérances, bien tendrement pour sa pauvre femme. J'ai fui, c'est mon secret que je ne lui dis pas le dernier adieu, elle se serait attendrie.

Je vous ai mandé tout de suite la décision, les lettres retardent dans la confusion des paquets du nouvel an.

Hier, nous avons fait un de ces soupers préliminaires,

(I) Lacour Gayet, *op. cit.*, p. 380. C'est une allusion à la sortie de Soulange qui montait le *Protecteur*, le 19 avril 1782. Il fut assailli du 20 au 21 avril. Le convoi fut enlevé en entier.

les Chambors, Sommery et moi avec les proches, à l'Hôtel
Laverdy, fort bien, très bien, politesse, attention, aisance,
convenance de toutes parts.

Voilà le petit d'Aguesseau (1) l'avocat général, autrement
de Frênes, à qui, par une distinction inouïe, le roi accorde
la place de Maître des Cérémonies de l'Ordre, dont son père
se démet en en conservant la décoration. Le cordon bleu
sous des traits de vingt-quatre ans, quoiqu'il en ait vingt-
neuf ou trente, ornera bien un quant à nous. En habit de
campagne, on le prendra pour un enfant du sang royal.
Son excellente conduite, les mœurs de son état, ont fait
oublier que c'était une décoration uniquement acquise dans
la magistrature, aux vieux services.

A ce propos, M. de Lav[erdy] me disait qu'il en aurait
eu un s'il l'eût voulu, mais qu'il avait trouvé qu'il en
serait fort embarrassé à sa mort ministérielle. Je lui ai
répondu qu'il était bien modeste, il m'a ajouté qu'il n'en
aurait voulu qu'à preuves, je ne lui ai pas répliqué : vous
n'êtes plus modeste.

J'ai lu, mon ami, le fagot de Bonneval ; le Judas n'en voulait ni à Le Clerc (2) ni à nous ; vous n'avez pas pesé sur la
fin du verbal ; après quatre mois de cottes et de paraphes de
sa main, sans opposition, au contraire avec consentement,
il a senti que tous les biens mis en évidence et par conséquent en partage, retombaient sur sa tête ; il fuit une querelle ; il se réfère au Chapitre assemblé ; il présente les

---

(1) Il s'agit du petit-fils du grand d'Aguesseau : Henri-Cardin-Jean-
Baptiste d'Aguesseau, né au château de Frênes en 1746, mort en 1826,
fut successivement avocat général au Parlement de Paris, conseiller
d'Etat, député aux Etats-Généraux, président du tribunal d'appel de
Paris sous le Consulat, ministre plénipotentiaire à Copenhague et
pair de France.

(2) On a également un grand nombre de lettres de Leclerc, près
d'une quarantaine, adressées pour la plupart à l'abbé Thorel. Cette
correspondance s'occupe du partage des biens et revenus de l'Abbaye de Bonneval et s'étend pendant les années 1782 et 1783.

inconvénients d'une foule de papiers inutiles qu'on rend
importants ; et il revient consigner par la plume du notaire,
que chacun du dit Chapitre entendu séparément, il a été
unanimement loué, et approuvé de nouveau la demande
formée en partage, ne pouvant plus se permettre, ni pour
eux, ni pour leurs successeurs, de jouir de simples pensions
comme par le passé prélevées sur l'universalité des biens
de leur Abbaye, tous dans les mains de leur Abbé, hors
les biens, revenus et droits des offices claustraux et petit
couvent dont ils justifieront la propriété quand besoin sera.

Il a cru sauver l'anathème par cette confirmation solennelle que l'imbécilité capitulairement assemblée lui a
donnée ; mais cette incroyable tournure est une arme terrible dans nos mains ; dom Bourdon (1) m'a dit, vous
l'avez deviné, c'est plat, c'est odieux, cela doit le perdre.
Il a vu que la date était du 31 décembre ; quoi, tout à
l'heure, m'a-t-il dit, de ce pas je vais en parler, il faut le
chasser de là. Je lui ai lu votre lettre qu'il a admirée et
qui est vraiment un chef-d'œuvre de sagesse et de raison.
Le Père général dans la visite qu'il m'a faite avec ses
assistants a été enchanté (2).

. . . . . . . . . . . . . .

Adieu, mon ami, rien de nouveau de la paix. Je vous gar-
derai votre drap, apportez-moi le mien.

Madame de Beaupré est morte.

4º *Lettre à Monsieur de Belbeuf, Procureur général du*
*Parlement à Rouen*

Ce 8 au soir [mars 1783].

Ces jours-ci, mon ami, feront passer des soirées hors de

(1) Dom Bourdon est vraisemblablement un ancien religieux de
l'Abbaye Saint-Ouen. Peut-être même fut-il prieur? En 1790 on ne le
trouve pas au nombre des religieux, et c'était dom Alexis Davoust
qui était prieur.

(2) Quelques lignes sont omises, elles sont en grande partie déchirées
dans la lettre qui nous a été conservée.

chez soi ; vous savez mon goût pour la retraite du soir ; le matin, les importuns prennent les moments ; je me suis procuré ma liberté ce soir pour vous écrire à mon aise, voilà ce que j'appelle plus véritablement que personne mon Mardi-Gras.

Ce matin, j'ai vu le général et le procureur général (1), bénédictin, avec mon patron M. de Laverdy, nous étions convenus de nos faits ; j'ai d'abord fait l'exposé de mes bonnes intentions, de mes bons procédés, et de la manière dont on y a répondu ; on m'en a fait excuse et on a tout rejeté sur Le Roux (2) qu'on hait et qu'on regarde comme ennemi et qu'on m'a assuré être à couteau tiré avec dom Morenne (3), et fort odieux à M. l'évêque de Chartres (4) qui voudrait bien en être défait. J'ai dit qu'après tant de délais je voulais en finir ; sur cela mon patron a pris la parole et a prouvé clair comme le jour que nous n'en prenions ni les uns ni les autres les moyens, qu'il fallait distinguer dans le compromis les objets dont nos arbitres ne pouvaient pas plus que nous être les juges, et dont le Conseil seul, sans aucune considération d'avis ou de convenance, ou de déférence se réserve toujours le jugement ; que sur ces objets, ce serait multiplier les longueurs et les frais, qu'il convenait seulement que chacun de nous, par une suite de la confiance

(1) En 1789, le général des Bénédictins de Saint-Maur était dom Chevreux et le procureur dom Franc. En 1784, dom Chevreux était déjà général des Bénédictins. L'était-il au moment où Mgr de Belbeuf écrivait cette lettre ? Nous ne pouvons le certifier absolument.

(2) Dom Le Roux était prieur de l'Abbaye de Bonneval. On a de lui une correspondance abondante (33 lettres) qui va du 8 juillet 1778 au 21 juillet 1783 (*Archives du château de Belbeuf*).

(3) Dom Morenne, successeur de dom Le Roux, comme prieur des Bénédictins de l'Abbaye de Bonneval. En 1784, il écrit de Saint-Germain-des Prés. On a plusieurs lettres de lui aux *Archives du château de Belbeuf.*

(4) L'évêque de Chartres était Jean-Baptiste-Joseph de Lubersac, né le 15 janvier 1740, évêque de Tréguier en 1775, de Chartres en 1780, mort à Paris le 30 août 1822.

que nous avons vouée à notre avocat arbitre, prît sur ces points leur avis sur les demandes ou les oppositions qu'il serait à propos de présenter au Conseil et d'y poursuivre; qu'il avait aperçu dans le compromis d'autres objets fixés sous la forme de transaction; que ces objets n'intéressant point le fonds et la forme du partage, nous avions pu les avertir, et que notre parole en faisait la loi.

Qu'il se trouverait sans doute d'autres points qui ne seraient point rigoureusement soumis au jugement du Conseil et que sur ceux-là l'arbitrage resterait dans toute sa force.

Les religieux sont convenus qu'il n'y avait rien d'hostile dans cette manière, que tout en était sage et qu'ils y donnaient les mains. Ils proposaient à M. de Laverdy d'être leur juge comme le mien et qu'ils s'engageraient sans balancer; il leur a répondu qu'il se réservait d'être mon conseil après qu'il leur avait prouvé que le grand Conseil seul pouvait ordonner sur le partage.

J'irai voir après demain Messieurs Laget (1) et Vulpian (2); ensuite M. de Laverdy y viendra avec moi. Il va un de ces matins se faire communiquer par M. Gelée son travail, prendre des aperçus, former son plan et le suivre, il le dira pour l'honnêteté de la chose à M. Vulpian.

A présent que faut-il que je fasse vis-à-vis de l'abbé de Balivières pour finir les réparations? Je suis passé ce matin chez lui, il jouait à Versailles.

J'ai vraiment appris par M^me de S. une drôle de chose; il s'est plaint amèrement à son gros ami l'év[êque] d'Aut[un] de ce que je lui ai fait remettre le pot de vin qu'il avait touché pour le bail qu'il avait fait d'avance et dont il n'avait pas

(1) Laget-Bardelin était avocat du clergé, avocat et conseil de l'Economat, habitait rue de la Harpe (*Almanach Royal*, 1789, p. 80, p. 111).

(2) Vulpian était également avocat du clergé avocat et conseil de l'Economat, habitait rue de Touraine, faubourg Saint-Germain (*Almanach Royal* 1789, p. 80, p. 111).

commencé à jouir. Le gros homme, m'a dit la dame, a trouvé
cela fort vilain et elle a eu la faiblesse de croire ces gens-là
plus honnêtes que nous; c'est elle, je vous l'ai dit, et vous le
pensiez comme moi, qui m'a peut-être fait le plus de tort,
je le crois plus que jamais; il m'eût volé dans ma poche s'il
eût fait autrement, c'est ce que disent et ce que m'ont dit
tous les avocats; c'est ce que le chanoine de Noyon, son
conseil, lui répéta devant vous et devant moi. Je l'ai dit
à la dame et elle les croit encore plus honnêtes que moi.
J'envoie promener de pareilles têtes et je méprise souve-
rainement tout cela *in globo*.

J'ai été exprès hier matin chez le Cardinal pour l'engager
à faire une honnêteté à l'abbé de Ruallem (1) pour qu'il
aille nous défendre à Rouen, il m'a autorisé à le prier à
dîner chez lui où il lui parlera, ou pour mieux dire, où je le
ferai lui parler.

L'archevêque de Narbonne (2) fait un retour de noce à la
campagne, je n'ai pu le rejoindre; l'abbé de Périgord (3)
court en chenille le matin et fait le prélat le soir; Toulouse (4)
ne revient que le 24; Evreux (5) porte l'éventail à ce qu'ils
appellent la Cour et ce que j'appelle l'antichambre. Quelle

(1) Voir l'*Almanach de Normandie* pour l'année 1787 et Brette,
*Recueil de Documents relatifs à la Convocation des États généraux*,
t. II, p. 298... il fut nommé député aux États généraux.

(2) L'archevêque de Narbonne était Arthur-Richard de Dillon,
né en 1721, évêque d'Evreux en 1753, archevêque de Toulouse en 1758,
de Narbonne en 1762, mort à Londres le 5 juillet 1806.

(3) L'abbé de Périgord était agent du clergé depuis 1780.

(4) L'archevêque de Toulouse était Etienne-Charles de Loménie de
Brienne, né en 1727, évêque de Condon en 1761, archevêque de Toulouse en 1763, membre de l'Académie Française en 1770, archevêque
de Sens et cardinal en 1788, évêque constitutionnel de l'Yonne en 1791,
mort le 19 février 1794 (Perrin. *Le Cardinal de Loménie de Brienne*.
Sens, 1896).

(5) L'évêque d'Evreux était François de Narbonne-Lara, né en
1720, sacré évêque de Gap le 15 mars 1764, nommé à l'évêché d'Evreux
en 1773, mort à Rome le 12 novembre 1792.

est l'activité qui peut quelque chose contre tout cela? j'aurai bien d'autres sujets d'enrager si je veux faire l'Évêque député.

Madame de Sommery vient d'avoir une ébullition, bien moins considérable que sa sœur, qui lui faisait quereller mari et valets et fermer sa porte à tout le monde et déprier du mardi-gras où j'ai été seul admis pour entendre des bêtises et manger un gigot de pré-salé que j'ai trouvé une essentielle consolation.

Rien de nouveau qu'un mandement de l'archevêque sublime.

L'avocat Cordouen, héritier d'un degré plus près de Madame d'Aguesseau que le Président d'Esneval, est venu hier matin tout indigné chez moi, il est d'Avranches, me dire que ce président-là est un coquin, un fripon qui le volait comme dans un bois, s'il n'y eût mis ordre; il n'en revenait pas. Adieu.

5° *Lettre à M. de Belbeuf, Procureur général au Parlement à Rouen*

Ce 23 août [1782 ou 1783, plus vraisemblablement 1783].

Je reçois précisément avec votre lettre, mon cher ami, celle de M. Vulpian, elle vous expliquera cette grande affaire. Quel mot que celui de dom Le Roux ! *il connaît un titulaire qui se tient tranquille, mais qui paraîtrait probablement dans l'occasion.*

Qui sait, mon ami, il y a peut-être quelqu'un de ces marchands de bénéfices qu'ils auront mis en avant et à qui ils font quelque pension pour qu'il se taise ou qu'il paraisse suivant les événements. Peut-être est-ce un moine? peut-être dom Le Roux lui-même? mais ç'aurait été trop évident et trop odieux sous le nom d'un des leurs. Tout cela aura été prévu, combiné pour fermer la bouche à leurs abbés sur la lésion manifeste. C'est une abominable espèce que ces moines, il faut en convenir. Si nous chassons dom Le Roux de là, qui sait ce qu'il est capable de faire par vengeance; la communauté n'y perdrait rien si le dévolutaire est un des leurs, ils y gagneraient au contraire la jouissance entière.

Nous ne pouvons trop nous abandonner à M. Vulpian sur ce que nous avons à faire, vous verrez par sa lettre qu'il pense comme vous, et je vous prie de lui écrire de votre côté; je n'attendrai pas votre réponse pour savoir ce que j'ai à lui dire, puisque vous pensez comme lui; poussons vigoureusement la partie de l'abbaye, et tirons-nous s'il est possible des mains des larrons.

Je ne croyais pas le voyage des Laverdy si prochain, quelle raison de l'avoir autant avancé? Vous imaginez bien que j'attends avec impatience les détails de l'arrivée et du séjour, vous ne m'en laisserez échapper aucun, mon bon ami. Chargez-vous de tous mes regrets de n'être pas à portée de me réunir aux miens pour marquer mon empressement à une famille que j'estime et que j'aime autant; et pour assister à la prise de possession de ma nièce. Comment Madame de Laverdy a-t-elle trouvé les chemins, quelle idée s'est-elle faite de la distance; Mesdames de la Briffe et de Sémaisons sont-elles du voyage? Je suis accoutumé à lire vos lettres avec bien de l'intérêt, la prochaine sera d'un genre tout nouveau et bien piquant pour moi. Je fais des vœux si vrais, si tendres pour le bonheur de tous.

Adieu, mon excellent ami, je vous embrasse de tout mon cœur.

II

1° *Lettre à Monsieur de Belbeuf, Procureur général du Parlement à Rouen*

Ce 18 janvier au soir [1786].

Je me conduirais en aveugle et peut-être contre moi-même, mon cher ami, ou peut-être encore contre quelqu'un

de mes amis ou des personnes qui peuvent avoir des droits
sur moi, en prenant des engagements ou en recevant seulement un secret qui me lierait mes mains; voilà des réflexions
qui vous frappèrent lorsque vous lûtes la lettre de M. de
la Tournerie (1) et qui vous portèrent à ne point insister.
D'ailleurs ce bénéfice peut être du nombre de ceux qui,
comme abandonnés, sont sur la liste de mes réunions pour
consommer le plan tracé par notre assemblée.

Le projet de la déclaration sur les dîmes (2) vient d'être
envoyé en papier pour être communiqué aux donneurs
d'avis et aux meneurs. C'est encore là une de ces tournures
dont l'homme principal et la chose publique et la justice se
trouvent tous si mal; les exemples, les abus ne le corrigent
point.

Vous nous devez intérêt, mon ami, parce que vous êtes
juste et que nous avons été indignement vexés, mais ne
vous compromettez point par trop de zèle, vous ne nous en
servirez que mieux.

Le projet ou plutôt la chose (car c'est comme cela qu'elle
est arrêtée par tous les Commissaires et le G[arde] des
S[ceaux] réunis en une seule voix, après les plus amples et
les plus opiniâtres discussions) ramène l'ordre, prévient le
plus grand nombre des difficultés, et est établi sur les lois
et les usages qui en ont la force. Il est d'une sagesse qui
doit plaire aux sages, et d'une évidente justice, si ce nom-là
est encore connu des voix claires et des... &. Je me flatte
que vous en serez content.

Après avoir bien ruminé les moyens de barrer la roue des
injustes, il ne m'en paraît qu'un seul qui puisse avoir du succès; il tient à l'intérêt personnel, et c'est lui qui trop visiblement, trop honteusement a dicté cet incroyable arrêt.

(1) Voir la lettre de la Tournerie, datée du 24 décembre 1785 et
partie de Domfront (*Archives du château de Belbeuf*).

(2) Ce projet de déclaration aboutit au règlement du 29 mai 1786.
Les Archives du château de Belbeuf contiennent d'importantes déclarations du procureur général à ce sujet.

L'intérêt personnel dit donc que, si au premier coup d'œil la diminution de la charge de la dîme tourne en augmentation des fermes à louer, ou des choses qu'on fait valoir, les impositeurs des tailles, des vingtièmes de la capitation, s'empareront de ce profit, le grossiront, chargeront, et l'argent en passera dans ce trésor royal où tout s'engouffre et ne revient point dans les provinces, et surtout dans les villages.

L'intérêt du propriétaire n'y gagne donc rien d'abord : on lui prendra ce qu'il donnait, ce qu'il donnait pour circuler, pour être rendu autour de lui, pour y entretenir une certaine somme de numéraire qui ne s'y verra plus.

Et s'il survient un malheur public ou particulier, ce décimateur appauvri, réduit au nécessaire, pourra-t-il subvenir ou même aider ; le mourant se traînera dans le vestibule du château, le pauvre toujours à la porte, demandant d'abord, menaçant ensuite, assiègera le maître et fermier ; car enfin il faut du pain, de la soupe, du bouillon, et les curés en donnent ; et ils n'en donneront plus (1). De plus, ce clergé, ce grand propriétaire qui paye de si forts, de si brillants subsides, qui tant de fois ont épargné des impôts au peuple, réduit, et possédant d'une manière soumise au caprice des cours, diminuera ses dons dans la proportion, et ce qui dans notre Constitution est aussi important que l'argent, et non seulement le supplée, mais encore le surpasse, le crédit, ce crédit qui remplit ses coffres en un moment, telle que soit l'étendue du don, et met tout de suite en jouissance ; ce crédit qui est préféré par cela même à l'impôt, se perdra dans la même proportion. Et il faudra d'autant imposer le peuple.

L'intérêt du propriétaire y perdra donc par la misère qui tendra sa main décharnée ou qui l'armera d'un brandon incendiaire ; et par des impôts qui suppléeront les dons et le crédit du clergé.

_______

(1) Le rôle du clergé dans l'assistance publique est vigoureusement mis en relief.

Voilà ce que ceux qui ont des oreilles et qui entendent, des yeux et qui voient, des langues et qui parlent, doivent comprendre, juger, et crier sur les toits.

Il faut dans une pareille circonstance, vis-à-vis de pareils hommes, insister sur cela bien plus que sur les principes, l'égoïsme n'est-il pas devenu le premier de tous les Codes ?

Je prie mon neveu de se réunir à répéter ces assertions qui sont vraies, j'en ai éprouvé l'effet sur quelques-uns de Messieurs que j'ai vus dans mes courses à Rouen ; sur des avocats, elles auront du succès, bien présentées, répandues à propos dans le Corps et dans le public. Lisez ma lettre à mon neveu, autrement je lui en écrirais. Vous le dirai-je, mon ami, je sens comme je le dois l'usurpation, l'iniquité, le vol ; mais ce qui m'enflamme, c'est de se voir livré à ce crapaud dont le cri rauque fait là la loi et abâtardit le Corps dont il se fait l'oracle ; il sera humilié si ce Corps lui résiste, et il ne faut pas en perdre une occasion.

Du reste, s'il y a quelque ménagement apparent dans l'envoi que fait le G[arde] des S[ceaux], il a promis d'y tenir, il y met de la volonté, il y sera soutenu.

Le roi se lasse (1) de la résistance du Parlement de Rennes, de celui de Bordeaux, il a été indigné à fond des remontrances de Paris sur l'emprunt ; ses ministres de même ; son arrêt de Le Maître le couvre de ridicule parmi les gens qui savent les formes et qui connaissent le délit constaté sur le registre du Châtelet ; c'était au point que sa famille et ses protecteurs sollicitaient pour lui, comme une grâce, une prison perpétuelle. C'est cela qui décrie le Corps. La loi n'est plus rien, les hommes sont tout, et quels hommes !

Le cardinal prince a été interrogé avant hier, il a protesté d'abord comme prince, comme cardinal, comme

_______________

(1) Sur cette question de la résistance des Parlements de Rennes et de Bordeaux et des remontrances du Parlement de Paris, voir Lavisse, *op. cit.*, t. IX, 1ʳᵉ partie, p. 322-323.

évêque (1), il a fait ensuite le narré de l'histoire et puis a répondu aux interrogats qu'on ignore.

Bonsoir, mon ami, vous verrez Chambors dans trois jours.

2° *Lettre à Monsieur de Belbeuf, Procureur général*
*du Parlement à Rouen*

Ce dimanche 25 juin [1786].

La contradiction a été entière, mon ami, voilà dix jours que je suis arrêté sur ma route, et je n'ai plus le temps de former d'autres projets avant la reprise de l'Assemblée (2) où je vais tout droit. Je prendrai ma route par Falaise et par Neuville où elle me conduit, j'y passerai un jour ou deux si les de Laverdy y sont.

Heureusement que j'ai pris ma route par Vassy, pas un cheval aux postes qui n'étaient pas celles du roi, et défense d'en livrer dans celles-ci qu'à ceux dont le nom était attaché à la bride.

Ces bons Canisy, que j'aime de tout mon cœur, m'auraient consolé si je n'avais pas eu de plus anciens amis à voir. Ce sera remis à d'autres moments. Ils sont pénétrés de toutes les marques d'attention et de toute l'obligeance dont vous les comblez en toute occasion; c'est d'après cette reconnaissance et la confiance qui en est la suite que M. le marquis de Canisy me remet cette consultation et ces lettres, dont l'une est la vôtre; je l'ai assuré que vous régleriez sa marche et que vous forceriez ses principes de la manière la plus précise et la plus légale.

Prenez la peine de lui en envoyer directement la réponse,

_________

(1) Voir les Archives du Ministère des Affaires Etrangères, Rome, 901-904. Nous reviendrons, après beaucoup d'autres, sur cette question dans la *Correspondance du nonce Dugnani et de l'auditeur Pierrachi, avec le Cardinal Secrétaire d'État*, 1785-1791.

(2) Il s'agit de l'Assemblée du Clergé qui reprit en 1786. B. N., L 5, 598.

mon ami, au château de Vassy par Vire. Ecrivez-moi un mot que je trouverai à mon arrivée à Paris, où vous m'apprendrez ce qui se passe au Parlement pour nos dîmes, et vos nouvelles intérieures. Je pars mardi. Bonjour, bon frater.

3º *Lettre à Monsieur le marquis de Belbeuf, Procureur général du Parlement en son hôtel à Rouen*

Avranches, ce 25 juillet 1787.

Voilà, mon ami, mon assemblée provinciale (1) qui m'amène le huit à Gaillon, j'y serai le six, j'arriverai le deux ou le trois chez vous à Belbeuf, j'amènerai l'abbé du Bois, mon grand vicaire, mon archidiacre et mon député à l'Assemblée, vous l'avez connu à Sommery, c'est une fête pour lui de revoir tout ce qui m'appartient.

Je ne sais comment je serai reçu par la malheureuse tête qui ne se remet que par éclairs ; c'est bien long, il n'y a point de force humaine capable de la tenue qui conviendrait pour rompre radicalement une aussi longue habitude de déraison. J'ai tant vu qu'un moment où on lâche fait des reculades terribles. Et l'habitude survivra longtemps à la cessation de la cause. Je ne sais quelle aura été l'issue du voyage de Sommery, je crains bien qu'elle n'y ait été encouragée, et ce pauvre chevalier qui se sait victime, bien découragé, j'ai vu, j'ai remonté cela tant de fois. J'embrasserai donc encore l'ombre de ce pauvre Thorel.

Votre acrostiche est vraiment notable et d'un bon genre et d'une louange bien finie. Si tous les faiseurs ont servi comme cela la reine des fêtes, je ne la plains pas.

A la veille de se revoir, on n'a rien à dire autre chose que

(1) Voir sur ces assemblées de la province de Rouen Mgr Fuzet. Introduction du *Manoir Archiépiscopal de Rouen*, 1908, p. LXXXVIII-CXXI et principalement p. CVIII-CXIII.

l'empressement et le plaisir avec lequel j'embrasserai le bon frater.

Dites à vos enfants que j'arrive, ils m'aiment, je les aime, ce sera une jouissance bien vive pour moi de voir rassemblés le bon patriarche et sa bonne tribu à mon débotté. Vraiment si cette malheureuse belle-sœur y était ce que je l'ai vue, comme je serais glorieux et satisfait d'un ensemble que je ne comparerais à rien.

4° *Lettre* (1) *à Mg^r de la Ferronnays, évêque de Lisieux*

Avranches, ce 5 avril 1788.

Trouvez bon, je vous prie, Monseigneur, que je fasse céder dans ce moment-ci l'empressement que j'ai de vous satisfaire aux anciens engagements que j'avais pris vis-à-vis de Monsieur l'évêque de Séez et sur lesquels il me rendit ma liberté par des raisons de santé qui peut-être ne subsistent plus; vous ne pouvez pas douter de toute ma confiance dans quelqu'un de vôtre.

Je sens vivement, Monseigneur, l'importance des circonstances actuelles et toute l'attention que mérite la formation d'une assemblée qui doit traiter d'aussi grands intérêts. J'ai l'honneur d'être avec autant d'attachement que de respect, Monseigneur, votre très humble et très obéissant serviteur.

† P. A., év. d'Avranches.

Je ne sais par quel hasard votre lettre m'est arrivée par le dernier courrier, timbrée d'Avranches. Elle est datée du

(1) Cette lettre se trouve aux Archives Nationales, AA. 62. Elle se rapporte à l'Assemblée provinciale d'avril-mai 1788 (*Arch. Dép., Seine-Inférieure*, G. 5408); il faut la rapprocher des lettres de l'évêque de Coutances (26 mars 1788) et de l'évêque d'Evreux (16 mars 1788) sur le même sujet (*Arch. Nat.*, AA. 62).

15, je devais la recevoir le 18. Agréez, je vous prie, Monseigneur, cette raison du retard de ma réponse (1).

(1) Nous donnons en terminant la transcription d'une lettre autographe qui est la propriété de M. Hippolyte Sauvage :

Lantheuil, 26 août 1787.

On m'avait annoncé, Monsieur, une demande de gradué pour la cure de Loris ? qui a vaqué en mois de grade. Je commence à me persuader qu'elle n'aura pas lieu : on ne m'a rien signifié, ni au chef-lieu, et je me félicite de pouvoir me flatter de remplir vos vues et celles de Madame votre sœur.

Je vais écrire à Monsieur l'abbé de Monbourg de donner la nomination de Monsieur le cardinal de Luynes à votre protégé, en insérant seulement qu'elle est à la présentation de l'abbé de Bonneval, et si la réquisition ne se fait pas dans le temps, votre protégé prendra possession au terme fatal. On m'a requis des bénéfices d'une moindre valeur; il ne faut point éveiller l'avidité. Je vous prie d'être convaincu, Monsieur, de tout le désir que j'ai de vous donner en cette occasion, comme dans toutes celles qui dépendront de moi, les preuves de tous les sentiments que je vous ai voués.

Je suis avec autant de respect que d'attachement, Monsieur, votre très humble et très obéissant serviteur,

† P.-A., Ev. d'Avranches.

# CHAPITRE V

## L'Évêque d'Avranches et les questions politiques avant la Révolution (1775-1788)

### SOMMAIRE

I. *L'avènement de Louis XVI.* — Les brigandages de 1775. — Eloge du roi.

II. *La guerre de l'indépendance américaine.* — Projets de descente en Angleterre. — Combat naval dans la baie de Cancale. — Récit du « matelot historien ». — Un ancien Jésuite compromis dans une affaire de billet de confession.

III. *Les assemblées provinciales de 1787.* — La physionomie de l'assemblée provinciale de Caen. — Que penser des assemblées d'élection ? — La prudence de l'assemblée provinciale de Rouen. — Vues d'ensemble sur les assemblées provinciales.

IV. *L'assemblée des notables de 1788.* — L'évêque d'Avranches vivement désireux de conuaître ce qui se passe à Versailles.

1º *Lettre aux curés du diocèse d'Avranches (11 mai 1775)*

Vous n'avez connu, Monsieur, que par la voix publique, les excès (1) qui se sont dernièrement commis dans la capitale et aux environs, ainsi que dans quelques provinces voisines. J'ai la consolation de savoir que les fureurs d'un brigandage aussi inouï n'ont pénétré dans aucun lieu de mon diocèse, et qu'aucune portion d'un troupeau qui m'est si cher ne s'est point rendue coupable envers Dieu, envers le

(1) Voir sur ces excès, Lavisse, *op. cit.*, IX, 1ʳᵉ partie, p. 32-33.

roi, et envers la patrie, d'un crime dont les suites seraient affreuses à prévoir.

Mais, qui peut se rassurer contre les maux d'une contagion dont les progrès ont été aussi rapides qu'imprévus ! Nous, dont la fonction essentielle est d'instruire, défendons les peuples de l'esprit de vertige ; Nous, qui sommes pasteurs, veillons, chacun suivant l'étendue de notre pouvoir et de nos ressources, à la conservation du troupeau dont nous sommes comptables à Dieu et à l'Etat.

Le roi, pénétré de l'importance des fonctions du sacerdoce dans l'empire ; assuré que la religion sainte dont nous sommes les ministres, est la base et le rempart le plus ferme des Etats, nous donne aujourd'hui la preuve la plus éclatante de sa confiance en elle, par la lettre qu'il a adressée à chacun des Evêques de son royaume ; à laquelle il a joint une instruction pour tous les Curés des différents diocèses. Je m'empresse de vous l'envoyer, elle renferme tous les détails qui peuvent éclairer sur la nature du mal, et tous les principes qui doivent le prévenir ou porter ceux qui s'en rendraient coupables à le réparer. Vous ne pouvez trop la méditer ; mais vous en ferez la lecture et vous la développerez suivant votre sagesse et votre zèle dans les instructions publiques et particulières. Vous vous attacherez principalement à la persuader aux pères de famille et à ceux de vos paroissiens que vous savez avoir le plus d'influence sur la multitude.

Rappelez, par de nouveaux soins, par une nouvelle activité, aux préceptes sacrés que vous ne cessez de leur annoncer, ils connaîtront que rien ne peut excuser une semblable violence ; que c'est un vol manifeste, un renversement de l'ordre dont Dieu est l'auteur, une atteinte la plus punissable au respect dû à la Majesté royale ; ils verront que l'appât d'un peu de subsistance pour le moment présent détruirait infailliblement les sources de la nourriture et de la vie, et ils craindront de devenir l'horreur et le fléau de leurs concitoyens.

Mais, si des considérations aussi puissantes trouvaient de ces cœurs de fer, ou de ces âmes de boue qui se livrent aux mêmes excès par des impressions contraires il faut qu'ils sachent qu'ils resteraient abandonnés à la misère, aux remords, à la terreur. Où fuiraient-ils devant Dieu qui voit le crime dans la pensée et devant un gouvernement qui poursuit les coupables et qui est armé pour le salut du peuple?

Sous quel Maître des sujets audacieux ont-ils tenté de briser les liens de l'obéissance due au Souverain? Apprenez à ceux qui ne le connaissent pas encore, mais qui le connaîtront un jour par les bienfaits de son règne, que la première parole du Roi sur le trône a été qu'il ne voulait régner que pour faire régner avec lui la Religion, les mœurs, la justice. Dites-leur qu'il se prépare à en renouveler le serment sur l'autel de Reims où il va recevoir l'Onction royale; hé ! qui doit mieux observer les serments, que celui à qui il importe le plus qu'il n'y ait point de parjures? Faites-leur voir notre Monarque dans les jours de ses plus belles années, dévoué aux travaux et aux inquiétudes pour répandre sur nous le bonheur et le repos dont il n'aura jamais joui. Eclairez par vos discours, les bons l'aimeront, les méchants le craindront, tous l'estimeront; les chefs de famille se féliciteront en voyant à quel prince ils donnent des sujets : et les vœux qu'ils formeront pour la personne du Roi, se confondront avec ceux qu'on forme pour la patrie.

Vous serez sûrement flatté, Monsieur, de l'assurance publique que le Roi vous donne de la satisfaction sur la conduite de plusieurs de vos confrères et de sa confiance dans les efforts de votre zèle : ses espérances ne seront point trompées, les sages mesures du gouvernement sont secondées et la restitution devient presque générale par la persuasion des pasteurs.

Nous avons tant d'ennemis publics et secrets, jaloux des privilèges et des hommes attachés à notre état; saisissons toutes les occasions de justifier nos prérogatives aux yeux

des hommes, en faisant servir au progrès de la Religion,
et aux avantages de la société, le respect et la vénération
que les distinctions préparent.

Quelle satisfaction pour moi, Monsieur, et en même temps
quelle gloire pour mon épiscopat, d'être assuré que les sages
intentions du Roi ne peuvent être portées par un premier
pasteur, à des coopérateurs plus zélés, plus éclairés, et
plus capables de remplir les vues bienfaisantes de sa Majesté
pour le bonheur de ses peuples.

C'est dans ces sentiments que j'ai, etc.

2º *Lettre pastorale de l'Evêque d'Avranches au clergé et aux
fidèles de son diocèse après le sacre de Louis XVI (juin
ou juillet 1775).*

L'Eglise, mes très chers frères, se fait un premier devoir,
d'après l'ordre exprès de Jésus-Christ : rendez à César ce
qui appartient à César, de rappeler sans cesse les chrétiens
à tous les sentiments qu'ils doivent à leurs souverains. Le
nom de nos rois est toujours prononcé dans le sacrifice
auguste de notre Religion, et vous n'assistez jamais à nos
saints Offices que vos chants ne s'y confondent avec les
nôtres pour demander à Dieu la conservation de leur personne sacrée et la prospérité de leur règne.

Le roi attend de nous aujourd'hui des expressions encore
plus marquées de notre amour et de notre zèle. Il désire que
nous sollicitions la divine Providence par des prières publiques et solennelles, d'attacher à la consécration qu'il vient
de recevoir, les grâces qui sont accordées à une foi vive,
celles qui font des princes selon le cœur de Dieu, des rois
dignes de commander à des hommes.

Et dans quel moment, mes frères, notre roi est-il occupé
d'invoquer sur lui les secours de la religion ? Le génie des
arts épuisait à Reims (1) tous les trésors du luxe, toutes les

(1) Le sacre de Louis XVI venait d'avoir lieu.

recherches du goût, pour faire disparaître l'homme sous l'éclat de la pompe royale ; les rayons qui partaient du trône avaient enveloppé l'autel, et s'il s'apercevait encore, il semblait plutôt élevé au roi de la terre qu'au Roi du Ciel.

Mais, tel est le pouvoir de la vérité et de la religion sur l'âme d'un monarque également sage et chrétien, tandis que le roi paraît aux yeux de la multitude la seule divinité du temple, l'éclat dont il est environné ne lui fait que mieux distinguer la borne d'un être faible et mortel : il s'humilie au pied des autels ; il s'y attache comme à la seule base inébranlable de son trône ; les transports de son peuple lui retracent tous ses devoirs, et son cœur s'en pénètre. Les marques du pouvoir suprême dont il est orné ne sont pour lui que les emblèmes de ses soins, de ses travaux, de sa dépendance ; il entend avec attendrissement au dedans de lui la voix de la nature qui lui crie : Enfant d'Adam, reconnaissez, aimez les enfants d'un même père dans ces hommes qui sont jetés autour de vous comme la poussière.

Heureuses les nations à qui la Providence dispense de tels rois dans sa miséricorde, des rois qui, au sein de l'illusion, sont rappelés par la vérité à la nature qui en fait des hommes, et à la religion qui leur donne un maître.

Suivons, mes chers frères, notre jeune monarque dans les détails qui peuvent vous le faire connaître. Au moment où le trône s'éleva pour lui sur la tombe de Louis XV, il compta les jours de sa jeunesse et les millions d'hommes dont le sort commençait à y être attaché, et au milieu des cris et des acclamations de son peuple qui le pressait de remplir la place des rois, il s'affligea du malheur de régner ; ses regrets qui se renouvelèrent alors sur la mort de M. le Dauphin, son père que le trône attendait avant lui, nous rappelèrent le deuil trop mérité dont elle a couvert la France ; et nous pleurerions sans doute encore la perte d'un tel prince, si nous n'avions pas vu les larmes de son fils, celles d'un roi montant sur le trône, arroser les cendres de celui dont la vie l'aurait réduit à l'état de sujet.

Louis XVI est monté sur le trône; des sages qu'il a distingués y sont à ses côtés; les passions de l'âge le plus périlleux, les vices de l'élévation la plus dangereuse, ne s'y sont point assis avec lui; l'intrigue, la flatterie, la séduction craignent d'en approcher. Une application, une volonté constante pour le bien, l'esprit d'ordre et de justice, celui de la religion qui en est le principe et la fonction, l'intérêt le plus tendre pour ses peuples, la plus rare simplicité de mœurs, forment les principaux traits de son caractère.

Eh ! dans quelle nation, mes frères, fut-il jamais plus désirable d'avoir un tel roi? La nature a formé les hommes et surtout les français de telle sorte que les mérites ou les défauts qui caractérisent leurs princes passent bientôt dans les mœurs de la nation : il n'y a point de français qui ne désire d'en être aimé, d'en être approuvé, et c'est ce que ne peuvent se promettre ceux qui ne leur ressemblent pas. Et si des circonstances malheureuses qui ont causé les plaies du peuple, celles de la religion et des mœurs publiques, ont précédé l'avènement de notre Monarque au trône, elles nous feront mieux connaître tout ce que nous devrons à ses vertus personnelles et à la sagesse de son gouvernement.

Son règne sera celui de la paix; le roi nous assure lui-même dans la lettre qu'il nous écrit, que la paix et la tranquillité de son peuple sera toujours le plus cher objet de ses soins et celui de sa gloire. Ainsi, lorsque la majesté ou l'intérêt de l'empire le forceront à déclarer la guerre ou à la repousser, il ne verra la guerre même la plus heureuse que comme une calamité publique; et les jours de ses triomphes ne seront écrits pour lui, dans les fastes de l'histoire, que par le sang des nations, par celui de ses sujets *(sic)*.

Son règne doit être encore celui de la piété : un roi qui reconnaît que l'Etre suprême veille visiblement sur la Monarchie, qui implore sur lui et sur son règne les secours de la Providence et qui nous ordonne de vous indiquer les vœux et les actions de grâces de la religion, souffrira-t-il qu'elle soit négligée, qu'elle soit insultée. Déjà il a jugé l'impie, il sait que celui qui a dit dans son cœur qu'il n'y a point de Dieu et qui blasphème les choses du ciel, proscrit dans le secret les puissances de la terre, et que s'il paraît soumis à l'autorité, il n'en supporte le frein que par la terreur des peines.

Ce n'est point sur de tels sujets que notre Monarque veut régner (1) . . . . . . . . . . . . . . . . . .

Nation favorisée de Dieu, français, avancez dans ses temples, adorez-Le.

## II

### 1º Lettre (2) à Monsieur de Belbeuf, Procureur général du Parlement à Rouen

[Avranches] ce 15 [mai 1779].

Vos deux ordinaires me sont arrivées *in globo*, le dérangement peut venir de la poste; il était sans exemple qu'on ne reçut aucune lettre de Rouen ou des villes qui y portent, dans les jours de courrier, et il n'y en eut aucune par celui de mardi.

Vous me parlez de la guerre, mon ami, c'est à moi à vous en donner des nouvelles, j'en suis témoin oculaire, et depuis mercredi (3) nous avons matin et soir la lunette à l'œil.

Mercredi donc, nous avions vu une flotte anglaise à la hauteur de notre baie sans savoir précisément où elle portait; le jeudi à cinq heures du matin j'avais vu des mouve-

[1] Les lignes qui suivent sont rayées dans le texte original et le sens en est inintelligible.

(2) Cette lettre très curieuse se rapporte aux projets de descente en Angleterre (Voir sur ce sujet Dupont, *Histoire du Cotentin et de ses îles*, t. IV, 571-576 (1885); Hippeau, *Le Gouvernement de Normandie*, 1ʳᵉ série, *Guerre et Marine*, t. I, 457, 477, t. II, 20, 278, 290.

(3) Vraisemblablement le 13 mai 1779. Voir une lettre du 15 mai 1779, publiée par Hippeau, *op. cit.*, t. II, p. 289.

ments d'aller et de venir fort incertains; après ma grand'-
messe, sur les onze heures, nous vîmes neuf vaisseaux se
détacher et filer dans notre baie; nous en avions aperçu
auparavant d'une espèce inférieure, filer le long de la côte
de Cancale. A midi, à la place où vous savez que je me mets
à table, je vois les gros bâtiments se former en ligne avec
plusieurs petits dans les intervalles; à peine formés tout
fait feu, dans le même moment commence une canonnade
la mieux servie. Pendant tout le dîner, au milieu d'une douzaine de mes chanoines qui voyaient comme moi et qui
n'en perdaient pas un coup de dent, le combat s'acharnait
de plus en plus, une frégate se détache et porte sur la terre.
Une heure après, nous entendons de plus gros canons,
et un plus beau bruit; viennent les Vêpres, j'en perds la
suite, mais pendant ma bénédiction qui est un moment de
silence, l'écho du canon retentissait dans notre église. A
quatre heures, nouvelle décharge générale; à cinq le feu
diminue; nous distinguions parfaitement le feu de terre et
de mer. Les gros vaisseaux changent de position, quelques
coups perdus et rares jusqu'à fin. Une fumée s'élève du
côté où la frégate s'était portée sur la terre, et nous la voyons
peu à peu enveloppée de flammes, ses mâts, sa carcasse se
dessinaient en noir dans la fumée; le jour baissant, ils se
dessinaient en feu; à huit heures sonnantes, la Sainte-Barbe
saute et fait une explosion de feu plus élevé que le Mont
Saint-Michel, et comme vous imaginez, beau tapage; d'autant la flotte était rangée sur le côté, assez éloignée d'elle,
nous apercevons encore d'autres explosions. Le jour tombant, je vois une nouvelle division prendre la route de celle
du matin, je la perds de vue avec la nuit; la frégate brûlait
encore à onze heures du soir, des feux s'allumaient dans le
lointain; la frégate a brûlé jusqu'à trois heures que la mer
est montée et l'a éteinte. Je me lève à quatre, je vois la
flotte refiler vers la grande mer, j'en compte douze; imaginez notre impatience de savoir les résultats; Granville
mourait de peur, on y démeublait, nous savions qu'il n'y

avait point de troupes à Cancale et à peine du canon, et c'était le point de l'attaque. Voici le détail qui m'en est fait dans le moment par un matelot qu'on m'amène et qui était au combat : La flotte anglaise est celle qui partait pour New-York, l'amiral a appris en mer la tentative sur Jersey ; il a formé sur le champ le projet d'enlever le Nassau et la flottille, et sa légion. Heureusement que le vent les avait empêchés de retourner au jour marqué, et tout cela était resté à Saint-Malo.

Seulement la Danaé, la Valeur, l'Ecluse et quelques petits cutters s'étaient remis en mer et convoyaient deux vaisseaux marchands chargés de plomb et de sel au compte du roi. C'est sur eux que la foudre est tombée : l'Ecluse n'allait point, la Danaé n'a point voulu l'abandonner ni les vaisseaux marchands, ils se sont réfugiés sous Cancale ; ils y ont été poursuivis par deux vaisseaux de soixante et quatorze, quatre frégates dont une de cinquante-deux et quelques bâtiments inférieurs.

Ils ont foudroyé la Danaé qui a fait feu pendant une heure et demie ; le matelot historien était canonnier de cette frégate, elle est de trente-deux canons. Le fort de Cancale tirait de deux canons seulement ; mais en moins de deux heures, Nassau (1) est arrivé ventre à terre avec sa légion qu'il a montée sur tous les chevaux qui se sont trouvés sous sa main ; on en avait attelé jusqu'à cinquante sur des canons de vingt-quatre et de trente-six et deux mortiers qui sont arrivés au grand trot de Saint-Malo et qui ont sauvé Cancale ; un faubourg seulement qui est dans le bas est écrasé. Deux bombes tombées sur les gros vaisseaux les ont écartés, mais ils ont amené la Danaé ; ils s'étaient emparés de la

(1) Il est question de Charles-Henri-Nicolas-Othon de Nassau-Siegen et de ses volontaires. Né en 1746, il est mort en 1808. Il eut une vie remplie d'aventures. Il servit pendant quelque temps dans l'armée française, se rendit en Russie, reçut divers commandements de Catherine et remporta plusieurs succès, rentra en France après la paix d'Amiens.

Valeur, elle s'était ensablée, ils attendaient la mer pour l'enlever ; une bombe, Nassau les en a délogés et ils ont mis le feu en la quittant ; l'Ecluse a été coulée. Un corsaire a mis le feu à la Sainte-Barbe et a fait sauter son devant pour sauver le reste qu'il réparera ; d'autres petits bâtiments ont péri, les deux vaisseaux marchands ont été emmenés et nous restons insultés, brûlés, saccagés, à notre barbe et sur notre terrain ; et notre puissance maritime si vantée n'empêche et ne produit rien. Il semble que ce soufflet-là nous appartient plus particulièrement à nous autres qui l'avons vu donner. On ne sait pas précisément le nombre des tués : dans la Danaé, vingt-cinq aux premières décharges ; il y en a eu sur terre de la légion ; on croit la flotte repartie pour sa destination ; elle a rôdé hier une partie du jour devant Saint-Malo. M. de Quergariou (1) commandant la Danaé, a oublié ses papiers en fuyant dans une chaloupe ; il a voulu retourner les prendre, les Anglais étaient dedans, on ne parlera peut-être pas très bien de ce Monsieur. Le Nassau paraît avoir fait merveilles.

Voilà le premier combat où je me sois trouvé, mon ami, vous ne serez pas surpris de ma diffusion.

Ces gens-là sont nos maîtres, mon cher ami, voilà ce qui me fâche ; et, malgré vos belles annonces, je parierais encore pour une sotte année. Adieu.

## 2° *Lettre à Monsieur de Belbeuf, Procureur général du Parlement à Rouen*

[Avranches] ce 17 [mai 1779].

Vous étiez à Bracquetuit, mon ami, pour le bien de la République, moi qui suis un peu personnel, j'ai trouvé

---

(1) Voir Lacour-Gayet, *op. cit.*, p. 309, et Corre. *L'Ancien corps de Marine*, p. 283, 421. Le chevalier Raimond de Kergariou (Coatlés) fut garde-marine le 12 décembre 1755, lieutenant de vaisseau le 1er octobre 1773, fut tué le 15 juillet 1780.

votre séjour bien long, je le mesurais par la privation de vos lettres.

Ne soyez point inquiet de moi, je respire dans mon enceinte l'air le plus pur; d'ailleurs j'ai eu une attention qui est fort dans mon goût et qui est le plus grand spécifique contre la putridité; toujours à ma table des herbes, des légumes, du citron, du vinaigre, de l'épine-vinette, des sauces à la moutarde; des raves, des laitues, depuis deux mois; le docteur Fourny a admiré et partagé cette sorte de régime et nous avons l'un et l'autre le sang d'un poulet.

Je n'ai pas besoin d'être pressé pour revoir mes amis et mes parents, mais je suis réellement nécessaire ici, et s'il y avait une justice dans le monde, je le dis sans orgueil, la fortune qu'on prostitue au Midi de la France, serait plus utilement et plus décemment fixée à votre Sud-Ouest.

Qu'importe, je me suis fait un traversin, sur lequel ma tête repose dans une paix profonde; je me suis toujours aperçu que ce qu'on désire raisonnablement ne tourmente point, et que le bâton dont un quinze-vingt frappe le passant n'est point un affront; je me suis aperçu encore de beaucoup d'autres choses qui ont donné depuis longtemps une base inaltérable à ma philosophie.

Dans le mois de juin, aux premiers jours du mois, le régiment de Limousin s'établit ici. Viendront les importants visiter par air nos côtes, je les recevrai comme j'ai fait ci-devant, et je ferai rougir les impuissants qui répondent des menus, et qui font de si pitoyables cautions.

J'ai vu la guerre (1) il y a deux jours, trente vaisseaux de transport et autres portant, dit-on, la légion de Nassau,

(1) Fait-il allusion aux faits précédemment narrés? On serait porté à le croire. On peut également supposer, ce qui sous certains rapports se dégage davantage du texte, qu'il fait allusion à l'expédition de Nassau qui eut lieu le 30 avril. Une seconde expédition fut tentée vers la mi-mai. Est-ce de cette seconde expédition qu'il est question? La chose serait plus vraisemblable à s'en tenir aux dates. Une certaine obscurité demeure.

des déserteurs, des galériens, pour conquérir Jersey ou Guernesey, tout cela dans notre baie canonnait à plaisir ; le ciel tonnait au même moment, c'était un beau bruit. Je fais demander à tous les passants où nous en sommes de la conquête, on croit les héros retournés à leur chaîne et à leur galère.

Pour parler de mon métier, vous jugerez peut-être une sotte affaire de mon diocèse, un curé de Boisbenâtre, près Vire, s'avise de demander à la table pascale des billets de confession sur la permission qu'il avait donnée à ses paroissiens de se confesser à des prêtres approuvés de moi ; une femme qu'il soupçonnait s'être confessée à un prêtre étranger à mon diocèse lui refuse le billet, il la passe, et vient me conter sa prouesse en me disant que la femme voulait le prendre à partie ; je le reprends vivement, et j'exige qu'il fasse satisfaction à la femme, en me réservant le surplus ; il m'écrit que la femme refuse sa satisfaction et qu'elle est fort irritée. Je lui réponds par un ordre de venir dans mon Séminaire. Il s'y rend sur le champ ; j'établis un desservant dans sa paroisse, voilà déjà plus de quinze jours qu'il y est (1), un Supérieur ne peut pas donner une preuve d'improbation plus notoire, et l'ordre public ne peut pas être mieux vengé. C'est ce que le bailliage de Vire a senti ; la femme a porté plainte, le lieutenant général M. de Clermont a représenté à la femme qu'il n'y avait point de satisfaction plus éclatante que d'être puni par son évêque ; il s'est donné tous les soins possibles pour la mener à un arrangement, le curé s'y est prêté de la meilleure grâce en lui donnant pleins pouvoirs ; mais la femme, qui est celle d'un colporteur de petites marchandises, a fait une spéculation mercantile et veut que sa communion pascale lui soit payée cent pistoles,

(1) Voir sur cette affaire le dossier curieux des Archives du château de Belbeuf. Le jésuite en question s'appelait Robert Le Petit de la Pommeraye, il fut enfermé au séminaire le 14 avril 1779. Il y était encore le 16 juin et écrivait une lettre à Mgr de Belbeuf pour réclamer sa protection.

elle se réduit, après avoir marchandé sol à sol, à six cents francs, veut des réparations, des aveux par écrit, est conseillée par tous les grisons Virois, peut-être un peu par le procureur du roi ; le revenu de la cure vaut à peine les six cents livres et il y a quatre à cinq cents communiants ; l'arrangement devient impossible et l'affaire sera jugée. On prévoit que ce sera avec douceur, c'est comme qui dirait avec justice : le curé est assez puni, et si la chrétienne offensée avait de l'honneur et de la vraie foi, elle serait plus que vengée. On présume que si le jugement est doux, on la fera appeler *a minima*, peut-être le procureur du roi lui-même : le curé est ex-jésuite, et certains Messieurs aiment les affaires sur leur compte.

Croyez-vous, mon ami, qu'au Parlement, si l'affaire y est portée, on la prenne au tragique? D'autres personnes qui étaient à la même communion n'ont pas refusé le billet qui a été demandé de même, ce que j'improuve très fort ; mais enfin l'attaque n'est pas personnelle à cette seule femme, et n'est devenue une attaque que par sa résistance. J'ai saisi l'occasion pour afficher bien publiquement que le zèle qui tourmente n'est pas le mien, et que j'en condamne les marches extraordinaires.

Mais il faut sauver un galant homme d'ailleurs, et le mal qui résulte pour la religion dans un diocèse, du triomphe d'un paroissien contre son pasteur ; la punition par l'évêque ramène à la religion, celle d'un tribunal séculier devient un scandale. Je prie mon frère d'agir en conséquence de cet exposé, il saura mieux que moi ce que je peux désirer de lui.

M. Nervet est pénétré de reconnaissance, je vous en remercie tous.

Ne me laissez point ignorer la suite Lally, le Tolendal a bien fait, il avait pour juges ses parties (1).

(1) Il s'agit du procès de réhabilitation de Thomas-Arthur Lally-Tollendal, déclaré en 1766 par le Parlement coupable d'avoir trahi les intérêts du roi et condamné à mort.

Bonjour, mon bon ami, le confrère vous rend votre embrassade.

### III

*1º Lettre (1) à Monsieur de Belbeuf, Procureur général du Parlement en son hôtel à Rouen*

Caen, ce 11 [novembre 1787].

Il y a bien longtemps, frater, que je vous dois une lettre de quelque détail, mais comme je vous l'ai déjà dit, le défaut d'habitude d'écrire quand je suis trop pressé me fait toujours remettre à des moments que je ne trouve point; vous n'êtes pas comme cela, vous écrivez sur la selle d'un cheval de poste, voilà ce que c'est que l'habitude.

A Caen depuis lundi, visites le premier jour, assemblées et bureaux continuels depuis, travail dans les intervalles. Je préside celui du commerce, de l'agriculture, du bien public et du règlement.

Vous trouverez par le nouveau règlement la dignité et les moyens rendus à nos Assemblées, et Messieurs les députés dans leur cadre véritable.

Notre président (2) est honnête et bon; il plaît et il est estimé; il sera bien aidé et ce ne sera pas de trop.

Le roi nous offre l'abonnement, environ un quart d'aug-

(1) Cette lettre importante se rapporte aux Assemblées provinciales. Voir sur ce sujet Dupont, *op. cit.*, t. IV, p. 612, 633; Hippeau, *op. cit.*, 2ᵉ partie *Événements politiques*, t. II, p. 215, 430, et *Archives départementales du Calvados*, C. 7615.

(2) Le président était Marie-François-Henri de Franquetot, duc de Coigny, pair de France, gouverneur de Cambrai, bailli et capitaine des chasses de la Varenne du Louvre, chevalier des ordres du roi, lieutenant général de ses armées, chef de division des troupes de la province de Normandie, gouverneur des ville et château de Caen, grand bailli d'épée au bailliage de Caen.

mentation sur nos anciens vingtièmes. Nous ne détermi-
nerons rien que par le concours des enregistrements, c'est
notre devoir et notre force ; car enfin nous ne sommes
qu'administrateurs.

Si vous prévoyez quelque marche du Parlement sur nos
Assemblées à sa rentrée si prochaine, mandez-la moi; on
veut, je ne sais par quel intérêt, que les Parlements soient
contre, et les Cours supérieures; les lignes sont si différentes:
et l'autorité des Cours dans les choses de législation, bien
combinée avec nos administrations, en feront la règle et le
nerf. Passe pour la magistrature du Conseil dans l'Ordre des
maîtres des requêtes et des Intendants qui perdent véritablement, qui sont vraiment dépossédés, et qui au lieu de
leur despotisme ancien sur tous les intérêts qui rendent les
hommes si bas vis-à-vis de pareils maîtres, rendent compte
à ceux qu'ils commandaient.

Faites-moi chaque jour, s'il est possible, de la tenue de
l'Assemblée de Rouen, un petit compte de ce que vous en
saurez. Ces extraits-là ne vous coûtent rien; cette connaissance me donnera ici quelque relief. N'oubliez pas cela, mon
ami, ce sera un petit soin de quelques jours. Nous avons
commencé sitôt, si vous désirez savoir, je vous rendrai la
pareille.

Voir dans quelques vues, quelques mémoires, quelques
connaissances à me donner, je les recevrai avec intérêt et
gratitude. Le premier ministre nous veut du bien, les
pêcheurs en eau trouble nous voudraient dans l'abîme;
mieux nous servirons, plus ils nous détesteront.

Que pense-t-on chez vous des Assemblées d'élection, on
dit que cela complique la machine et moi je pense que cela
multiplie les intérêts, les connaissances et les faiseurs; surtout ces commissions intermédiaires qui occupent tant
d'hommes pendant les années entières et qui apprennent à
la nation à se connaître, à se sentir et qui forment de grands
corps par province, permanents; l'expérience nous a trop

appris que les individus, de telle autre qualité qu'ils soient, ne sont rien qu'en corps.

Auriez-vous quelques idées sur les assemblées municipales, ne les trouvez-vous pas bien défectueuses ?

-Le vicomte de Canisy vous a écrit sur vos Conservations, elles vous sont sans doute accordées; il y a mis un grand intérêt, j'ai trouvé que c'était par là qu'on devait réussir. Il vous vient encore de ses chiens; vous faites sans doute des choix, ou le nombre vous mangerait.

Adieu, mon cher ami, je suis un peu arriéré, je profite de mon dimanche.

J'embrasse les enfants, le reste existe si peu ou si mal; si un mot de moi s'entend, dites, je vous prie, ce mot pour moi.

*2° Lettre de Monsieur de Belbeuf à Monsieur d'Avranches*

30 novembre 1787.

Que voulez-vous, mon ami, que je vous dise de notre vie ici, puisque 1° vous devez être plus savant que moi par l'établissement des correspondances entre les bureaux qui en savent plus que ce qu'en dit chaque individu particulier, 2° puisqu'il y a une inaction nécessaire sur le principal objet, que donne le silence du ministre qui n'envoie rien, en sorte que notre Assemblée, très prudemment, pour ne pas déplaire au Parlement et ne point s'attirer des improbations et des défenses par arrêt ne fait rien sur cet objet, ne prend que des notions, et ne fait pas une délibération. Elle n'a garde d'offrir un vœu sur une chose qu'elle ignore honnêtement et légalement. — Honnêtement, parce qu'elle ne doit rien connaître qu'après le vu et la sanction du Parlement; ainsi c'est annoncer de l'insouciance que d'agir avant lui ; c'est présenter des dangers dans l'avenir et une influence trop grande des Commissaires députés déjà aperçue et qui a fort déplu. — Légalement, parce que rien ne sera légal, ni sera vu tel par la province; rien ne sera accepté, tout pourra être déclaré nul, à la grande satisfaction de ceux qui ne seront pas contents, si on écoute trop l'influence des phrases et des belles périodes imprimées...

Paris est très content, Rouen ne l'est que médiocrement, d'autres point du tout, telles sont les [impressions reçues].

Il paraît qu'on attend la fin des troubles de la capitale pour envoyer la nouvelle loi aux provinces. Déjà quelques Parlements ont protesté contre tout ce qui précéderait la loi enregistrée. Bordeaux tient à rejeter les provinciales non composées comme celles de la Guyenne et du Berry; Rouen pense bien faire de même d'après le vœu et les arrêtés imprimés des notables. Vous savez que Rouen avant tout a demandé l'organisation des provinciales qu'il n'a pas encore, et qu'il ne veut rien qui ne donne pas prise sur lui; les salamalecs faits ailleurs aux Commissaires députés, joints à leur influence nécessaire ou inévitable sur les municipalités qui sont mal composées, dont tous les honnêtes gens se retirent, tel Cany, Pertruicourt(?)..., ce qui pourrait suivre, ont infiniment déplu.

Vous ne m'avez donné aucunes notions sur ce qui pourrait être proposé chez vous, pour aller tôt, tôt en avant. Vous êtes de 15 jours en avant (1) sur Rouen, nous avons l'air d'être le Cap et le Sund; on m'apprend comme des nouvelles, vos vœux pour les abonnements, tandis qu'il existe une loi enregistrée qui défend les nouvelles déclarations jusqu'à la fin de la perception enregistrée. Ce sont dès lors des vœux faits par une Assemblée dont l'organisation n'est que promise et non enregistrée. Que puis-je dire, mon ami?

Alençon m'a fait part de ses embarras, il a vu l'obstacle à tout mot non conforme aux lois enregistrées. Je lui ai répondu prudemment ce que je vous mande plus clairement; j'ignore quels sont les prépondérants qui commencent par

(1) En effet, l'Assemblée provinciale de Caen commença le 6 novembre 1787 (Voir les procès-verbaux imprimés, 343 pages), tandis que l'Assemblée provinciale de Rouen ne commença que le 19 novembre 1787 (Voir les procès-verbaux imprimés, 416 pages).

laisser faire leur procès-verbal par un homme connu, avant qu'il arrivât, pour être voulant et menant, et ne semblent être que des auditeurs consultés, comme ça, comme ça ce dont tout le monde a ri. Je vous ai mandé, mon ami, cette sensation aussitôt qu'on a eu votre première séance, vous ne m'avez rien répondu ; alors, je me suis tu.

Apparemment qu'on a donné jour à la cuirasse on vous a pour lors assemblés les premiers et vous avez bien répondu aux espérances, dit-on ; car je ne sais que des nouvelles et des observations parlementaires ; on dit à cela que rien ne doit surprendre, que l'Ordre ecclésiastique se mettant de côté dans l'impôt, sûr de son sort, fera le brave zélateur de l'égalité dans les deux autres Ordres, pour anéantir peu à peu les privilèges qui rapprochent trop de lui le second : motif pour attaquer l'organisation vu l'inutilité d'un Ordre qui se met de côté. Bien ou mal informé, vous voulez savoir les propos, les voilà, mon ami, cela vu et lu dans un aperçu de l'Assemblée des Notables, où les évêques s'élèvaient contre Calonne qui proposait d'exempter les Nobles comme le Clergé de la capitation, et qui phrasaient beaucoup sur la noble façon de penser et la générosité de la noblesse, ce dont on rit ; on les pria de laisser la noblesse parler pour elle-même ainsi que les magistrats qui auront bec et ongles, et qui n'auront pas besoin de bonne pour faire la révérence et dire : Messieurs vous avez trop de bonté, je désire que tout cela chez vous ne soit pas unanime (1).


## IV

1º *Lettre à Monsieur de Belbeuf, Procureur général du Parlement à Versailles.*

Ce dimanche 2 novembre [1788].

Vous recevrez ma lettre, mon ami, en plein travail de

_______________

(1) Certaines fautes de lecture ont pu se glisser dans cette lettre d'une écriture fort défectueuse. La lettre n'est pas autographe.

notables (1); beaucoup d'indiscrets auront voulu mettre à contribution votre étonnante mémoire de la dernière assemblée, et peut-être aurez-vous pris quelques engagements de complaisance. Je réclame au premier titre. Qui avez-vous mené avec vous? ma poste qui n'est que de deux courriers par semaine donne de l'aisance.

Elle part de Versailles le mercredi pour m'arriver le samedi, et le vendredi pour m'arriver le mardi; jugez du vide immense d'un courrier manqué.

Ainsi, mon ami, mettez sur une carte mercredi et vendredi; si c'est M. Huard, je le prie de mettre à chaque jour, dans l'intervalle des courriers, quelques lignes qui formeront deux lettres seulement par semaine. Et je le prie encore de penser aux moments où un provincial espère, et au bonheur ou au malheur qui s'attache à l'espérance satisfaite ou déçue.

Vous n'aurez point M. de Penthièvre (2), je le regrette pour vous et pour ce petit chevalier si intéressant. Vous

(1) Deux assemblées de notables eurent lieu à des époques rapprochées. La première convoquée par de Calonne se tint du 22 février au 25 mai 1787. La seconde formée par Necker se réunit à la fin de l'année 1788. On a surtout des documents pour la 1re assemblée. Voir en particulier *Archives du Ministère des Affaires étrangères*, France, 1401, 1403, 1404.

Le procureur général siégea dans les deux assemblées. Dans la première assemblée il faisait partie du bureau du duc de Penthièvre. Il logeait maison Simon, rue d'Anjou (*Arch. Aff. Etr.*, 1401, f° 36). On a de lui quelques notes sur les travaux des assemblées des notables au début de mai. Ces notes ne nous ont pas paru suffisamment intéressantes pour être publiées. Elles n'ajoutent rien aux procès-verbaux qui sont connus.

Les lettres de Mgr de Belbeuf se rapportent à la seconde assemblée des notables, à l'assemblée de 1788.

(2) Louis-Jean-Marie de Penthièvre naquit à Rambouillet en 1725, mourut à Vernon en 1793. Il fut créé amiral en 1734, devint grand veneur et gouverneur de Bretagne en 1737. Il était colonel de deux régiments qui portaient son nom et se distingua dans plusieurs combats.

revoilà dans la position de faire valoir de nouveaux droits. Si on pouvait obtenir un dernier mot pour sa galère; la dernière ordonnance militaire qui a encore culbuté, à ce qu'on me dit, les compagnies et les brevets qui y prétendaient, désole la jeunesse. C'est par Malte, et plus sûrement par là qu'on peut le tirer.

Votre marquis délateur sera, je l'espère, confondu par vous vis-à-vis le Garde des Sceaux. Ce nom d'Harcourt, s'ils n'ont pas le bon esprit de le désapprouver hautement, pourra bien en souffrir vis-à-vis de la province.

Bonjour, bonjour, frater, vous n'avez pas le temps de me lire.

2° *Lettre à Monsieur de Belbeuf, Procureur général du Parlement de Rouen, à Versailles*

Avranches, ce 25 novembre [1788].

On envoie sans façon à tous les diables son frère le notable, quand non seulement il n'écrit pas ou ne fait pas écrire quatre mots, mais quand il empêche en outre de recevoir aucun détail de ce qui se passe.

Voilà ce que je reçois depuis quinze jours :

Ce serait une peine bien perdue que de vous répéter ce que M. votre frère ne vous laisse pas ignorer et d'une manière plus sûre.

C'est à vous que je demanderais des nouvelles de ce qui se passe aux notables. Vous savez qu'il y a de la fermentation parmi les notables, vous en avez les détails par Monsieur votre frère.

Il paraît qu'on se rapproche plus généralement aux notables de la forme de 1614; mais qui est-ce qui doit le savoir mieux que vous; vous êtes dans le secret.

J'allais vous parler des notables car on ne parle ici que

de ces notables [à] tort à travers. J'oubliais que c'était porter l'eau à la rivière.

Aujourd'hui, daté du 21 à Versailles; je ne vous répète point ce que M. votre frère est bien plus à portée que moi de vous mander de cette assemblée dont on a peut-être trop attendu.

Et dans une lettre de Paris du 22: Le frère d'un notable me dispense d'en parler; vous a-t-il mandé que la lettre de cachet du cardinal de Rohan est levée, on le dit, depuis deux jours.

Voilà toute mon érudition depuis le volume que vous prîtes la peine de me faire écrire, qui fut retardé d'un ordinaire et qui m'arriva avec la gazette, qui n'en a rien dit depuis. C'est une pitié que d'être traité comme cela.

Il ne faut pour une lettre que quatre mots, et il n'y a point d'occupation qui ne permette de donner quatre minutes, deux fois par semaine, à son frère qui a prié et supplié et qui en vaut bien un autre.

# CHAPITRE VI

## L'Évêque d'Avranches au commencement de la Révolution (1788-1790)

### SOMMAIRE

I. *La convocation des États Généraux.* — Quel doit être le but des États Généraux? — Comment doivent-ils être composés? — Quels sont les intérêts des différents Ordres? — Comment peut se faire l'harmonie.

II. *Les Ordres Religieux.* — Réclamation des Sœurs de la Providence d'Avranches à propos d'un alignement de rue.

III. *La Constitution civile du Clergé.* — Principes qui doivent régler les relations de la puissance spirituelle et de la puissance temporelle. — Protestations de fidélité au Souverain Pontife et au diocèse.

### I

1° *Lettre à Monsieur le marquis de Belbeuf, Procureur général du Parlement de Rouen, à l'Assemblée des Notables à Versailles.*

[Avranches] ce mercredi 19 [décembre 1788].

Malheureusement, mon ami, votre lettre mal mise à la poste, qui m'a manqué d'un courrier, m'a fait perdre tout le fruit de la peine que vous aviez prise ; mais ce qui m'a franchement surpris, c'est la comparaison de l'extrait avec l'imprimé que j'ai reçu au même moment, votre extrait avait l'air d'en être la copie.

Je suis enchanté que votre projet fasse autant d'honneur à votre jugement, que l'extrait à votre mémoire.

Jamais plus grande affaire ne vous a occupé; ce qui importe ici, sans quoi rien, c'est que les états prochains soient regardés comme constitutionnels; ils ne peuvent l'être que par le consentement de la nation ou antécédent ou conséquent; il paraîtra antécédent en s'attachant à une des formes qui ont donné aux anciens états le titre, non contesté depuis, d'Etats généraux (1).

Toute perfection nouvelle en ce genre me paraîtrait un vice, à moins que ce ne soit une perfection d'approximation en traitant les provinces, les Corps qui n'existaient pas alors, comme les provinces comme les Corps qui existaient dans le temps.

Il me semble que dans les choses de forme il faut s'en tenir au vieux style jusqu'à ce qu'il soit légalement changé.

Je croirais que les Etats généraux anciens n'ont véritablement acquis ce titre que par le consentement postérieur de la nation, puisqu'on a tant varié, et qu'il est difficile d'en tracer une forme qui fût vraiment constitutionnelle dans la convocation. Mais ce consentement postérieur ne devient-il pas, au moment d'une nouvelle convocation, un consentement présumé du moins antérieur? c'est pourquoi je m'attacherais dans le choix à celle qui présenterait le moins de vices, et dont les résultats auraient été les plus avantageux, tels que ceux de 1483.

Alors je voudrais que ces Etats ainsi convoqués, au lieu de s'occuper des affaires, n'en eussent qu'une à traiter qui serait celle d'une constitution invariable, par une convocation invariable de même, soit d'Etats généraux, soit d'Etats provinciaux. Que sur-le-champ, d'après cette forme

(1) Comme on le sait les Etats généraux ont suscité une abondante littérature. Le travail classique est celui de M. Armand Brette: *Recueil de Documents relatifs à la convocation des Etats Généraux de 1789* (en cours de publication).

établie, on assemblât d'abord les États de toutes les provinces et ensuite les Etats généraux.

Ces Etats, forts de leur constitution qui serait le vœu évident de la nation et sa représentation la plus parfaite, forts de leur bonne organisation qui rassemblerait tous les divers talents, tous les intérêts de chaque point de l'étendue de la France et des individus des différents Ordres suffisamment représentés, ferait une excellente besogne. Vos notables ont bien la sagesse et les lumières, mais il vous est impossible de donner un caractère légal à ceux que vous établirez. Je le répète, ce n'est que dans une assemblée d'un ordre vraiment constitutionnel, quoique imparfait, que ce genre d'assemblées peut être établi d'une manière plus parfaite; avec ce grand caractère qui, sous le titre incontestable de nation, fait que ses résultats sont des volontés qui entraînent nécessairement l'adjonction de l'autorité royale. Et non plus de ces cahiers de doléances qui font pleurer et qui vont à la beurrière *(sic)*.

Quel renversement d'ordre qu'une nation qu'on assemble pour connaître sa sagesse et ses besoins; afin d'insulter ensuite d'une manière plus éclatante, et dont le mépris porte sur le corps entier, à ses talents, à sa misère.

Faites-moi donner, mon ami, par tous les courriers quelques lignes sur le courant. Qu'est devenue la vigoureuse et imposante démarche du bureau de M. le Prince de Conti (1)?

(1) Louis-François-Joseph de Bourbon, prince de Conti, naquit en 1734, mourut en 1814. Il fit la guerre de Sept Ans et s'y distingua. Il fut le seul prince de sang qui consentit à sanctionner les édits de Maupeou et signa, en 1788, avec le comte d'Artois et les Condé, le *Mémoire* contre la double représentation du Tiers aux Etats généraux. Cependant, quand il rentra en France, après avoir émigré, il prêta, en 1790, le serment civique et resta étranger aux manœuvres du parti royaliste.

Le prince de Conti fit également une motion contre les écrits scandaleux. Lavisse et Rambaud. *Histoire générale depuis le IV<sup>e</sup> siècle jusqu'à nos jours*, t. VII, p. 648.

### 2° *Lettre à Monsieur de Belbeuf, Procureur général du Parlement de Rouen*

Avranches, ce 21 décembre [1788].

A tout seigneur, tout honneur, il en appartient sans doute aux principaux membres d'une nation réunis en corps; le sceptre doit se courber comme tout levier lorsqu'un poids considérable pèse sur son extrémité. Je suis pour l'avis des 144 (1), ce bonsoir par pelotons était par trop leste, et la glace une mauvaise raison : on sait si bien sabler les montagnes en pareil cas pour une chasse, pour une course de fantaisie; les vingt-six ne le savaient donc pas.

Les discours se sentent un peu de l'impromptu, je vous en remercie, ils ont prévenu la gazette; sans ce mérite ils seraient bien peu de chose.

Rien n'est décidé, voilà ce qui est clair; ce qui l'est encore c'est que tant qu'il restera de l'incertitude le cordonnier mesurera la tête au lieu de s'attacher au pied où il est si utilement placé.

Je voudrais dans mon coin, que je ne prétends point comparer aux menus du roi, que pour accorder solidement tous les intérêts, on donnât un nombre de voix égal aux deux ordres réunis, à celui du tiers, mais seulement pour

(1) Quel est l'avis des 144 ? Vraisemblablement il fait allusion à l'opposition que rencontra le gouvernement au sujet de la double représentation du Tiers aux Etats généraux. Seul, le bureau présidé par le comte de Provence adopta à une voix de majorité la solution désirée par Necker : ces votants sont probablement les 26 dont parle Mgr de Belbeuf. Tous les autres furent d'avis de faire élire les députés à raison d'un par ordre et par bailliage. Ils essayèrent également de faire une part plus large au peuple afin de contrebalancer l'influence de la petite bourgeoisie très atteinte par le philosophisme. Ils demandèrent le vote public et le droit de vote sans conditions de cens pour les domestiques... Lavisse, *op. cit.*, t. IX, 1re partie, p. 364, 365.

la discussion (1), à cause des différentes classes dont cet ordre est composé, et par une conséquence nécessaire des différents intérêts que cet ordre doit concilier; ces classes me semblent pouvoir se réduire à trois : l'agriculteur, le commerçant, l'artiste. L'agriculteur serait pris parmi les grands possesseurs propriétaires sans privilège; le commerçant partagé entre le commerce maritime et le commerce intérieur, ce que nous appelons gros marchand; l'artiste comprendrait les gros manufacturiers, ceux qui gouvernent des ateliers d'ouvriers quelconques pour entreprises, mais non pas les détailleurs; ce sont là les hommes dont les intérêts appartiennent véritablement à la fortune publique, et l'accord après leurs débats dans leur ordre sur ce qui distribuerait la charge ou le soulagement entre leurs classes respectives avec justice et intelligence, donnerait à leur opinion et ensuite à la voix de leur Ordre, lors de la délibération que je réduirais à trois voix seulement qui seraient celles des trois Ordres, un grand poids et des résultats bien accommodés à la chose publique.

Je mettrais les magistrats dans leur Ordre; ceux qui feraient preuve de cinq générations depuis leur noblesse acquise, s'ils sont anoblis, seraient admis comme tout autre noble dans son Ordre. Celui qui ne le pourrait pas serait classé dans le Tiers comme propriétaire parmi les agriculteurs; il en serait de même des juges, des avocats, des légistes qui auraient des propriétés, des médecins, chirurgiens, etc.

Dans le Clergé, ce serait s'écarter de tout principe politique que d'y admettre tout ecclésiastique sans propriété ecclésiastique ou civile; tout ce qui entre dans les assemblées, dans les États, y a été admis jusqu'à présent au seul titre d'un bénéfice d'une espèce distinguée, on pourrait y ajouter une propriété civile de telle valeur; la réduction que l'on veut dans le nombre des représentants du Clergé exige

(1) Mgr de Belbeuf expose des idées intéressantes sur la grosse question du jour, la double représentation du Tiers et sur la manière dont il comprenait sa composition.

au moins un choix distingué ; je ne suis point d'avis de cette réduction, je n'en vois pas la raison, et j'en vois au contraire.

On se propose d'en diminuer encore le nombre par des représentants pour l'Ordre de Malte ; qu'on les classe alors, s'il en faut, parmi les Nobles.

Vous voyez que par mon plan de divisions de classes dans le Tiers, cette voix composée serait moins populacière et plus facile à rapprocher des voix des deux premiers Ordres. J'assignerais aux grandes villes dans les provinces maritimes un certain nombre pris dans les commerçants pour être députés ; dans les villes capitales ou lieux de manufactures, un tel nombre de gros marchands et de chefs d'atelier ; les autres parties sans commerce et sans grande industrie suffiront assez à fournir des agriculteurs.

Je pense ce plan en l'écrivant, j'attendais l'avis de notables pour régler mon opinion, je dois m'en travailler une à moi, et suivant l'usage il n'y aura que moi qui aurai bien vu.

Serait bien sot qui regarderait comme le vœu du peuple toutes les motions signées des corps du Tiers, cela ressemble parfaitement aux signatures des villages contre ou pour leur curé.

Pour que les Ordres soient ennemis, il faut qu'ils aient des intérêts contraires ; les deux premiers prennent leur part égale des charges, que veut le Tiers de plus ? Voilà où il était blessé. Reste sa liberté, sa considération, la trouvera-t-il dans sa cohue ? Il trouvera une bien autre dignité, une bien autre sûreté à faire corps avec les plus grands de la nation. Et si devenu trop imposant, il ne se forme pas en république, il sera de la saine politique royale, qui deviendra celle des grands qui en seront blessés, de s'unir pour le pulvériser. Pourra-t-il résister ? De petits êtres tirés le plus communément de sa classe, qu'on nomme Intendants, ont suffi pour l'asservir au point où il est, et pour le pressurer de toutes les manières ; notre caractère n'est pas anglais, il s'en faut bien ; beaucoup dans nos provinces savent parfaitement écrire une feuille volante, on rencontre partout de petits aigles

de sociétés ; mais qu'il y a loin d'un parquet de boudoir ou
de clubs au pavé de la tribune aux harangues, et d'une
invasion de phrases à celle d'un gouvernement fondé sur
un caractère national.

J'écris un mot à M. Huard dans votre lettre, je m'y suis
pris de la seule manière qui me convenait dans le désir que
m'avait marqué le procureur Le Venard que j'aurais obligé
avec bien de la satisfaction ; j'ai peint son embarras, ses
ressources mais dans un meilleur moment, l'estime générale,
votre estime particulière, la mienne. Des fonds qu'on devait
recevoir ne sont point encore rentrés, on s'est épuisé dans
un placement dans une bonne œuvre, bref on voudrait
bien, on pourra peut-être. J'ai été jusqu'à proposer de faire
les avances pour mettre au pied du mur avec l'air de la
plus grande persuasion ; de fait je vois clairement que je n'ai
pas gagné grand chose, le parent est cependant vraiment
bon, vraiment obligeant, j'avais conçu plus d'espérance.

Bonjour, frater, vous n'êtes pas fâché d'être rendu à vos
foyers, quelques tristes qu'ils soient par cette malheureuse
femme que je regarde sans ressource, parce qu'il faudrait une
tenue au-delà de ce que je me suis trop démontré praticable,
à cause de votre sensibilité et le penchant si naturel de se
faire illusion sur ce qu'on désire. J'ai vu la méchanceté sous
l'air de la tendresse contre tous, contre moi, contre vous-
même. C'est une terrible dégradation, mais elle existe. Je
vous embrasse, mon ami.


## II

*Lettre à Monsieur de Belbeuf, Procureur général
du Parlement de Rouen*

1789 (1)

La réclamation, mon ami, de nos Sœurs de la Providence
et celle de vos substituts sur l'alignement que le bureau des

______

(1) La lettre porte cette date. Rien dans le corps de la lettre n'indique l'époque précise où elle fut écrite.

     L'ÉVÊQUE D'AVRANCHES

finances prétend donner à la rue St-Simphorien, est fondée
en justice et en raison. En justice, en ce qu'on arrache aux
Sœurs une portion de terrain qui leur est nécessaire, pour
augmenter celui du propriétaire qui est du côté de la rue
opposé au leur, en rejetant toute la rue sur elles.

En raison, en ce que l'alignement est absurde en lui-même,
en ce qu'il forme une ligne fausse qui rend le débouché de
cette rue sur la grande route d'un accès ou d'une sortie bien
plus difficile. Il porterait ce plomb sur une maison au lieu
d'enfiler, suivant la direction actuelle, une petite place, et
une rue qui y aboutit. Le procureur du roi du bureau des
finances qui s'y est transporté, l'a tellement senti qu'il est
retourné pour requérir la ligne actuelle au lieu de celle
qu'on veut y substituer.

Ainsi, quant au fond il faut justice et elle sera faite.
M. l'Intendant, que j'en ai prévenu, a dû ou doit obtenir
une défense et les travaux sont suspendus.

Ce qui importe infiniment dans ce moment-ci au bien de
la chose, c'est que le débat de compétence soit suspendu
jusqu'à ce que l'arrêt du conseil qui doit statuer sur tous
les emplacements de nos ouvrages, pour les prisons, pour
l'hôtel de ville, pour une place, pour une fontaine, pour un
abreuvoir, pour les niveaux et les débouchés des rues que
cela intéresse, soit obtenu ; M. l'Intendant en fait arrêter les
plans au conseil suivant, ce qui se pratique ordinairement
en pareil cas. Ce sont de ces travaux publics où le roi seul
ordonne ; et je m'y attache avec d'autant plus de satisfaction, que tout ce qui s'est fait et se fera sera toujours payé
d'avance sur une évaluation très juste ; c'est au point que
trois maisons, qui sont dans le cas d'être abattues et qui ne
le sont pas encore, sont payées du mois de novembre de
l'année dernière ; et l'argent en est touché de ce temps par
les propriétaires.

Si la police gagne sa cause sur votre réclamation avant
que le Conseil ait fixé nos plans, ce seront des défenses, des
ordres, des tiraillements continuels les plus opposés au bien

et les plus absurdes. L'avocat Provost vous masque dans sa lettrel a démarche odieuse qu'il a fait faire au nommé des Sœurs, sur lequel je vous ai envoyé un mémoire; par laquelle il demandait un arrêt sur ce qui lui était accordé, et par quelle autorité on avait réglé ses discussions; tandis qu'il savait que c'était uniquement pour venir à son secours et pour l'obliger que M. l'Intendant avait prévenu l'arrêt. Voilà les conseils qui partent de cet homme-là, et les dégoûts qu'il préparait à un Intendant qui nous comble de soins sur tous nos intérêts. Vous avez arrêté cette marche insidieuse; suspendez de même, je vous prie, la décision de compétence, le retard n'y fera rien et il nous est essentiel. D'un autre côté, l'injustice et l'absurdité de la rue projetée sera redressée; reste à répondre aux lettres que vous avez reçues.

Je me charge des Sœurs que j'assurerai de votre protection et je vous réponds qu'elles seront parfaitement contentes.

Le procureur du roi me paraît réduit à dépendre de Provost et la modération que celui-ci affiche, et cette union si admirable, n'est que le résultat de la faiblesse de Lemoine qui s'est laissé évincer et qui ne fait rien; et de l'ignorance de Bacilly (1) qui d'abord a voulu résister à Provost qui l'a écrasé, insulté, bafoué dans son tribunal même, et qui a fini par le réduire à prendre ses ordres sur tout. Voilà le vrai de la chose.

Mandez, si vous voulez, au lieutenant de police, de Bacilly, qu'il sera soutenu dans ce qui conviendra.

La lettre du procureur du roi est une prétendue apologie à laquelle le silence me paraît convenir parfaitement.

Gagnons du temps, mon ami, j'attends la réponse de M. l'Intendant, dont je vous ferai part, avec cet accord le bien sera fait. Il sera traité par les chefs et non par des subalternes qui n'ont l'idée de rien et qui font obstruction à tout, et les intérêts publics et particuliers seront également

(1) Voir l'*Almanach de Normandie*, année 1789, p. 262,

ménagés. Vous verrez cela quelque jour, et vous serez sûrement l'approbateur de nos plans.

Adieu, mon ami, vous quitterez avec regret votre printemps si brillant, dans votre unique position que je ne compare à rien.

Je vous embrasse de tout mon cœur.

## III

### *Lettre* (1) *au Clergé de son diocèse*

Avranches, ce 4 décembre 1790.

Je me suis fait un devoir, Monsieur, de rendre compte de mes sentiments et de mes résolutions à ceux de Messieurs vos confrères qui sont venus me demander des conseils ou des consolations dans ces moments de deuil pour l'Eglise.

Je leur ai dit que, tandis que mon diocèse semblait reposer au sein de son ancienne paix et que nous devions cet avantage aux mesures de la sagesse de nos administrateurs, je croyais pouvoir me renfermer dans ces expressions particulières.

L'accueil unanime de mon vénérable presbytère m'avait confirmé dans cette disposition.

Mais il m'avertit lui-même que le grand nombre des pasteurs et des prêtres me rappellent à cette parole de l'apôtre que je suis débiteur envers tous et qu'aucune autre consi-

---

(1) *Arch. Nat.*, DXXIX 8. Cette lettre n'est pas autographe. Elle fut transcrite par les autorités administratives sur l'original imprimé. Elle est accompagnée de plusieurs pièces intéressantes. Elle se rattache à la grosse question de l'*Opinion sur la Constitution civile du Clergé avant la décision du Pape*. M. Mathiez l'a soulevée récemment, mais l'a tranchée peut-être audacieusement. Nous ferons bientôt paraître un travail et un recueil de textes sur ce grave sujet. Voir encore *id.* DXXIX *bis* 20.

Avranches le 11 juillet 1784

[...] de[...] de justice madame, sont véritablement bien pénibles, je —
saisis avec empressement l'occasion que vous me procurez de vous marquer
du moins la part que j'y prends ; je ne sçais pas ce qui est sur cet —
objet au pouvoir de mon frère ; je l'embarrasserais mal en ne sçachant —
point vôtre affaire ; je le préviens seulement que vous luy en ferez —
le détail et qu'il m'obligera véritablement en faisant pour vous —
tout ce qui dépendra de luy. Comme son attention est nécessairement —
partagée entre un très grand nombre d'affaires, il sera naturelle au —
désir bien vrai que j'ai qu'il vous soit utile si vous voulez bien joindre
cette lettre à celle que vous luy écrivez.
      je vous prie d'être persuadée de tous les sentiments respectueux avec lesquels
j'ai l'honneur d'être madame vôtre très humble et très obéissant serviteur
                              † P. A. év. d'Avranches

Lettre autographe de Mgr Pierre-Augustin Godart de Belbeuf,
évêque d'Avranches, à Madame Le Sourd, de Cherbourg

(Archives privées du château de Belbeuf).

dération ne peut plus l'emporter sur ce devoir d'un premier pasteur.

Je m'en acquitte donc, Monsieur, dans cette vive confiance en Dieu qu'il ne permettra point que mes paroles ne soient jamais démenties par mes actions.

On m'a entendu, au jour de la Fédération générale, prononcer solennellement à la tête du Chapitre de mon Eglise et du clergé de la ville, le serment qui attache ma soumission à la constitution sanctionnée par le Roi; et on m'avait vu remettre au même moment à M. le Procureur-Syndic de la commune la déclaration que j'y avais jointe et que j'avais prononcée; de même que l'honneur, la religion m'imposait la loi de ne point comprendre dans ce serment ce qui était purement du ressort de la puissance spirituelle, cette puissance qui vient de Dieu et qui sera éternellement, comme lui, supérieure aux pouvoirs des hommes.

C'est ainsi qu'en rendant publiquement, et suivant le précepte de l'Evangile, à César ce qui est à César et à Dieu ce qui est à Dieu, j'ai satisfait au devoir de l'obéissance comme citoyen et comme évêque à celui de l'exemple et de l'avertissement. Celle même que Jésus-Christ lui-même a déterminée est la base inébranlable de tout ordre social et religieux, et la distinction des deux puissances repose invariablement sur elle.

Conséquent à ces principes et à ces engagements dans toute l'étendue de la soumission que doit à la loi du Ciel et à celle de la terre un évêque citoyen et sujet fidèle, j'abandonne sans balancer à la puissance civile ceux des avantages temporels que je tiens uniquement d'elle et, Dieu le sait, aucun retour personnel n'en souille le sacrifice.

Mais cette mission divine donnée par Jésus-Christ à ses apôtres et transmise par eux aux Evêques leurs successeurs, cette mission dont j'ai été revêtu par l'institution canonique, qui est la source de toute juridiction et de ses différents degrés dans la hiérarchie ecclésiastique ne peut être remise qu'à la même puissance que Dieu a établie pour le gouvernément spirituel de son Eglise, qui seule a le droit d'en disposer suivant les formes prescrites par les saints canons. Mais ce qui est essentiellement lié dans l'ordre de la religion au régime fondamental de l'Eglise, une, sainte, catholique, apostolique et romaine, aux saintes maximes, à sa discipline générale, ne peut être soumis à une puissance purement humaine.

Je trouve là cette limite fixée par la foi; car, comme dit Bossuet, « la loi qui partout ailleurs commande et marche souveraine doit seconder et servir; car, à l'Eglise appartient la décision et au prince la protection, la défense et l'exécution des canons et des règles ecclésiastiques ».

Ce n'est que par l'alliance de ces règles antiques, sacrées, fondamentales avec les actes de la puissance temporelle que les pasteurs et le souverain peuvent parvenir à concilier les intérêts de la religion et le bien spirituel des peuples avec les intérêts civils et politiques des Etats, et tel a toujours été l'esprit de l'Eglise de France et celui des monarques qui ont régné sur elle. Personne n'ignore à ce moment que le concours du Saint Siège a été sollicité par le Roi sur cette constitution nouvelle du Clergé de France que l'Eglise n'a point connue.

Cette démarche prépare le concert de l'Eglise gallicane avec le chef visible de l'Eglise universelle dont le siège est le centre de l'unité catholique. J'en attends le résultat avant de m'y conformer; et je déclare que jusqu'au moment où l'Eglise spirituelle n'aura exercé les rigueurs d'aucune marche canonique, je demeure chargé des mêmes obligations et investi des mêmes pouvoirs pour les fonctions de mon épiscopat, parce que la suppression, décrétée de mon siège dans un ordre purement civil, reste nulle dans celui de la religion et qu'il n'y a point eu aucune matière d'accusation contre moi ni de jugement suivant les formes indispensables de la justice pour la déposition d'un évêque.

Que je regarderais ma démission dans ces moments difficiles comme une vraie désertion, et que dans aucun temps je n'abandonnerai le diocèse qui m'est confié, sans y être autorisé par les motifs que l'Eglise approuve et par les règles qu'elle a consacrées.

Que sans le recours à l'autorité spirituelle, ni ma démission canonique ni ma mort ne changerait rien à l'état de mon Eglise parce qu'alors l'exercice de ma juridiction resterait circonscrit dans les mêmes limites et attribuée, suivant les anciennes règles, pendant la vacance du siège, à mon Chapitre cathédral qui ne peut en être dépouillé que par la même autorité qui lui a transmis.

Si je m'attache à retracer ces principes ce n'est point par l'esprit d'une résistance humaine, c'est au nom de Jésus-Christ, et le moment est tellement absolu que je ne peux y manquer sans trahir son Eglise et la vérité sainte.

Je proteste donc à ce nom sacré que je suis résigné de cœur et d'esprit à me conformer, fût-ce pour les renoncements et pour les séparations les plus pénibles pour moi, aux mesures qui seront concertées entre les deux puissances pour maintenir en un ordre de choses d'une aussi haute importance la règle et la paix dans l'Eglise et dans l'Etat.

Toutes mes pensées, toutes mes actions seront dirigées vers ce but si désirable : tout ministre des autels, tout enfant de l'Eglise, tout membre de la patrie peut-il faire un vœu plus pressant que celui de cet accord entre les pouvoirs protecteurs et conservateurs de la Religion et de l'Empire dont elle est le plus ferme appui?

Voilà, Monsieur, l'exposition de mes sentiments et celle des principes qui tracent impérieusement les règles de ma conduite.

Allez, dit Jésus-Christ, enseignez toutes les nations... Apprenez-leur à observer tout ce que je vous ai annoncé, je suis avec vous jusqu'à la consommation des siècles (Math. chap. 28). Voilà notre mission, nos devoirs et l'assurance éternelle d'une assistance divine. Qui me séparera jamais de ces devoirs, de la foi en cette promesse de notre divin fondateur? Seront-ce les tribulations? Sera-ce la détresse, la faim, la persécution, le glaive?... Ni la mort, ni la vie, dit l'Apôtre (1), ne pourront me séparer de l'amour de Jésus-Christ.

J'ai l'honneur d'être avec un sincère attachement, Monsieur, votre très humble et très obéissant serviteur.

† P. A., év. d'Avranches.

(1) *Ad Romanos*, VIII, 38.

# CHAPITRE VII

## Le Déporté (1792-1793)

---

### SOMMAIRE



### I

*Lettre (1) de M. de Belbeuf, ex-procureur général
à Monsieur le Maire d'Avranches*

Belbeuf, 27 décembre 1792.

J'ai l'honneur de vous adresser, Monsieur, le certificat qui prouve que mon frère, le ci-devant évêque d'Avranches,

(1) Par exception, nous publions cette lettre qui n'est pas adressée à Mgr de Belbeuf parce que, d'une part, elle fut annexée à la lettre du 13 janvier 1793 et qu'elle fait corps avec elle; parce que, d'autre part, elle expose d'une façon nette les difficultés se rapportant à la déportation de l'évêque d'Avranches.

La question légale qui se pose à cette occasion est difficile à trancher; la loi du 26 août 1792 n'est pas précise et les circulaires ministérielles furent souvent contradictoires.

n'est point dans la classe des émigrés, qu'il a été déporté par les décrets de l'Assemblée nationale, et par l'effet de nombre de circonstances réunies qui l'ont empêché de rester chez moi où il s'était retiré sans y faire ombrage à personne; vous avez connu sa prudence; il y a bataillé tant qu'il a pu contre la crainte, contre les menaces et contre les dénonciations secrètes, mais il a fallu céder; tantôt le département faisait des arrêtés contre les prêtres insermentés de la ville, et tantôt contre ceux réfugiés dans les autres municipalités du département. Il fallait y avoir eu un domicile *au premier janvier 1791* pour y rester, il fallait être né du département pour rester même dans *un bien acquis*; faute de ce il fallait s'éloigner à 3 lieues de la ville; c'étaient les dispositions d'un arrêté du 19 août antérieur au décret; je ne suis éloigné de Rouen que d'une lieue.

Alors le peuple de cette ville devint menaçant (1) et tint des propos inquiétants pour lui et pour moi. Peu de jours après, c'est-à-dire le 26 août, il parut un art. 1er d'un décret de l'Assemblée nationale, portant que tout ecclésiastique insermenté qui ne sortirait pas sous trois jours de son département et sous 15 du royaume, serait conduit sur la frontière et transporté à la Guyanne.

Le peuple de la ville et des faubourgs augmenta ses menaces à raison de cet article inséré dans les papiers publics, et nous força de songer à nous séparer à notre grand déplaisir.

Enfin, Monsieur, le décret du 26 août, en accusant tous ecclésiastiques d'être la cause des dangers de la patrie, nous ôta toute espérance; il se trouva sans asile; il n'avait pas fait le serment prescrit par le décret du 26 décembre 1790. Et d'après l'article 3 du décret il courait le risque d'être traîné de brigades en brigades à la frontière, et ce risque était d'autant plus évident que l'esprit du département de

---

(1) Voir Julien Loth et Ch. Verger. *Mémoires de l'abbé Baston*, t. I, p. 393-433.

Rouen était connu, par son arrêté du 19 août que j'ai cité ci-dessus.

Cependant il restait encore chez moi, vu l'amitié, peut-être même la reconnaissance que j'inspirais dans ma municipalité (1), et il attendait le terme fatal prononcé par la loi du jour de l'enregistrement ; mais les horreurs commises dans la maison des Carmes de Paris, le 2 septembre, malgré la protection qu'accordait l'article 9 à des évêques et des prêtres qui s'étaient *réfugiés en maison commune* ; les massacres commis dans nombre de contrées et les propos des brigands qui allaient et venaient dans mon village l'obligèrent, le 8 septembre, de demander un passeport pour Dieppe, et de se conformer aux articles 1 et 2 de la loi publiée à Rouen.

Tout annonce, Monsieur, que son obéissance aux décrets de l'Assemblée le rendra favorable, et prouvera qu'il n'est point émigré volontairement ; je vous assure que son agrément personnel et le mien ont été très contredits dans cette occasion.

Alors, Monsieur, il n'y a lieu ni à saisie, ni à un séquestre ; la loi ne l'a point prononcé contre lui ; je pourrais réclamer le souvenir d'une ville qui nous était chère ; je me borne à vous renouveler les sentiments avec lesquels j'ai l'honneur d'être, Monsieur, votre très humble et très obéissant serviteur.

Godart de Belbeuf.

## II

**1° *Lettre de M. Godart de Belbeuf, ex-procureur général, à M. Augustin, à Brighton***

J'ai reçu votre lettre, mon ami, qui m'annonce la réception de bien d'autres ; mais je vois avec peine que vous

(1) Voir aux Archives municipales de Rouen le dossier de Godart de Belbeuf dans le fonds du Comité de Surveillance. La municipalité écrivit une lettre très courageuse pour réclamer la libération de l'ex-procureur général quand il fut emprisonné.

n'avez pas remis ma lettre à M. Prévost qui a vu M^me de Semes... chez lady où elle a passé quelques jours, qui lui a tant et tant demandé de mes nouvelles, qui lui avait fait promettre de l'avertir quand la revenue serait à Brighton; rien ne lui a paru aimable comme cette dame, et dans le fait, elle l'est. Elle est retournée à Londres.

Vous avez encore sur la liste mes bons hôtes qui ne débougent de Ouigmon (?)-Street et qui m'ont écrit pour le jour de l'an. Ces bons Woreem (?), n° 44... luthier, et leurs petites dessinatrices et musiciennes !

Vous n'avez donc pas vu le fameux B., qui écrit tant et tant, et si bellement. Vous voilà dans un pays qui bientôt ne sera nullement neutre et qui pourra se fâcher contre tout ce qui a régné depuis 1789. Et ce bel évêque d'Autun, qu'en dit-on? c'est bien là un jean-foutre de la première sorte qui a trahi le roi et la nation, sa religion et ses ministres.

Vous savez sûrement que j'ai écrit à vos municipes d'après les décrets; ils ont dû voir que leur cheval était un âne. Votre commis est venu ventre à terre et il est reparti avec les certificats de résidences, de départs, de déportation, certifiés par le district de Rouen; mais si vous aviez le nez long, vous ferez bien d'ôter tout ce qui pourra tenter, car en définitive, vu le train des choses, il restera peu aux individus qui demeurent pour se défendre et rien de ce qu'on aura laissé sans le protéger.

Si le jugement est tel qu'on l'annonce tout sera pris. Une bêtise (1) d'hier va donner du fil à retordre aux réfugiés à Rouen; on a travaillé vu l'occasion, on a fait une motion contre et on a pris des signatures; une motion fut établie pour, et les signatures ont été si abondantes qu'elles allaient donner le démenti aux motions clubistes contre; alors on a

_______

(1) Il s'agit de l'affaire de la Rougemare, tentative d'insurrection royaliste qui eut lieu le 12 janvier 1793. Voir Arch. dép. Seine-Inférieure, L. 331 et surtout l'important dossier des Archives de la Cour d'appel de Rouen que nous avons découvert récemment.

soudoyé des personnages pour abattre les arbres de la liberté, puis on est venu en force fondre sur les abatteurs et y englober les souscripteurs : c'est un avocat nommé Aumont qui est arrêté ; nombre de sots ont donné dans le panneau ; on a arraché des cocardes pour en faire substituer d'autres et on a arrêté ceux qui n'en avaient plus ; il y a 60 personnes arrêtées, dont au moins 30 valets ; les municipes sont partis de là pour chasser les étrangers, faire des visites domiciliaires et forcer tout le monde à dénoncer réfugiés, prêtres de retour, étrangers ; j'ignore jusqu'où cette bêtise va mener cette ville tranquille. Les clubistes agités par Puyraveau, arrivé tout exprès il y a trois jours, ont le haut du pavé et la force ; nos amis sont tous partis, ils s'en vont même à leur première ville, il n'en reste guère qu'un que vous ayez vu, qui a des certificats nécessaires et qui va courir le monde. Demain le grand jour ; je vous envoie un courrier sur le B (1) étant à Paris pour affaires.

Vous ne m'avez pas entendu relativement à certains personnages. L... jeune ne peut pas faire autrement, l'autre n'a pas voulu suivre le conseil d'un neveu qui est bien tranquille, et il le serait comme lui s'il eût suivi l'avis du plus jeune ; imaginez qu'ici on le croit, on le soutient même à Paris, vu que telles sont les impositions et déclarations, mais de loin ou de plus près s'il fut avec vous, il aurait dû prévoir la conséquence et envoyer les quittances demandées et même sans les faire demander ; car autant il pleuvra de plus sur sa friperie, si on demande compte de clerc à maître. Ma lettre dernière lui a dit ce qu'il aurait pu faire s'il se fût rapproché au moins : voilà ce dont j'ai parlé sans déprécier personne (2).

Bonjour, mon ami, je vous embrasse de tout mon cœur ;

(1) Il s'agit vraisemblablement de l'un des agents de Mgr de Belbeuf, Baré.

(2) Ce passage de la lettre est obscur. La pensée se dissimule à dessein.

je saisis une occasion sûre, vous y trouverez du quibus :
j'ai écrit à Ferry pour légaliser la signature ou l'écriture de
votre procureur.

Le 13 janvier 1793.

Si vous écrivez, faites sentir la nécessité de faire ce que
je demande par le dernier motif et de vous rendre le point
intermédiaire si on ne s'en rapproche pas.

2° *Lettre de M. Godart de Belbeuf, ex-procureur général, à
M. Augustin* (1), *chez M. Robner, West Clef, Brighton*

Ce 22 janvier 1793.

Nous sommes occupés à batailler pour vous, mon ami,
depuis 15 jours ; on vous prétend émigré, et je soutiens que
non ; mais vous avez des meubles jolis et cela est bon à
vendre ; mais votre argenterie placée chez un sûr de vos
amis, sous le titre de caisse de livres héréditaires, ayant
été remise, a été découverte, et on a trouvé ce morceau
friand auquel on ne s'attendait guère.

En conséquence j'ai fait faire un certificat par nos muni-
cipaux de votre résidence calme, des arrêtés du département de Rouen du 19 août, du décret qui vous a forcé de
partir, vu les menaces des brigands et du peuple du voisinage ; enfin des assassinats du 2 septembre aux Carmes à
Paris, qui ont ôté tout espoir de se mettre en *maison commune,* et du passeport qui vous a été donné en conséquence ; ce qui ôte toute idée d'émigration.

J'y ai joint une lettre pour votre maire, dont voici la
copie (2). Ils m'y ont chicané sur les mots, ils ont rejeté le

(1) Par là on désigne Mgr de Belbeuf ; nous avons au reste repro-
duit intégralement l'adresse. M. Robner doit être le même personnage
que M. Robert, que l'on rencontre sur l'adresse de la lettre du 21 janvier 1793.

(2) C'est cette lettre que nous avons tout d'abord publiée. Nous
avons un autre document très intéressant sur la déportation de l'évêque d'Avranches : c'est son mémoire *aux administrateurs des directoires*

certificat comme non revêtu d'assez de signatures; ils n'ont pas trouvé la légalisation revêtue d'un cachet, et ils ont dit qu'étant sexagénaire l'article ne vous déportait pas, et qu'il fallait passer outre à la vente; cela porté au district, renvoi au département; débouté partout sur ces motifs et sur ce que les fonctionnaires publics sont partout les seuls déportés.

Alors, il s'est trouvé que j'ai perdu mon français. Tout ça m'a été renvoyé; même querelle pour Bonneval.

J'ai fait faire un nouveau mémoire pour Bonneval, et j'ai adressé à Baré, à Paris, l'ancien certificat, et une légalisation ou visa du district de Rouen; tout ça bien en règle avec le mémoire. A l'égard d'Avranches, il a fallu travailler un autre mémoire sur les objections locales du département, faire faire un nouveau certificat à la nouvelle municipalité et un relevé du passeport donné ici, qui porte *une déclaration de passer en Angleterre* cela visé par le district de Rouen; ce qui fait tomber l'accusation d'émigration volontaire et clandestine; vos noms y sont.

Je me sers précisément dans le nouveau mémoire de l'article 2, qui dit que les ecclésiastiques qui sortiront *volontairement en exécution du décret* du 26 août sans avoir de revenus, auront 3 livres par jour jusqu'aux frontières. D'où je conclus que l'émigration volontaire, en exécution de la loi, n'est pas un délit puisqu'elle est autorisée pourvu qu'on dise où l'on va, suivant l'article 9 de la loi; à l'égard des infirmes et des sexagénaires, c'est tellement une faveur au choix de l'ecclésiastique, que des sexagénaires partis avec des passeports de Rouen, arrêtés, près d'être massacrés à Quillebœuf, revenus à Rouen, ont été ensuite protégés par le département jusqu'aux frontières. D'où j'ai conclu que ni la loi ni les autorités constituées n'égalaient [aux] émigrés sujets

---

*du département de la Manche et du district d'Avranches*, imprimé de 14 pages. Nous ne l'avons pas publié; ce n'est point un manuscrit. D'après ce document nous savons que Mgr de Belbeuf résida au château de son frère du 8 mai au 8 septembre 1792.

à la confiscation, ceux qui ne profitant pas de la faveur de la loi *quoiqu'infirmes et sexagénaires*, obtenaient des passe-ports déterminés pour tel endroit; sans quoi les autorités constituées en protégeant leur départ, sans les avertir du danger, les auraient trompés, ce qui n'est pas. A l'égard des fonctionnaires publics : 1º je soutiens que les expressions de la loi, *tous ecclésiastiques non assermentés, étant une des pre-mières causes du danger de la patrie*, suffisaient pour sortir d'un pays qui expulsait par ce motif, sans être fonctionnai-res, *tous ecclésiastiques*; 2º que le caractère épiscopal étant ineffaçable, parce qu'il est le caractère de l'Ordre, autorise l'ancien évêque même sans territoire à conférer les sacre-ments de la Confirmation, de l'Ordre, toutes fonctions publiques; que pour l'empêchement de l'exercice de ces fonctions indépendantes d'un territoire, il y avait lieu à la déportation, et que par cette raison, vous aviez si bien été obligé à l'exécution du décret que le district de Rouen a visé votre passeport, et annoncé par le visa que vous vous conformiez à la loi.

Tout cela part demain; mais si cela ne réussit pas, il con-vient que vous donniez une procuration pour que l'on s'oppose à la vente. Votre cœur (*sic*) qui est venu vendre des pilules avancées (*sic*) arrive de Coutances où l'on a grande envie de croquer ce qu'on a trouvé.

Il serait sage de faire rapprocher le mobilier de l'endroit sûr, vu que tout ça finira par être expulsé : ils demande-ront l'arrêté de leurs juges pour sauver le plus possible par leurs réclamations, vous avez remporté registres, etc., etc., et n'avez rien laissé pour vous défendre.

J'écris toujours provisoirement au gardien de faire oppo-sition en cette qualité jusqu'à ce que vous soyez averti, et quant à vos pouvoirs, j'écris à M. Gontard, homme de loi, les moyens de vous défendre; il me semble que votre frater, sans mesure expresse, vous défend assez bien : aux deux endroits.

On n'ose pas dire tout ce qu'on a vu d'effrayant, et tout

ce qu'on prépare : s'en tirera qui pourra à cause de l'âge [époque] très tendue; rien n'est impossible. Sûrement vous aurez vu les projets présentés par M. de Kersadet (?), puis il en abandonne la suite et les succès; que dire à tout cela : rien, car on est mouché *(sic)* partout. Ici, bonne santé et silence, chacun ne sort qu'à l'heure des hiboux pour aller ou venir dans le voisinage, heureux de n'avoir pas été là le jour d'une effervescence populaire très sottement conduite et aussi platement imaginée en faveur du personnel, dont le sort est écrit au ciel depuis le 30 décembre 1788, jour du résultat des conseils qu'il signa.

Bonjour, mon ami, portez-vous bien, et rapprochez de vous le plus tôt possible tout ce qui peut remplir le bec pour 30 ans, quand on l'a, car il en sera du reste comme de la caisse de livres, quand on n'a de confiance en aucuns vrais amis. Votre homme va repartir avec mes lettres et mémoires pour tout l'univers; mais je parie qu'aucun ne pourra arriver pour être utile ; je le vois par l'esprit qui refuse et qui fait des objections pour toute procédure.

Adieu, ce 22 février 1793, l'an 2 de la Liberté, et fort de l'égalité.

Pas un mot d'ailleurs; cela n'est-il pas bien surprenant? toutes adresses fausses; pourtant jurées, *(sic)* si on les eût suivies ; et depuis cette époque pas une correspondance donnée en pays inconnu, pas une réponse à des demandes; cependant on veille à des intérêts bien embrouillants afin qu'un absent ne soit pas compromis; mais on ne peut pas faire l'impossible quand personne ne se rapprochepour causer plus facilement avant que tout soit banni. Ba[ré] est à Paris pour ça, il a eu la foire *(sic)*, et qui ne l'aurait pas.

Celle-ci a été oubliée dans le dernier paquet, vous n'avez là que les opérations faites et les espérances.

Depuis cela j'ai ajouté : 1º une procuration pour M. Gontard sur papier timbré ; 2º j'ai adressé un mémoire bien fait pour le ministre de l'intérieur, pour détruire l'idée de l'émigration d'un fonctionnaire public, après la réunion d'Avr[anches] à Coutances, car cette réunion même a rendu [nul] ou supprimé l'évêché sur le refus du serment de l'évêque conservé.

Songez, quoi demander : une procuration notariée de vérification de ce qui aura été fait pour vous, et une autre visation pour défendre vos intérêts à Rouen, afin de n'être pas averti comme ça.

Bien aise du rétablissement de votre santé, par tels moyens indiqués par la médecine. Si vous continuez, ne perdez pas de temps, car l'hiver est une mauvaise saison pour l'atténuer, l'effet des pilules n'est pas toujours sûr.

Voici un grand honneur, notre cousin au Panthéon; l'immortalité d'un grand nom. (1)

## III

1° *Lettre de [Baré] à M. Augustin, chez M. Robert, Brighton, Dover Street Piccadily, n° 7, London, bishop of Avranches. Post office.*

Paris, 21 janvier 1793.

J'ai reçu hier une lettre qui m'annonce que, malgré la loi qui vous a contraint de vous expatrier, on vous déclare dans votre département n'être pas dans le cas de la déportation ; on veut en conséquence procéder à la vente des meubles que vous avez laissés dans ce pays-là ; on me demande une procuration pour faire opposition à la vente, croyant que vous m'en avez laissé une en partant qui me permette de [me] substituer ; n'en ayant pas il m'est impossible de subvenir à cette demande. J'ai écrit sur-le-champ que je vous ferais part de cela et en attendant que la personne qui a la garde de ce mobilier pouvait toujours faire son opposition ; il serait donc nécessaire d'envoyer une procuration en règle passée devant notaire à la personne que vous avez dans le pays. Cette pro-

(1) Cette lettre est d'une lecture particulièrement difficile. Nous avons pu errer sur le sens de certaines phrases presque inintelligibles.

curation doit l'autoriser à s'opposer à toutes saisies, scellés et ventes des meubles que vous lui avez confiés et que n'étant pas dans la classe des émigrés, puisque vous avez obéi à la loi du 26 août qui autorisait l'exportation, vous lui donnez tout pouvoir nécessaire pour empêcher la vente des meubles qui vous appartiennent, même de présenter toutes requêtes ou pétitions au Gouvernement ou à la Convention Nationale, etc.

On demande aussi à M. Moulinneuf un compte de sa gestion. Je vais lui envoyer un certificat qui constate que vous êtes déporté conformément à la loi; peut-être dans ce pays-là sera-t-on plus juste qu'à l'autre endroit? Tout cela va on ne peut plus mal dans le moment où je vous écris; on est après Louis XVI pour l'exécuter d'après le jugement rendu par la Convention, Dieu soit béni. Voilà la France livrée à la dernière extrémité.

Je pars de ce pays-ci sous trois ou quatre jours.

2º *Lettre d'Attendy à M. Augustin, chez M. Robner,*
*West Clef à Brighton*

A Rouen, le 24 janvier 1793.

Monsieur,

Je profite de la lettre de Monsieur votre frère que j'apporte à la poste pour vous faire part de nos malheurs qui nous sont arrivés. Vous savez que vous avez fait porter une boîte chez M. Lecourt dont vous lui avez dit que c'était les œuvres de M. Bossuet; et c'était la boîte d'argenterie; et vous lui avez dit qu'il la remette au Directoire; et point du tout vous n'avez pas fait porter des livres chez M. Lecourt; il a exécuté vos ordres et il a mis la boîte d'argenterie au Directoire, pour les livres; il est bien fâché de ce malheur; que cela passe dans la ville que ç'a été oublié, en déménageant. Ces Messieurs du Directoire ont dressé procès-verbal et ont dit que si les meubles étaient vendus que l'argenterie le serait aussi.

Ainsi, Monsieur, vous voyez dans quelle passe où vous vous trouvez, nous avons encore un peu d'espérance; mais elle est bien petite, nous avons fait toutes les diligences et pour avoir le certificat pour prouver que vous n'étiez pas émigré et que vous étiez parti qu'après le décret de la loi; malheureusement le certificat et la lettre de M. votre frère n'ont fait aucune toléránce (*sic*) ni au Directoire, ni au département.

J'ai été à Coutances pour employer deux de mes connaissances, ils n'ont pu rien faire. J'étais présent à l'arrêté du département : trois membres ont pris vos intérêts et sept autres ont été contre, vu que vous n'étiez pas sujet à la déportation par la loi du 26 août et que votre évêché avait été supprimé et que vous n'êtes pas dans la classe des fonctionnaires publics. M. votre frère doit vous en faire mention dans sa lettre.

Je lui ai écrit de Coutances qu'il n'avait plus d'espoir que la Convention.

Je vais vous apprendre avec peine que vos meubles sont séquestrés pour être vendus, nous tâcherons d'apporter des précautions pour qu'ils ne le soient pas. Voilà que j'emporte avec moi un nouveau certificat et un nouveau mémoire que M. votre frère a fait : ainsi, Monsieur, si cela ne fait pas effet, nous sommes perdus.

Je vous prie d'envoyer votre procuration au reçu de la présente pour faire arrêt à la vente de vos meubles et que la procuration soit faite devant notaire et légalisée enfin dûment en forme. J'en ai une de M. votre frère, cela ne suffit pas. Il faudrait s'adresser à M. Gontard, homme de loi, voilà l'homme qui est le plus propre à servir vos intérêts.

Monsieur, je vais avoir l'honneur de vous dire qu'il faut prendre des précautions d'avance. Vous savez que si l'on venait à vendre nous ne pourrions pas nous faire payer de ce que vous pouvez nous devoir. Vous pouvez mettre deux années pour moi, autant pour M. Ferry; et vous pourrez mettre reste du temps . . . . . . ce que vous voudrez, il en faudra autant pour M. Ferry. Il faut envoyer votre petit registre ou une feuille écrite de votre main [pour] chacun, faute de cela nous ne pourrions être payés. Nous vous remettrons le surplus. Je ne vous parle point [de] Dardennes, vu qu'il n'est point censé vous être attaché.

Monsieur, je vous prie de mettre cela bien en règle, M. votre frère a dû vous faire part de cela. Tout ce qui vous est attaché se porte très bien.

Je suis avec respect,

Monsieur, votre très humble serviteur.

ATTENDY.

# CHAPITRE VIII

## L'Exilé et les relations avec sa Famille
## (1794-1795)

---

### SOMMAIRE

I. *Nouvelles de Dusseldorf.* — Situation des princes au Ham. — La cherté de la vie en Angleterre. — Etat désespéré du catholicisme. — Désir d'un prince d'Angleterre sur le trône de France. — Clergé bien accueilli dans le Brabant. — Complet abattement.

II. *Questions financières.* — Silence de l'évêque d'Avranches. — Dépôt qui lui avait été confié. — Vues pessimistes sur les événements. — Longues explications fournies par l'évêque d'Avranches sur des questions financières. — Curieuse lettre de M<sup>me</sup> de Sesmaisons.

III. *Nouvelles du Ham.* — Inquiétudes familiales. — Lassitude en Vendée. — Insubordination chez les royalistes à l'étranger.


### I

1º *Lettre (1) de M. de Belbeuf, député de la noblesse à l'Assemblée Constituante, à M. l'évêque d'Avranches, à Hampstead, près Londres, maison Taylor.*

Je profite d'une occasion sûre qui se présente pour Londres pour me rappeler, mon cher oncle, à votre souvenir;

(1) Cette lettre et les suivantes se rapportent à l'émigration. Les principaux ouvrages sur ce sujet sont l'*Histoire de l'Emigration* de M. E. Daudet, 1886-1890; l'*Histoire générale des Emigrés* de M. H. Forneron, 1884-1890; l'*Angleterre et l'Emigration française de 1791 à 1801*, d'André Lebon, 1882.

j'ai chargé Chambors d'une lettre en réponse de celle que vous m'aviez envoyée par lui et je l'avais prié de m'écrire son arrivée à Bruxelles ou en Angleterre : j'attends encore ses nouvelles ; j'espère cependant qu'il ne lui sera pas arrivé de malheur pendant la traversée.

Je reviens du Ham (1) où j'ai été chargé d'une commission pour les princes ; ils sont comme nous dans une bien triste position et ils ne voient que du brouillard dans l'avenir ; la stagnation des armées et la discorde qui semble régner parmi les rois rend[ent] toutes les conjectures fragiles ; en attendant, on tue, on pille, on égorge en France, et les pays les plus calmes jusqu'alors deviennent peu à peu turbulents, cruels : Rouen, qui avait été jusqu'alors pacifique, semble aujourd'hui, d'après les papiers publics, monter à la hauteur de la Révolution, et c'est ordinairement de cette hauteur que nous voyons le peuple précipiter de jour en jour d'autant plus de victimes qu'il se croit plus sûr de l'impunité par l'inactivité des puissances. Je vous avais traité à fond cette matière dans la lettre que Chambors avait prise avec lui et qu'il s'était chargé de vous remettre ou de vous faire tenir sûrement, parce qu'il n'était pas sûr que vous resteriez à Hampstead après la fin du loyer de la maison où vous étiez établi.

En effet, plus nous allons et moins nous voyons le terme prochain à nos malheurs, et si vous pensez comme moi peut-être quitterez-vous l'Angleterre où il fait très cher vivre, passer dans des pays où on est à bien meilleur marché pour se loger, se nourrir, se vêtir.

Vous verrez dans ma lettre que l'on avait voulu chasser les émigrés de ce pays-ci et que j'espérais être accepté ; je l'ai été aussi avec beaucoup d'autres, c'était une mesure de malveillance de quelques jacobins de notre ville qui ont été désapprouvés par d'autres et particulièrement par un grand nombre d'habitants ; car partout les gouvernements sem-

(1) Bourg des Pays-Bas (prov. d'Over-Yssel, arr. de Zwolle).

blent s'aveugler sur la révolution; et dans toutes les régences de nos villes il y a des jacobins. Les habitants ont été très serviables, surtout aux prêtres; il n'y en a pas un seul qui souffre; il n'en est pas tout à fait de même des gentilshommes, la noblesse du pays se comporte mal envers eux.

Chambors m'ayant dit environ ce qu'il vous en coûte en Angleterre, j'ai calculé que c'était à peu près trois-quarts plus *qu'ici*; ou bien dans le pays de Liège, à la campagne, dans les villes, c'est deux tiers de différence. Et voici le plan que j'ai pris, je prendrai patience à Dusseldorf (1) jusqu'au mois de juin; à cette époque, si vous ne croyez point à mes almanachs, je pars pour l'Angleterre et je vais vous débarrasser du poids que vous avez bien voulu par amitié pour moi supporter depuis plus d'un an, sans en paraître fatigué; mais je conçois l'inquiétude qu'il a dû quelquefois vous causer, j'en juge par celle que me causent quelques effets pareils que j'ai à la Briffe et qui m'ont donné vingt fois plus d'inquiétude que les miens.

Si la contre-révolution ne se fait point cette année, ce qui paraît très probable, alors cela traînera en longueur et le royaume se trouvera conquis et morcelé d'années en années; mais notre tour sera longtemps à arriver d'après notre position géographique et notre proximité du foyer de la révolution.

Il me paraît probable que l'on se bornera cette année à affaiblir encore le malade pour avoir moins de peine à le dompter. On n'a pas voulu reconnaître Monsieur régent, quoique personne ne puisse plus maintenant lui disputer ce titre. Ce que l'on veut faire me paraît donc évident prendre quelques places fortes, se bornant à une défensive, et passer ainsi l'année.

Les malheureux qui n'ont rien viennent de partir pour

---

(1) Ville d'Allemagne (prov. du Rhin). Ch.-l. de présidence et de cercle; jadis capitale du duché de Berg, au confluent de la Dussel et du Rhin.

l'armée de Condé, ceux qui ont encore quelque chose attendent les événements et retardent leur campagne; d'autres ont encore à vivre un an et n'osent entrevoir que la révolution peut durer encore, d'après le plan qu'ont adopté les puissances, trois ou quatre ans.

Moi donc, qui ai eu le bonheur d'émigrer tard et qui craint fort les catastrophes des empires, la brouillerie des coalitions, la mort des princes, les régences des jeunes empereurs, etc., etc., je crois que le plus sûr sera de réaliser ce que j'ai et de me jeter, avec mon malheureux frère qui n'a plus rien, dans quelques campagnes de ce pays-ci, dont j'ai un peu appris la langue, et d'y attendre, dans la médiocrité, les tristes événements que je n'ose prévoir, mais qui semblent menacer d'empoisonner le reste de mes jours. Si comme il le paraît, vous avez, mon cher oncle, fait partir de France quelques fonds, ne les dépensez de grâce en Angleterre, vous y dépenseriez en trois mois ce qui suffit pour la vie d'une année dans ce pays-ci; plus loin encore on est à meilleur marché, la prudence veut qu'on songe à l'avenir; il n'est pas impossible que même la contre-révolution ne puisse jamais s'opérer en France à notre égard; vous n'y reverrez jamais renaître la religion catholique si les puissances n'y replacent pas la maison de Bourbon, et les nobles y seront peut-être tellement craints par les conquérants et tellement haïs par le peuple qu'il faudra peut-être renoncer à notre pays. Alors que faire dehors quand on est ou vieux ou hors d'état de servir ?

C'est tout cela qui a arrêté ma décision de me fixer ici et d'aller en Angleterre d'ici au mois de juillet; je vous engage, mon cher oncle, à réfléchir à tout cela et de ne pas voir autant en beau que les papiers anglais semblent voir; cela leur est nécessaire aux Anglais pour se porter aux grandes mesures, auxquelles ils veulent associer le peuple qu'ils ont eu soin de rendre enthousiaste et d'éblouir par les dangers. Mais on est, dans l'Empire, frappé de bien d'autres idées quand on voit combien les projets se croisent et le dessein où l'on est d'ôter le trône de France à la maison de Bourbon, ainsi que d'anéantir peu à peu nos forces. Nos malheureux parents sont dans une agonie continuelle : je n'ose ouvrir un papier public, je crains toujours d'y voir les miens massacrés; il n'y a plus de chance pour personne, cela est affreux.

Je vous embrasse bien tendrement, mon cher oncle. Je ne cherche pas à diminuer votre espoir par mes tristes réflexions, mais je vous expose des vérités qui me paraissent évidentes, et qu'il ne faut pas cacher aux personnes qui intéressent; j'espère que vous me répondrez, mon cher oncle, sur tout cela; mon frère vous assure de son tendre respect. Je le détourne, autant que je peux, de l'envie qu'il a de se mettre dans un de ces nouveaux corps dans lesquels on n'a qu'une existence précaire et où, si on est pris, on est guillotiné, ou bien, si on y a un bras ou une jambe cassé on ne sait plus où aller pour demander du secours. Je pense qu'à moins d'une information toute différente de celles que j'ai, jusqu'à présent il n'y a pas de prudence de se fourrer là dedans; je vois bien qu'il craint de m'être à charge, mais moyennant que nous savons nous réduire, j'espère qu'il pourra attendre longtemps, et les précautions que je prendrai nous mettront à l'abri de tendre la main par les chemins.

Dusseldorf, ce 4 mars 1794.


2° *Lettre de M. de Belbeuf, ex-député de la noblesse à l'Assemblée Constituante, à M. l'évêque d'Avranches, à Hampstead, près Londres, maison Taylor.*


Dusseldorf, ce 6 mars 1794.

J'ai été aussi étonné que content de voir ce pauvre Chambors, mon cher oncle, il y a si longtemps que je n'ai vu les miens, et ce genre de privation m'était si inconnu que j'ai éprouvé un plaisir bien nouveau pour moi. Je balançai à mon retour du Ham, il y a 4 mois, si je n'irais point en Angleterre; je le dis même à M. le comte d'Artois et peu s'en fallut que je prisse ses ordres pour Londres; mais quelques circonstances traversèrent le projet et les invasions de la West Flandre qui auraient peut-être arrêté le passage d'Ostende, m'auraient obligé de passer par Rotterdam et rendu mon voyage plus coûteux; je remis mon voyage au printemps; et comme nous ne jugerons parfaitement qu'à cette époque si les puissances veulent oui ou non entrer cette année en France, il faudra que je me fasse, et à mon frère, une espèce d'établissement dans ce pays-ci où on pourra vivoter à assez bon marché, et, j'aurai besoin de rassembler mes ressources pour passer toutes les années qu'il plaira aux puissances de nous laisser dehors, et peut-être le reste de ma vie si elles manquent leur coup. Cette perspective quoiqu'affreuse l'est un peu moins pour moi en ce que j'ai commencé à apprendre la langue du pays.

Ces idées vous paraîtront un peu noires, mais j'ai appris à réfléchir, et, il ne faut pas se flatter, tous les bons moments pour la contre-révolution sont passés. La contre-révolution sera faite qu'on ne pourra souffrir en France ni prêtres, ni nobles; le peuple abhorre les uns et les autres, et les émigrés surtout sont en horreur à tous les partis. Le petit nombre des gens qui nous aiment en France est extrêmement petit, et il diminue tous les jours par les massacres continuels qu'on fait des chefs et des plus recommandables; je tremble tous les jours, quand je lis les gazettes, de trouver quelque nouveau nom qui m'intéresse sur la liste fatale. Je ne puis comprendre comment nos parents n'ont point émigré après la mort du roi; tant de gens sont sortis de France à cette époque; rien n'était aussi aisé lorsque les Français étaient dans le Brabant; et cette mort, quoique prévue, devait bien leur indiquer que qui tue son roi peut bien tuer ceux qui sont faits pour s'intéresser à sa cause. Voilà ce que c'est que d'avoir vécu toute sa vie sans argent comptant. Si j'avais fait de même je serais dans la misère ; malheureusement je n'avais pás assez pour soutenir ma nombreuse famille ; parce que mes fonds originaires n'étaient rien et que ce n'a été que l'économie qui m'a préservé de languir individuellement comme tant d'autres ; mais si j'avais eu de grands fonds, ou comme mon père, ou comme mon beau-père, ou ces pauvres Sommery, je ne me serais pas endormi, surtout depuis la retraite de Clairfait (1), et j'aurais sauvé jusqu'au moindre de mes parents en réalisant un actif suffisant pour les faire subsister le tout ensemble. Mais la Providence en avait décidé autrement, elle a jusqu'à présent fait briser tous les sceptres contre ce monstre conventionnel ; et cette année-ci, tout en épuisant, la France pourra bien se borner à la conquête d'un très grand nombre de places frontières qui serviront de cordon à la peste nationale et de moyens pour dévaster un peu de l'intérieur de la France, afin de se payer en partie des frais de la campagne, mais rien de plus.

L'intérieur une fois détruit, ils auront plus de facilité à effectuer leurs projets. Comme la religion catholique est abolie par le fait en France (2), un prince d'Angleterre figurerait très bien sur le trône et serait certainement préféré à Monsieur qui est abhorré ; parce qu'il n'y a point d'homme du peuple, si ce n'est *dans la Vendée*, qui ne croie que les princes et les nobles sont cause de tous les malheurs par leur émigration : le rapport des prisonniers est constant là-dessus depuis la première campagne jusqu'à ce moment. Si donc les puissances étrangères se portent à vouloir attirer la maison des Bourbon et à détruire le pacte de famille, en morcelant la France, ou en changeant la dynastie, ou en y plaçant deux rois, l'un pour le midi, l'autre pour le nord, on

(1) François-Sébastien-Charles-Joseph de Croix, comte de Clairfait, feld maréchal autrichien, né au château de Bruille (Hainaut) en 1733, mort à Vienne en 1798.

(2) Cette remarque sur la religion catholique mérite d'être relevée. Elle montre jusqu'à quel point la déchristianisation s'était implantée.

ne peut se dissimuler que les vrais supports de la branche régnante, les princes et les nobles, seront écartés comme ennemis naturels du nouvel ordre qu'on voudrait établir sur la surface de la France. Ces projets, dont il transpirait depuis longtemps assez de probabilités, sont assez certains depuis la prise des places par les différentes puissances qui n'ont jamais voulu reconnaître la qualité de Monsieur le Régent et qui ont même manqué Strasbourg, qui voulait se rendre au nom de Louis XVII.

L'abandon de ces princes au Ham (1) et la manière dont on les joue nous prouvent de plus en plus ce que nous devons attendre de la suite; et je répète que ce sera peut-être une question, quand les puissances seront en France, si elles ne stipuleront pas contre nous des conditions impossibles à accepter avec honneur et même rendues impossibles à dessein. Je crois que le but actuel est de rendre la France nulle et sans force, soit en souffrant tous les massacres intérieurs et les laissant se prolonger pour détruire la population et, en joignant la famine, en faire une grande carcasse aisée à disloquer et à diviser, sauf ensuite à profiter des événements qui pourraient procurer quelque couronne à quelque prince étranger de telle ou telle autre maison.

Le rôle qu'a joué l'Espagne et l'inquiétude qui la tourmente nous donnent en partie la clef de ce qu'elle croit avoir à redouter. Plus on creuse ces idées et plus on voit d'obscurités; le pays que j'habite est celui de toute l'Allemagne où nous soyons le mieux traités; ce n'est pas que les régences nous voient de bon œil, mais les particuliers s'attachent aisément à leurs hôtes et les défendent un peu contre la malveillance politique qui nous voudrait voir tous morts. Hier le conseil aulique a délibéré avec notre régence que les émigrés non mariés ayant moins de 40 ans partiraient pour l'armée d'ici au 1er avril. Les bourgeois en sont fâchés pour

(1) On est très bien renseigné sur ces faits qui ont été fréquemment étudiés, il nous paraît inutile de les rappeler.

la plupart et ils espèrent qu'on fera des exceptions; s'il n'y en avait pas de faites, j'irais plutôt en Angleterre, où je ne resterai cependant que pour vous voir personnellement, mon cher oncle, car la vie est meilleur marché dans ce pays-ci, et vous délivrer d'un dépôt qui vous inquiète sans doute depuis plus d'un an et qui peut-être sera notre seule ressource pour le reste de nos jours à finir peut-être en Westphalie.

J'ai reçu les 7 louis que Chambors m'a apportés de votre part; j'ignore sur quoi ils sont pris, je n'en avais pas besoin pour l'instant, à moins que ce ne soit une somme outre-passant un compte rond; j'ai bien eu l'état par ma femme de tout ce que vous avez, mais j'ignore à quelle hauteur était le change, lorsque la facture a été envoyée à Londres, et l'espèce du papier qui a été réalisé: c'est ce que vous avez su au change sans doute.

J'ai toutes les semaines des nouvelles indirectes de Rouen, on n'y massacre pas encore; mon père est dans une maison d'arrêt depuis qu'il est sorti de prison; les autres, dit-on, sont libres et au château; espérons tout de Dieu, il est le maître d'adoucir le sort de chacun, parce qu'il l'est des événements; ici les prêtres sont tous chez des bourgeois, gratis; mais les nobles meurent et sèchent de faim.

Je vous embrasse de tout mon cœur et vous aime avec bien de la tendresse.

3° *Lettre de M. de Belbeuf, ex-député de la noblesse, à M. d'Avranches*

Dusseldorf, 31 juillet 1794.

Je profite, mon cher oncle, de l'occasion très sûre de M. le prince de Revel (1), fils de M. le maréchal de Broglie, pour

(1) L'on trouvera sur les divers personnages qui sont cités dans ces lettres des renseignements abondants dans la *Correspondance du prince de Bouillon avec le War Office* (1795-1815), que nous publierons prochainement.

vous écrire et vous donner de mes nouvelles ; je serais actuellement à Londres sans une maladie qui s'est découverte en moi il y a une semaine, c'est un bouton fistuleux qui a exigé qu'on me fît l'opération très douloureuse et très longue de la fistule ; mes anciennes hémorroïdes qui s'étaient passées depuis plusieurs années se sont remises en jeu et rendent ma guérison plus longue que de coutume : j'ai été bistourisé sans rémission et j'ai souffert vivement des pansements que l'on m'a faits ; actuellement ce n'est plus que de l'ennui à éprouver ; on m'assure que cela va bien, comme je n'y vois pas moi-même on me dit ce qu'on veut. Je prends patience et je reçois ici des soins et des attentions rares. M. et M<sup>me</sup> de Broglie, le cardinal de Montmorency (1) et tout ce qui est à Dusseldorf m'a comblé de marques de bonté et d'amitié.

Depuis la retraite du Brabant, j'ai vu ici une quantité de prêtres normands qui étaient parfaitement établis en West-Flandre, tous me font une pitié horrible, mais on les reçoit ici à bras ouverts et les curés leur donnent des secours assez abondants. Il n'en est pas de même des gentilshommes, ils ne trouvent rien, ni crédit, ni secours, ni respect pour leur infortune, ni protection ; les moins vieux et les jeunes vont se faire casser les bras aux armées, en voilà 300 qui viennent d'être passés au fil de l'épée à Nieuport ; les puissances sont aussi impolitiques que cruelles de mettre ainsi aux avant-postes des hommes aussi précieux ; elles ne pensent pas que s'il n'y a plus assez de gentilshommes en France pour former une monarchie, en vain voudront-elles y soutenir un roi, la France sera toujours un volcan républicain, parce que les éléments qui forment sa monarchie seraient détruits.

En tout cas, je pense que tout est perdu et je m'arrange en conséquence ; les nouvelles que j'ai eues de France par un

_______________

(1) Il était évêque de Metz depuis 1760. Né en 1724, cardinal en 1774, mort en 1808.

Cordelier, que le père Dury (1) qui est marié a voulu faire guillotiner, et qui s'est heureusement échappé de Rouen, m'apprennent que le 10 d'avril mon père a été enlevé par deux compagnies de grenadiers et mené à Saint-Yon, que les grenadiers pleuraient d'être obligés de faire une pareille commission; et que la sensibilité qu'ils marquaient en faisant de semblables exécutions les a fait casser; que ma mère avait la permission de voir mon père, ce qui prouve qu'elle est libre. Ce Cordelier ne me savait pas marié et n'a pas entendu parler de ma femme, ni de mes enfants; mais le sellier de la maison qui était dans la masse et qui a émigré nous a dit qu'Antoine, selon ce qu'il avait entendu dire, avait été si frappé de l'arrestation de mon père qu'il était tombé malade et qu'il était mort. Les Sommery m'ont dit la même chose et que c'était à l'hôpital où on l'avait transféré.

Ce Cordelier qui connaissait bien Antoine m'a dit qu'il n'en avait pas entendu parler, ce qui me rassure un peu. Quelle position! Si au moins ma femme pouvait, comme quelques autres qui sont ici, s'échapper et venir me retrouver que d'inquiétudes de moins pour moi sur son compte. Je n'ose plus lire le martyrologe de peur d'y trouver les nôtres.

M. le prince de Revel m'évite de faire le voyage d'Angleterre par la bonté qu'il a de vous aller trouver; je vous prie, mon cher oncle, de lui remettre tous les diamants et les boîtes et autres effets qu'elle vous a laissés, cette malheureuse femme dont je redoute à chaque instant d'apprendre le malheur. Il y a aussi une boîte de M. Thorel, qu'elle avait portée à Londres et qu'elle m'avait écrit y avoir laissée, elle appartient au chevalier; M. le prince de Revel s'en chargera

______

(1) Il était aumônier de la garde nationale au début de la Révolution. Il prit une part active aux fêtes civiques de la Révolution à Rouen. Voir Ed. Chardon. *Dix ans de fêtes nationales et de cérémonies publiques*, p. 18, 24, 27, 29, 37.

volontiers. Je crois, mon cher oncle, qu'il faudra faire faire une petite caisse en bois pour rendre le tout plus commode à M. le prince de Revel et ne lui remettre le tout qu'au moment de son départ, pour qu'il n'ait d'inquiétude et de soin que le temps nécessaire et indispensable.

Ensuite je vous prie de me faire passer tous les fonds que vous avez eu la bonté de conserver pour moi depuis si longtemps, et de la garde desquels je vous aurais délivré si l'espérance dont on a tant de peine à se détacher ne m'avait fait croire que vous reporteriez tout cela ou plus tôt ou plus tard en Normandie. Je regarde qu'il n'y a plus d'espoir, et en conséquence je vais m'enfoncer sous peu de mois dans quelque endroit de l'Allemagne où l'on vive à bon marché et où je puisse me préparer une petite retraite, et à mon frère, pour le reste de nos jours; avec un peu d'industrie et de travail, j'espère que nous ne mourrons pas de faim: Mon frère a toujours des idées de service, mais tout cela [n'avancera] et supposé qu'il y entre, il en sortira s'il n'est pas tué parce que [les puissances] aveuglées manquent leur coup et que dans deux ou [trois ans elles] seront obligées de céder le pas à la France qui se rongera et se dévorera elle-même, mais dont tous les partis qui y possèdent nos biens s'accorderont toujours pour nous repousser. Incapable de servir, ayant bientôt 40 ans, je ne vois plus de perspective qu'un petit coin de terre bien loin du grand foyer révolutionnaire et sur lequel je puisse attendre les événements ou finir mes jours.

Le prince de Revel m'a promis de faire passer mes fonds au meilleur compte possible et avec les siens; je lui ai donné l'idée de les fondre en louis et de les apporter lui-même, et Quesnoy et mon frère, si je ne suis pas guéri, iront les chercher où il serait; le prince de Revel est prudent et sage; et il prendra le bon parti. Je vous prie d'en conférer avec lui, n'ayant plus que cela, il faut ménager même les fonds, car on n'en prête plus ici. Ma femme m'écrivit l'année dernière qu'elle espérait que les papiers qu'elle envoyait gagneraient sur Londres à cette époque; j'eus de la peine à le croire, quoique la personne qu'elle avait chargé de la commission sût en général très bien les bons moments de la place; plût à Dieu qu'elle vînt elle-même, nous vendrions ses diamants et peut-être gagnerions-nous le temps que le bon Dieu a destiné à notre retour en France.

Je vous embrasse, mon cher oncle, bien tendrement; je vous écrirai par une prochaine occasion.


## II


1° *Lettre de M. Godart de Belbeuf, ex-député de la Noblesse à l'Assemblée Constituante, à M. d'Avranches. (Début de l'année 1795).*


Je profite, mon cher oncle, de l'occasion de M. de Montecot qui va se placer dans un cadre et qui espère être sous peu de temps à Londres et vous voir, pour vous écrire, et vous demander de vos nouvelles. Vous avez dû recevoir deux lettres de moi depuis le mois de janvier et une entre autres depuis un mois, que j'ai envoyé par l'occasion de mon ami M. de Ville, qui est à Hambourg, et qui s'est chargé de vous remettre mes réponses et de recevoir les vôtres.

Je vous donnai dans ma première lettre une adresse par laquelle vous recevrez toujours mes lettres franches et vice-versa en mettant double enveloppe.

Je vous la répète :

à Monsieur de Cruchen, chez M. Brice

N<sup>r</sup> 23, Church Street

....London.

Ce M. de Cruchen envoie les lettres à M. de Ville et elles me parviennent franches.

Je n'ai reçu aucune réponse de vous, quoique j'ai mis tout le soin possible pour que mes lettres vous parvinssent, je vous parlais de choses importantes pour moi, pour mon frère, et je traitais l'affaire de Sesmaisons. Il paraît que ce dernier s'est désisté, il ne m'a plus écrit depuis que je lui ai démontré l'injustice de sa demande; il est, dit-on, dans l'inquiétude pour ses deux enfants qui ont dû être faits prisonniers ayant été compris dans des réquisitions; il a, dit-on, l'avis qu'ils ont été fait prisonniers, et il ne pourrait les retrouver. Si cela devenait constant il se pourrait qu'il fût possible de se relâcher en faveur de ces enfants de la rigidité des principes, vu que l'affaire changerait de face et que l'un des cas prévus par la mère se trouverait réalisé; mais il n'y a rien de constant là-dessus, il faut donc se tenir tranquille.

Je vous parlais dans ma dernière lettre du sort de mon frère, dont je prétendais qu'une partie était dans vos mains, puisque vous étiez à Londres au milieu de la fabrique des cadres, des nouveaux corps, etc., etc. Je vous disais que d'être simple lieutenant dans le régiment de Broglie devenait un cul-de-sac épouvantable, d'après la tournure que les choses avaient pris. En effet, mon frère eût été lieutenant partout; et maintenant il est dans le cas d'être tout ce qu'on peut être avec du talent, il s'est mis en état d'être aussi bon officier d'infanterie que de cavalerie, il vient de suivre les écoles d'instruction et, d'après ses connaissances, de faire des plans de théorie et des mémoires très curieux avec des planches très bien faites. Il serait bien fâcheux que pareil sujet fût étouffé d'aussi bonne heure; il est vrai qu'il y a bien des chances pour le militaire dans le temps où nous vivons, mais il faut le plus possible se raccrocher où l'on peut et se placer sur une bonne ligne, parce qu'après, avec du talent, on va son chemin et l'on peut être utile aux siens.

Un troisième objet de mes lettres avait trait à l'argent que vous m'avez envoyé; il se trouve que ma femme m'a écrit 5 ou 6 lettres dans lesquelles elle me confirme ce qu'elle me mande en parlant d'Angleterre; qu'elle vous a laissé en partant 125 louis d'or et 22 guinées, et je ne vois dans votre compte que 75 louis d'or et rien ni du surplus en louis, ni des guinées, ni de leur change, s'il a eu lieu, ce qui me ferait penser que vous avez oublié dans quelque coin de votre secrétaire ou armoire quelques rouleaux qui manquent à ce que ma femme vous avait remis et dont la copie des lettres tant d'Angleterre que de France, que je vous ai envoyées, semble constater l'oubli. Pardon, mon oncle, si j'insiste sur cette recherche, mais il est si à craindre que je reste toute ma vie sans secours, et que j'aie encore mon frère ou blessé ou impotent à soutenir le reste de ses jours, s'il lui arrivait quelque chose à la guerre, que je ne pense qu'à chercher à joindre toutes les mailles qui m'appartiennent les unes à côté des autres.

Je vous ai également demandé le bordereau du banquier par lequel M^me de la Briffe a envoyé tous les fonds en Angleterre et la lettre d'avis qu'elle m'a écrit y devoir joindre et que vous me feriez passer; cela m'est d'autant plus important que si jamais nous rentrons en France, ce que je ne crois plus possible, il faudra que je finisse ces comptes très multiples avec M^me de la Briffe, avec laquelle je suis en compte ouvert. Ce n'est pas que je m'arrangerai toujours bien avec elle, mais si elle était morte et que j'eusse à faire à des tuteurs ou à des gendres de mauvaise foi, je serais dans le plus grand embarras. Ainsi le bordereau de ce qu'elle a mis en France, de ce que l'argent a perdu au passage, et les droits du banquier, ce qui résultera en un mot et du bordereau et de la lettre d'avis de M^me de la Briffe que vous avez reçue, m'est indispensable. Je vous les ai demandés par mes deux dernières lettres qui ont dû vous parvenir; j'espère que celle-ci vous trouvera en bonne santé. Je me porte bien aussi, et je suis persuadé de plus en plus que les nobles ne rentreront jamais, ou au moins d'ici à très longues années, et qu'un roi constitutionnel ne sera qu'un sujet d'écarter de plus en plus ceux reconnus pour avoir voulu un monarque. Le roi constitutionnel sera tué à la première occasion, parce que la cause de la révolution existant en principe dans la Constitution, les effets seront toujours les mêmes; en trois mots : Clergé ayant des biens fonds, ce sera refusé... Noblesse composant un ordre sans cependant s'assembler et sans état ou représentation... ce sera refusé! Le culte catholique seul sans partage... ce sera refusé!... Donc tout est perdu, car sans ce que dessus, il n'y a point d'assemblée de nation.

. . . . . . . . . . . . . .

2o *Lettre de Mgr Godart de Belbeuf, évêque d'Avranches, à M. Godart de Belbeuf, ex-député de la noblesse à l'Assemblée Constituante (Mai 1795).*

Il m'est à présent démontré, mon cher ami, par la lettre que je reçois de vous, qu'une ou même deux lettres que je vous ai écrites au commencement de 1793 (1) et qui sont restées sans réponse, concernant les fonds et effets que j'avais ici en dépôt, ne vous sont point parvenues, ou du moins que vous les avez absolument perdues de vue.

Ma mémoire aussi fatiguée que ma tête par la longue et unique pensée de toute la chaîne de la révolution, ne peut plus me fournir qu'avec peine des détails que j'ai cru consommés après que je vous en ai écrit.

Pour suppléer autant qu'il m'est possible à ce que vous auriez su par ces lettres, et que vous y vérifierez si vous les retrouvez, je reprends les extraits de celles que j'ai reçues de notre commune amie, qui y ont rapport.

Dans une du 12 janvier 93.... Nous nous occupons de vos pilules et nous vous les enverrons par la voie que vous nous indiquez. Si vous pouviez par cette voie nous envoyer une quittance de 3.000 fr. que quelqu'un (c'est le père) qui vous

(1) Nous n'avons pu retrouver ces lettres qui durent être interceptées. Nous avons exploré cependant les fonds de police des Archives Nationales, des Archives départementales et municipales de Normandie.

11

la devait pour six mois, a payé dans mes mains à... (le lieu dont elle m'écrivait), vous lui ferez plaisir.

Dans une du 15 janvier suivant en m'envoyant 200 pastilles qu'elle avait à moi. J'ai écrit à celui qui en fait chez vous pour qu'il m'en envoie provision, afin d'en avoir davantage quand vous m'en demanderez.

· Dans une du 16 janvier suivant... Mon curé (c'est l'abbé Blondin à qui appartenait le dépôt) aimerait mieux que son argent fût en France, il ne me paraît pas avoir le projet d'aller en Angleterre... gardez, je vous prie, les 3.600 fr. jusqu'à nouvelle prière de ma part, à moins que vous n'ayez de quoi me les faire passer ici en même monnaie, auquel cas ils seraient à vous... M. B. (c'est son homme d'affaires, il était allé à Paris) m'a laissé 103 louis et (c'est mon vieux valet) m'en a envoyé 150, ce qui en a fourni 253, on vous en a envoyé 200, on a payé les frais, il en reste à peu près 50.

Ce que je transcris de cette lettre est interligné en jus de citron; il y est écrit en encre... J'ai reçu le billet que je vous ai demandé... il lui sera remis fidèlement... j'écris au confiseur de votre ancienne ville de m'envoyer des pastilles afin d'en avoir toujours de prêtes quand vous en voudrez.

Dans ce même temps, j'ai écrit à ce confiseur qui avait en argent blanc 6.800 fr. et qui savait où j'en avais en or pour bien davantage. Malheureusement huit ou dix jours après, la déclaration de guerre ferma toutes les voies de retour et j'en suis resté là sur toute correspondance directe avec la France. Quel vide! et cependant combien d'intérêts auprès desquels ceux de l'argent ne sont rien!

Ce billet dont notre amie m'accuse la réception dans sa dernière lettre qui est du 16 janvier 93 — du 16 janvier 93! et nous voilà en 95! — était un carré de papier blanc au bas duquel était ma simple signature pour éviter toute indication et pour que le même papier pût servir de quittance à un autre terme dont l'échéance était très prochaine, et vous savez quelle était l'exactitude du payeur.

Par ces détails, mon cher ami, vous verrez que notre

commune amie me dit positivement : 1º que l'abbé Blondin (1) aimerait mieux que son argent fût en France; 2º que
ce dépôt 3.600 fr. serait à moi si j'avais de quoi le faire
passer en France dans la même monnaie; 3º qu'elle avait
dans ses mains les mille écus à moi, dont je lui avais envoyé
la quittance, et encore 50 louis en or restant de ce qui lui
avait été laissé par M. B.; 4º qu'après en avoir reçu 150
de chez moi sur une première demande, qui sont compris
dans les 200 qu'elle m'a envoyés, elle a écrit une seconde fois
chez moi pour de nouveaux envois; 5º que j'ai écrit dans le
même temps et pour la même chose, et sans doute il lui aura
été fait passer de nouveaux fonds en conséquence; 6º qu'à
ce moment la guerre a intercepté le retour.

D'autre part, j'avais laissé à ce M. B., en partant lors de
ma déportation, 2.330 fr. en assignats et 600 fr. en argent
blanc, outre ce que je lui avais remis en or, ajoutez les autres
mille écus du second terme dont ma signature sur papier
blanc devait donner quittance et qui sûrement ont dû être
remis à notre amie à leur échéance.

Elle avait donc dans les mains bien plus que les 3.600 fr.
qu'elle m'autorisait de retenir en la remplissant en France
de cette somme sous la seule condition qu'elle fût en or.

C'est ce que je lui mandai dans une dernière lettre inter-
lignée en jus de citron lorsqu'au moment où les ports se
fermaient, je me vis réduit à ne plus rien attendre de mes
fonds de France.

Mais comme cette lettre ainsi que celle que j'avais écrite
chez moi étaient restées sans réponse, je ne me suis permis
que de retenir, au lieu de 3.600 fr. suivant la faculté qui
m'en était donnée par sa lettre du 16 janvier, les 50 louis
seulement qu'elle m'avait mandé par la même lettre avoir
en or à moi dans ses mains. Et de son côté elle s'est trouvée
autorisée par ma dernière lettre à reprendre non seulement
les 50 louis, mais la somme entière des 3.600 fr.

(1) Nous ne savons quel est cet abbé Blondin.

Les 22 guinées dont vous me parlez faisaient partie de cette somme. Votre lettre me les rappelle très bien, je crois me rappeler de même que comme elles étaient dans la monnaie du pays, je dis à notre amie à son départ de les reprendre sur M. B., ou que je les rétablirais à l'arrivée de l'abbé Blondin si elle avait lieu ; ce qui me confirme ce souvenir, c'est que je n'avais point fait note de cet article dans la reconnaissance détaillée et signée de ma main, que j'avais attachée au sac du dépôt en cas d'accident. Et comme cet abbé n'est point venu et que d'ailleurs, dans la lettre du 16 janvier, il m'était marqué qu'il aimerait mieux que son argent fût en France, je les ai tenues pour remboursées sur mes fonds en France, conformément à ce que j'avais dit lors du cruel moment de l'adieu.

Comment peut-il me rester de ce moment déchirant le souvenir bien net d'un pareil calcul, lorsque ma tête n'a été remplie pendant longtemps que de l'héroïsme de cette soumission filiale, et de l'image qui m'est encore présente de la mère et des enfants assis sur le pont du vaisseau ; je n'ai cessé de les reconnaître et puis de les suivre par le moyen d'un excellent télescope que lorsque la courbe du lointain a plongé le vaisseau sous l'horizon.

Si j'avais pu penser que mes lettres du commencement de 93 eussent été perdues ou égarées j'aurais repris tout ce détail lors de la remise que j'ai faite du dépôt, mais cela demandait une recherche et un petit travail que ma paresse peut-être m'a persuadé de ne pas répéter. Est-ce que j'aurais négligé de vous y renvoyer lors de l'envoi que je vous fis du dépôt dans la lettre que j'avais jointe au dépôt ?

Je n'ai reçu dans le temps aucune note sur le change des autres effets, ils m'ont été payés à leur échéance en billets de banque ; et lorsque vous avez désiré qu'ils fussent convertis en or de France, je n'y ai mis d'autre attention que celle de m'adresser à un homme de la société sur actif et parfaitement au courant, et de remettre l'or qu'il m'a donné dans le sac qui avait servi au dépôt ; d'en faire le paquet, et de le porter tout de suite à l'adresse indiquée.

En relisant les lettres de notre amie, je retrouve que ces effets étaient des traites sur différents particuliers marchands ou banquiers d'ici; que leur échéance était, en comptant les jours de grâce, du 10 au 20 mars 1793, il n'y est point question de hausse ni de baisse ni d'aucune négociation; elle s'est faite sans doute en France. Il m'était seulement recommandé de les faire solder en argent et non pas en........- nque; ce que je mets en points est déchiré ou effacé par le cachet; j'imagine qu'il faut suppléer, billets sur la ba...... Si c'est billets de banque, c'eût été mis par ignorance, il n'y a point ici d'effets plus sûrs et d'un usage plus journalier; c'est de l'or qui, sans avoir la masse du métal, se porte, se reçoit, et se change partout, et se cache, ce qui est commode quand on est en l'air et qu'on n'a rien qui ferme, dans le plus petit coin. C'est ce que j'avais fait.

Je crois, mon ami, que vous n'en exigerez pas davantage pour absoudre le dépositaire; je n'ai point vu ce M. de Ville, je l'aurais sûrement bien reçu et distingué. Il fait un froid terrible, c'est la raison commune de garder le coin de son feu; si je ne le vois pas d'ici à peu de jours, j'enverrai cette lettre avec un mot honnête pour lui, par la petite poste, à l'adresse que vous me donnez.

Accusez-m'en, je vous prie, tout de suite la réception par la même voie.

3° *Lettre* (1) *de M*<sup>me</sup> *la vicomtesse de Sesmaisons à son mari*

Paris, ce 24 avril 1795 (vieux style).

D'après les nouvelles que vous devez avoir reçu de ma

---

(1) Nous avons publié cette lettre qui n'est pas adressée à Mgr de Belbeuf. Elle éclaire un peu les questions financières dont il est question dans les lettres précédentes. Elle se termine par ce certificat :

« Je soussigné Notaire certifie que la copie ci-dessus est exactement conforme à l'original. A Erfurt en Thuringe, le 30 mai 1795.

Le C<sup>te</sup> de Baschi          Place du          D<sup>r</sup> Franc Nich Pabsr
le M<sup>is</sup> de la Suze          Cachet          Notaire impérial, public juré. »

La lettre par conséquent n'est pas autographe.

famille, mon cher correspondant, vous connaissez la triste
position où nous nous trouvons ; aussi le commerce va bien
mal, il faudrait avoir de gros fonds pour le faire avec l'étranger vu la perte de notre change, de sorte que notre maison
n'est occupée pour le moment qu'à chercher à recouvrer une
pacotille qui avait été remise dans les mains d'un de ses
correspondants, ministre du culte catholique, demeurant
alors à Londres, Dover Street Piccadilly, n° 7 ou 8, je n'en
suis pas très sûr. Je voudrais bien engager mon mari à se
mettre sérieusement à cette recherche car elle est pour le
moment la seule ressource pour acquitter ce qui nous reste
encore *de dû à l'étranger et vous nous* rendrez un grand service, Monsieur, de vouloir bien vous charger de cette commission, d'autant plus grand que l'on assure que ce monsieur
a été obligé par ses affaires de passer sur le continent et
qu'il est peut-être pour le présent à Munster avec la tante et
les cousines et cousins de Madame votre belle-sœur cadette.

L'intérêt que vous prenez, mon cher correspondant, à
ma famille et à mes amis m'engage à vous faire part de la
perte que j'ai faite de ma belle-mère qu'une attaque d'apoplexie a enlevé à sa famille en peu de jours. Ses enfants en
sont bien affligés, mais j'espère que le souvenir de ses vertus,
dont elle reçoit à présent la récompense, calmeront leur douleur ; d'ailleurs elle était d'un âge bien avancé et qui depuis
quelques années avait déjà fort influé sur ses facultés intel-
lectuelles. Mais voyez comme je laisse courir ma plume
d'aller vous faire part de mes réflexions morales et philoso-
phiques sur cette perte. Je vous en fais, Monsieur, mille
excuses car elles doivent vous ennuyer. Ma belle-sœur hérite
pour son tiers. Je crois qu'elle conservera la propriété de
Normandie que vous connaissez, et comme elle en aura la
jouissance sous 15 jours, provisoirement jusqu'à partage
définitif avec les autres héritiers, mon projet est d'y aller
passer l'été avec elle et mes enfants. Tout ce monde-là se
porte à merveille. Mes trois fils ont eu la petite vérole il y
a quinze mois et n'en sont ni changés ni même marqués.
Ma fille grandit et embellit, elle promet un joli caractère,

dessine assez joliment et ses cousines ont entrepris d'en faire
une bonne musicienne et y obtiennent des succès. Voilà,
mon cher correspondant, les détails que vous désiriez sur
la famille que vous avez bien voulu honorer de votre amitié
pendant le séjour que vous avez fait dans notre patrie. J'y
ajouterai, avec cette franchise qui vous divertissait si bien,
que j'aime toujours mon mari tout aussi tendrement qu'alors
et que, lorsque ses affaires l'obligent à quelques absences,
nous passons notre temps mes enfants et moi à désirer son
retour. Enfin il est aimé et chéri de sa famille autant qu'il
le mérite. La santé de ma pauvre mère est bien languissante, ses nerfs ont été cruellement frappés par le coup
affreux qui a accablé ma famille et je crains bien qu'elle
ne s'en ressente pour le reste de ses jours. Le fond de sa
santé est bon, il n'y a que les nerfs qui souffrent. Pauline et
sa sœur cadette ont passé environ quinze mois en prison à
Rouen, l'amie d'Amiens et sa famille de même, mais à
Amiens, et se portent tous à merveille.

Recevez, je vous prie, mon cher Vanderglay, l'assurance
de mes sentiments.

Donnez-moi quelquefois de vos nouvelles, mais rarement;
car les ports de lettre sont terriblement chers. Si vous avez
encore des correspondances avec le commerçant Marie, vous
nous ferez plaisir de lui dire ce que vous savez des nôtres,
auxquels il prenait intérêt, et vous lui demanderiez de
celles de son oncle, le ministre du culte catholique. Adieu
encore une fois; mon mari et toute la famille vous offrent
des hommages ainsi qu'à Monsieur votre frère et à sa
famille.

### III

1° *Lettre de M. Godart de Belbeuf, ex-député de la noblesse,
à M. d'Avranches*

Ham, ce 20 juin 1795.

Je vous ai écrit dernièrement, mon cher oncle, par M. de
Montecot, qui va à la Vendée à ce qu'il croit, mais qui est

persuadé qu'on le fera passer par Londres; comme il paraît
que lui et ses camarades sont un peu retenus sur le continent vous pourriez ne pas recevoir de mes nouvelles de sitôt
et je profite toujours de mon correspondant de Ville qui est
à Hambourg pour vous faire passer cette lettre gratis ainsi
que plusieurs autres que je vous ai écrit sans recevoir de
réponse; mais à force de vous écrire, j'espère qu'elle vous
parviendra et que j'aurai enfin de vos nouvelles. Mon frère
a été plus heureux que moi, car il m'a mandé avoir reçu
une lettre de vous.

Mon [beau-] frère Sesmaisons a reçu des nouvelles de sa
femme et de ses enfants. Ils vivent tous, la mère aussi, mais
la grand'mère Sesmaisons est morte à St-Saire; la religieuse
sa fille a été mise en possession de cette terre par le département; ma tante Chambors a été 10 mois en prison, séparée
de M<sup>me</sup> de Malherbe qui était dans une autre. Ma belle-mère
vit et ne paraît avoir souffert que d'extrêmes maux de nerfs
qui lui sont venus à la suite du massacre de son mari, c'est
un effet bien naturel d'un événement pareil; quant à moi
il paraît qu'on me cache le triste événement que je soupçonne depuis plus de 18 mois, et comme on n'y parle ni de
ma femme, ni de mes enfants, ni de mon frère Antoine, je
n'ai que trop lieu de craindre que la dernière lettre d'Antoine,
où il me mandait qu'il ne m'écrirait plus ni personne de la
famille, ne fût l'annonce tacite de l'effroyable nouvelle dont
j'ai été longtemps tourmenté et sur laquelle je n'ai osé ni
voulu m'éclaircir. Dieu sauve mes enfants, au moins ceux
qui restent au milieu de la misère et de l'abandon! Un grand-
père sans caractère, une mère mourante, mon Dieu, qu'est-
ce qui en aura soin! qu'est-ce qui en a eu soin pendant les
15 mois de prison où ils ont été; sacrifice de mort, sacrifice
d'être encore vivant; que c'est dur à supporter! et mon
père qui ne m'écrit point; ils savent mon adresse, un domes-
tique, que je leur renvoyai, la leur donna en 93 et avait logé
trois mois avec moi à Dusseldorf; qu'est-ce que tout cela
veut dire? La femme de M. de Sesmaisons lui donne, par la

lettre que j'ai, les diamants qu'elle vous a remis ; elle donne votre adresse et le charge de vous chercher. Moi j'écris à M. de Sesmaisons que je vous écris de les remettre au premier qui vous apportera une lettre de sa part ; la lettre de M$^{me}$ de Sesmaisons est déjà une décharge suffisante pour vous ; mais je lui conseille d'en avoir une, puisqu'ils vont être en correspondance qui vous soit personnelle, et de vous la donner quand il l'aura reçue ; je lui en indique la forme ; mais quant à présent la lettre dont j'ai copie et que je garde est très suffisante.

Je vous ai écrit trois ou quatre lettres où je traite ce dernier objet que voilà fini, mais un autre objet qui me regarde sont 75 louis, parmi lesquels étaient 22 guinées que ma femme m'a écrit vous avoir laissés en partant ; d'où il résulte qu'au lieu de 72 louis seulement, vous auriez oublié dans quelque coin de votre secrétaire ou fait erreur de votre argent avec le mien de 75 louis dont 22 guinées, ce qui composerait la somme d'environ 147 louis dont 22 guinées. Comme je ne vois point de guinées ni de change de guinées dans votre compte que vous avez eu la bonté de m'envoyer, je conclus que vous avez erré d'après quelque note fausse ou d'après quelque oubli de quelque rouleau ignoré sur le compte général ; il y aurait donc 53 louis et 22 guinées à me revenir. Cela résulte de la note laissée en partant en Angleterre ; et de 6 ou 7 lettres que j'ai reçues à Dusseldorf où l'on me parle toujours sur le même ton et d'après le même calcul. Je vous ai envoyé au mois de janvier copie de toutes ces lettres, et, depuis, dans d'autres, quelques extraits suffisants pour vous éclaircir sur cette erreur. Je vous demandais en même temps le bordereau des sommes arrivées pour moi en Angleterre et la note ou lettre d'avis, que M$^{me}$ de la Briffe vous y envoya, comme elle me l'écrivit dans le temps ; tous ces comptes me sont absolument nécessaires, parce que je fais un compte ouvert avec M$^{me}$ de la Briffe, et que si elle mourait je pourrais être en grand embarras avec les tuteurs ou les enfants qui ne connaissent pas nos opérations respectives.

Je vous écrivais aussi pour mon frère, mais il paraît, par ce qu'il me mande, que vous suivez de près M. de Grenoble et les autres ayant cadres. Je voudrais que Chambors fût placé et qu'il prît mon frère avec lui, ce sont deux bons amis qui ont de la confiance l'un dans l'autre et bons ensemble.

La Vendée n'est pas en si bon état qu'on l'annonce, la Convention a joué au fin et la Vendée en sera dupe; les paix partielles feront refluer des troupes et elle sera dupe de l'hypocrisie de l'assemblée conventionnelle. Tout est perdu, mon cher oncle, *les principes sont détruits et le peuple est armé.* Cela ne finira pas de nos jours, je vous en réponds.

Adieu, mon cher oncle, répondez-moi, je vous prie, je vous embrasse tendrement et vous aime de tout mon cœur.

Je vous répète mon adresse : à M. de Cruchen, chez M. Brice, n<sup>r</sup> 23, Church Street, ..... London. Ce Monsieur met la lettre que vous m'écrirez par lui à M. de Ville, trésorier des princes à Hambourg, qui me l'envoie avec deux enveloppes, j'ai votre lettre gratis.


2° *Lettre de M. de Belbeuf, ex-député de la noblesse à l'Assemblée Constituante, à M. de Belbeuf, évêque d'Avranches, maison Taylor, Hampstead, par Londres.*


Ham, ce 27 juin 1795.

J'ai reçu, mon cher oncle, une lettre de vous du mois de mai dernier, elle a été un mois juste à me parvenir, je vous demande pardon d'avoir mis tant d'instances à savoir ce que je ne pouvais comprendre; il est très probable que vous recevrez encore deux ou trois missives de moi, dont j'ai chargé et des passagers, et des officiers, et enfin la poste. Je suis seulement fâché que ma belle-sœur la Briffe n'ait pas suivi le projet que contenait une lettre qu'elle m'écrivit et où elle me disait qu'elle vous envoyait une note dont vous me feriez part. Cela me mettra dans l'embarras si elle meurt. Je n'ai point reçu les lettres du mois de janvier 93 dont vous me parlez, je n'ai eu aucuns détails de vous jusques à ce jour où je reçois le premier; mon frère me lut seulement un mot dans une des lettres que vous lui écriviez en 93 où il y avait : *J'embrasse votre frère, dites-lui que je lui garde son trésor, vous devez en avoir besoin.* Avant ni depuis nous n'avions entendu parler de rien, et vous voyez combien j'avais peu d'inquiétude.

Je reste toujours dans ce pays-ci en attendant les événements. On m'a conseillé d'aller en Angleterre, on m'a assuré que j'y aurais des secours, je n'en ai pas besoin à moins que tout ne soit décidé [à] être perdu, et alors je crois que les Anglais seraient eux-mêmes très embarrassés et très agités; ou ils avaleront la France ou la France les empoisonnera, car la France ne les conquerra pas, mais cette malheureuse effervescence gagne peu à peu et s'établit.

Dans ce pays-ci on secoue tout doucement le joug du roi, les troupes sont bien moins dans la main, les officiers sont raisonneurs et peu respectueux pour leur maître; la paix qu'il vient de faire l'a rendu un peu méprisé et il a montré là sa faiblesse; son peu de soin de la Hollande et le sacrifice qu'il a fait de son beau-frère et de son gendre ont achevé de perdre l'opinion qu'on avait de ses forces et de la capacité de son cabinet. Peut-être le volcan sera-t-il éteint en France qu'il se rallumera en d'autres parties de l'Europe avec autant et plus de violence.

Je vous écrivais dans ma dernière lettre, datée du commencement de juin, que Sesmaisons avait reçu une lettre de sa femme qui lui apprend que vous avez ses diamants et que c'est le seul secours qu'elle puisse donner à son mari, qu'il faut qu'il vous les demande. M. de Sesmaisons vous croit aussi à Munster, d'où il résulte que vous avez bien fait de garder ce dépôt puisque, vous soupçonnant à Munster, elle ne doute pas que vous ne lui ayez gardé le secret; au surplus, il faut le remettre par la première lettre d'avis ou au premier commissionnaire que mon beau-frère vous enverra et qui sera sûr.

Tous les enfants ont eu la petite vérole et se portent bien, la vieille Sesmaisons est morte.

On n'y parle point de ma femme, ni de mes enfants, et comme on ne m'a envoyé qu'une copie, je vois que ce que j'avais appris depuis longtemps n'est que trop vrai. J'ai perdu un ange en laquelle je n'avais trouvé que des vertus et pas un seul défaut; l'effroyable position de voir des enfants abandonnés sans pouvoir leur porter aucun secours !

Mon frère Antoine qui est mort aussi depuis, m'écrivit une lettre à laquelle je fis peu d'attention et qui m'a..... (1) trop bien expliquée; depuis ce temps-là, j'ai peu de moments tranquilles et je vois une piètre de vie qui, outre les malheurs publics, me présente une série de grands chagrins et d'infortunes que mon père n'aura pas diminués et auxquels la mort de mon beau-père a mis le dernier sceau.

J'en suis au point de redouter les nouvelles de France qui jusqu'à présent ne m'ont apporté que des désastres et je les fuis plutôt que je ne les recherche.

Je vous embrasse, mon cher oncle, bien tendrement. Tâchez de soutenir toutes ces grandes calamités avec le courage qui vous soutient dans votre malheur. J'irais en Angleterre si j'avais confiance en ses opérations. J'attends ici, je sais l'allemand, et c'est un grand point dans un pays; je ne suis guère d'humeur à faire une nouvelle étude, le temps s'avance et tel événement peut mettre fin à tous nos maux publics ou particuliers.

(1) A cet endroit la lettre étant déchirée, il est impossible de lire le mot qui suit.

# CHAPITRE IX

## L'Exilé et les relations avec sa Famille
## (1800-1802)

### SOMMAIRE

I. *Lettres de l'an IX et de l'an X*. — Les ruines de la Révolution.
— La vitalité du peuple français. — Le Concordat de 1801.
II. *Lettres de 1802*. — Un messager vers l'évêque d'Avranches. —
Nouvelles familiales. — Touchant appel à l'exilé. — Honneurs ecclésiastiques qui l'attendent. — La paix avec l'Angleterre. — La pacification en France.

### I

1º *Lettre de M. de Belbeuf, ex-député de la noblesse à l'Assemblée Constituante, à M. l'évêque d'Avranches*

Paris, ce 24 Vendémiaire an IX.

Je profite d'une occasion sûre pour vous faire passer cette lettre ; je vous en écrivis deux l'année dernière vers le mois d'août, vous ne m'y avez pas répondu ou au moins je n'ai pas reçu vos réponses. Il s'agissait d'une vente sur laquelle vous aviez écrit à Pompée : j'ignorais comme vous ce qu'elle était devenue, mais je me doutais bien que, d'après les lois existantes et la mort de ma belle-sœur, ce qui devait en être arrivé ; et tout ce que je vous ai dit alors s'est trouvé confirmé. Je fus fâché que vous ne nous fussiez pas directement adressé à moi, seul capable de vous instruire de ce qui pouvait être advenu. Comme vous aviez été établi sur la liste des émigrés et que vous aviez laissé dans des mains tremblantes ce qui vous appartenait, il n'était pas douteux que cela ne fût livré ou découvert lors de la Terreur, où il y avait peine de mort contre qui cachait de pareilles choses. Cela nous donne aujourd'hui beaucoup d'embarras et bien du tourment, la nation poursuivant avec acharnement et en pareil cas ne reconnaissant pas d'accommodement.

Mon père, aveugle, a de temps en temps des ébullitions et des taches scorbutiques qui nous font trembler pour sa vie ; on le couvre et on le bourre de quinquina, il a en outre un cautère au bras et l'autre au jarret ; il est fort maigre et dans un état de décrépitude qui fait pitié ; sa tête est cependant bonne et forte, mais il ne fait part de ses affaires à personne, de sorte que, quoique aveugle, il signe tout et se laisse universellement tromper. Il prétend marcher tout seul et se laisse crouler du haut en bas des escaliers ; il y a quinze jours, il a roulé du haut de son péristyle en bas, il s'est blessé le visage et s'est fait deux trous à la jambe.

A côté de cela quatre enfants tout jeunes lui font passer le plus gaiement possible les instants qu'il leur donne. Antoine et ma femme sont de l'âge intermédiaire de sorte que les trois âges se trouvent en tableau dans cet intérieur, mourant d'ailleurs de faim, accablé de dettes et criant misère au milieu d'un grand château de l'ordre corinthien, et composite, bronzé, doré, paré, mais à moitié démeublé par des valets voleurs qui ont fait sa toilette d'un peu trop près ; lorsque le traité fait à la Vendée aura eu son exécution, je serai réuni à toute la famille, ayant servi dans l'état-major de la Vendée. J'ai fait ma paix avec la République et j'en attends les fruits. La France est un état bien fort (1), il faut le voir pour croire qu'après tant de désastres il y ait

(1) Ces réflexions sont intéressantes, surtout après les considérations pessimistes de l'exil. Elles montrent d'une façon saisissante l'extraordinaire vitalité du peuple français.

autant de nerf et de vigueur dans tous les détails qui le composent. A Paris on danse ; on se remet des fatigues de la guerre par les plaisirs et du sein des plaisirs on vole gaiement à la frontière ; tout le monde y est soldat et achèterait la paix au prix de son sang.

Le pauvre cardinal (1) est mort. Cet homme respectable a conservé jusqu'à la fin sa tête et sa force ; vous savez sans doute qu'il est mort à Munster, et il y a un mois.

Je vous embrasse tendrement ; je pense bien souvent à vous, et je désire que vous conserviez encore bien longtemps votre force et votre santé ; j'espère que vous vous occupez souvent d'un homme qui vous aime avec sincérité, tendresse et qui fait des vœux bien ardents pour vous voir et vous savoir heureux.

2º *Lettre de M. de Belbeuf, ex-procureur général du Parlement, à the sir Bishop of Avranches, Hampstead Hill, London*

Ce 24 brumaire [an X].

Vous êtes sûrement au courant, mon cher ami, des nouvelles de la paix civile et canonique (2), la première rétablit la correspondance active et passive, je choisis la première pour obtenir la seconde.

La paix canonique présente différents aperçus à raison des opinions ; la plus générale paraît être celle qui ramène tout le monde au giron et aux désirs bien vus de donner les secours spirituels qui manquent depuis bien des années ; il paraît que le vœu général décide également ceux qui n'auraient pas voulu accéder à certaines conditions comme ceux qui n'y trouvent aucunes difficultés. Je ne peux rien décider sur cet objet, mais la réunion à peu près générale me

(1) Le Cardinal La Rochefoucauld, archevêque de Rouen.

(2) Il fait allusion au Concordat qui venait d'être signé le 26 messidor an IX. Nous connaissons par cette lettre les dispositions des esprits au sujet de cette importante négociation.

paraît être une décision; sûrement vous aurez pesé les différents intérêts qui font mouvoir les personnes éclairées, comme celles qui peuvent s'en rapporter à leurs décisions. Nous avons trouvé un vrai bonheur dans le rétablissement, ou plutôt dans la faculté que nous avons d'avoir dans nos communes les secours spirituels, il ne nous manque plus que des chefs qui conservent l'ancienne hiérarchie, et nous désirerions beaucoup ceux qui, à plus d'un titre, doivent être les nôtres, soit comme suffragant ancien, soit comme jouissant encore de leurs forces et méritant une prépondérance par leur âge; à raison de leur opinion ou de leur façon de penser il peut être temps encore d'agir, mais il faut la connaître. La décision du chef, que l'on doit désirer de conserver comme tel à tous égards, me paraît être faite pour prévoir et éviter des scissions, telles que celles, que l'histoire du pays actuel, que vous habitez, nous fait connaître.

Je mets en ce moment, mon cher ami, absolument de côté les désirs des familles, le plaisir et le bonheur de se revoir, de vivre ensemble et partager le peu qui reste encore avec ce que l'on aime tendrement. Je ne peux rien ajouter à cet aperçu parce que je suis persuadé que vous voyez comme moi.

L'ami malheureux éprouve une douceur dans ce moment-ci qui donne les plus grandes espérances; en conséquence ma belle-fille ira sous peu de jours à Paris. Tout porte à croire et à espérer que les réunions seront prochaines, même pour le troisième auquel sa santé peut seule faire un obstacle; on réduit à un très petit nombre ceux sur lesquels le sort funeste tombera, et on leur laisse même encore de l'espérance dans un examen contradictoire; tel est le dire dont la vérité paraît être la plus sûre et c'est en vérité un grand bonheur après tant d'années de peines et de chagrins.

Au surplus, nous nous portons bien tous en famille.

J'y vois encore assez pour vous renouveler personnellement les plus sincères et les plus tendres sentiments que je

vous ai voués pour la vie. Je désire bien ardemment de
conserver encore des yeux.

Le secrétaire prend la plume en son nom pour vous
embrasser tendrement; il n'a rien à ajouter à ce qui a été dit
en commun; il vous porte les amitiés de tous ses enfants et
du seul neveu Louis qui soit encore et toujours avec nous.

Si vous rencontrez la famille de milord Chefield, rappelez
à son souvenir des personnes de votre connaissance qu'elle a
comblés de bontés.

II

1º *Lettre de M<sup>me</sup> de Belbeuf à « The sir Bishop of Avranches
à Hampstead, près Londres »*

Je profite, mon cher ami, de l'occasion d'un jeune artiste
de notre connaissance qui va faire un tour dans votre pays
pour vous donner de nos nouvelles; je vous l'adresse, imagi-
nant que vous aurez du plaisir à voir quelqu'un qui nous a
beaucoup vu, qui donne des leçons à votre Louise et est
parvenu à en faire un violon étonnant pour une femme,
et surtout encore jeune personne; il vous dira que votre
Prosper se porte à présent à merveille, que ses jambes bien
rétablies lui ont donné toutes ses forces et toute sa légèreté
pour la course, enfin un vrai miracle de rétablissement; ses
yeux seuls sont inférieurs, ils lui suffisent pour le conduire,
mais lire et écrire se trouvent au-dessus de leur force. Il vous
dira que mes enfants sont grands, que mes filles sont rai-
sonnables; enfin vous le questionnerez tant que vous voudrez sur nous tous, il est à portée de vous répondre, il est
venu souvent donner des leçons ici.

Je ne parlerai guère que sur ce ton dans cette lettre-ci;
prenez-en la mesure pour le courrier que j'espère de vous
par son retour, non que je doute de la sûreté et de la fidélité du commissionnaire, mais je crains un peu sa légèreté et
son défaut de mémoire qui peut faire traîner une lettre; du

12

reste il est excellent violon, il va faire un tour dans votre pays pour s'amuser et en tirer parti pour son profit pécuniaire s'il le peut. Si vous connaissiez quelque riche milord amateur de musique que son talent pût intéresser et qui pût, par ses connaissances, lui rendre un concert lucratif, je vous demande de vous intéresser à lui pour l'y adresser en considération de la peine qu'il s'est donné pour votre Louise. Il vous parlera d'Antoine qu'il connaît bien, mais non de son frère aîné qu'il ne connaît pas, celui-ci ne venant pas encore dans ce pays-ci, il est toujours à Paris. Je vous dirai, moi, qu'il se porte bien, surtout qu'il vous aime bien, ses affaires sont en bon chemin et me donnent les plus grandes espérances, mais ne sont pas encore finies ; l'autre est toujours au loin malade et ne donnant guère de facilité de faire ses affaires ; il veut, il ne veut plus, il voudrait un genre de fin qui n'est pas connu et adopté ; ainsi à la difficulté réelle toujours existante à opérer un but désiré, il en ajoute d'aussi réelles qui sont le résultat de ses incertitudes ; d'ailleurs qui peut promettre un avenir calme et sûr ? Personne, c'est à chacun à prendre conseil de soi ; les événements depuis dix ans nous ont appris à ne pas nous charger de la responsabilité d'un conseil.

Ma famille à moi s'accroît tous les jours, ma pauvre mère toujours vivante n'est plus que l'ombre de ce qu'elle était et est l'exemple de grandes souffrances, de douleurs vives dans les os qui se tortillent de tous côtés ne lui laissant guère de repos ; ma sœur aînée toujours bonne, excellente, entendue, mais n'étant plus si active, est heureuse ; ses trois enfants bien mariés lui donnent des petits-enfants : le fils, fils et fille ; l'aînée fille, fille et fils ; la seconde, un fils ; les enfants de la seconde sœur sont à présent des hommes, l'aîné Humbert avait fait un excellent mariage, le Ciel lui a enlevé sa femme et sa fille. Tout cela vit sous le même toit, sous celui de ma mère ; des marmites différentes, mais la même maison et cette famille nous représente les familles patriarcales du commencement du monde. Je m'y réunis

quelquefois, mais bien rarement et des instants, et pas
encore avec tout mon monde ; je ne quitte guère le clocher ici
où j'aime à me croire utile et même nécessaire.

Ce petit mot-ci est uniquement un détail de l'intérêt de
famille, d'autres intérêts seront traités par un autre ; nous
aurions besoin, l'un des miens de vous voir pour en causer
avec vous ; des embarras considérables et de détails seraient
difficiles à écrire, et si nous perdons tout à fait l'espérance
de vous voir faire la course, vous finirez par voir pied ou
aile des miens pour causer avec vous de cet objet intéressant.

Je ne vous dirai pas grand chose sur vous, mon cher ami,
si ce n'est une chose bien vraie, c'est que je regrette plus que
je ne puis vous le dire de ne vous pas voir au milieu de nous.
Votre Prosper le regrette aussi, il ne m'appartient pas de
prononcer sur le fond de la chose ; c'est un point sur lequel
je me suis toujours bien gardée de rien dire. Je trouve que
si nous tous simples personnes y eussions mis cette même
prudence, nous eussions évité bien des déchirements et des
divisions véritablement affligeantes, en suivant sur cela
chacun ses propres lumières et celles de son guide ; jusqu'à la
décision décisive on peut marcher avec confiance vers le
but intéressant qui peut donner de l'espérance pour le long
avenir. J'aime à ne pas perdre l'espérance de vous revoir,
de vous embrasser, de vous voir causer latin avec Louise,
écouter ses accords de violon s'accordant avec ceux de
Clémentine la seconde sur le piano, voir leurs dessins, et
votre filleule Augustine marchant sur les mêmes traces
avec la distance de force de son âge : tout cela travaille, tout
cela est raisonnable, tout cela est élevé dans la crainte de
Dieu et respect pour les parents ; le petit commence à
bien faire, annonce de l'esprit, de la facilité et commence à
donner l'espérance digne de la famille. Recevez les témoignages de l'amitié de cette mère de famille à laquelle vous
avez bien voulu toujours témoigner intérêt et attachement ;
elle vous le rend par l'attachement le plus vrai et inaltérable.

Enfin permettez-moi toujours simplement, mon cher et très cher et respectable ami, de vous dire que je vous aime et vous embrasse de tout mon cœur.

La famille entière vous envoie souvenirs et amitiés.

Je vous prie, si vous en avez possibilité, de me rappeler au souvenir de milord Chefield. Si vous croyez que ce milord puisse être utile à mon commissionnaire, que sa protection puisse le faire connaître et lui être utile dans son art, alors je vous demande de le lui recommander. Je lui aurais bien écrit moi-même, mais quoique cela ne soit pas dangereux pour le moment, craignant les variations auxquelles nous sommes accoutumés, je n'avoue pas les moments où ce milord m'a témoigné intérêt et mon ambassadeur les ignore ; si vous pouvez aussi l'adresser à des Français qui puissent lui être utiles, je vous le demande.

Je vous conseille de dire à ce maître que vous avez l'espérance de nous revoir bientôt, vous en ferez ensuite ce que vous voudrez ; mais il vaut mieux pour lui et pour nous qu'il rapporte cette nouvelle qu'une contraire.

2º *Lettre de M. de Belbeuf, ex-procureur général du Parlement de Rouen, à « The sir Bishop of Avranches, at Hampstead Hill, at London ».*

Belbeuf, ce 3 juin 1802.

Je comptais qu'avant de terminer ma carrière j'aurais le plaisir d'embrasser encore mon frère et de lui renouveler les sentiments d'un tendre attachement dont la première époque remonte au jour de sa naissance ; il s'est perpétué dans toutes les époques de ma vie, après la mort de ma mère, dans Verdun, dans Pontoise, dans Avranches. Je vois avec douleur m'échapper les fruits de tant d'intérêt et de tant d'attachement. J'ai vu avec plaisir et beaucoup d'espérance le retour de vos intimes d'Aix et de Lescar, et peut-être la certitude d'un remplacement dans notre voisinage.

Le Chapitre de Rouen avait jeté la pierre angulaire ; nombre de revenus ou rentrés ont flatté pendant quelque temps mon espérance d'après la décision du chef ; l'attente de sa décision m'avait paru très raisonnable. L'opinion contraire est mal vue comme critique et séparation, je n'ose prononcer sur ce qui est de conscience, elle seule me sert de bouclier contre les attaques et les propos que j'entends de toutes parts, mais je n'en suis pas moins chagrin. L'espérance étant le dernier sentiment qui périt dans l'homme, j'ose me flatter d'éprouver un jour quelque consolation.

Je n'ai osé jusqu'à ce jour vous dire même le sentiment le plus tendre ; une circonstance qui vous intéresse me met la plume à la main. Votre Ferry, dépositaire de nombre de vos effets, vient de mourir subitement. Le juge de paix, sur le simple aperçu de la nature des effets, a apposé les scellés comptant bien sur une réclamation quelconque. M. l'abbé Hamelin, en voyant une lettre de votre main à son arrivée le jour de la mort de cet homme, l'a décachetée et m'en a fait part. J'y vois votre embarras des ressources exiguës dans vos effets et son embarras.

Comment les retirer des scellés ? Comment vous les envoyer ou à votre frère pour vous ? Comment empêcher le fisc d'y mettre la main ? Comment parer à un malheur prévu, la cessation des secours étrangers, lorsque la porte a été ouverte pour en recevoir de votre famille et de votre nation ? Il y a déjà longtemps que vous auriez touché l'argent d'effets oisifs dont une partie se trouvera absorbée dans des frais de location, indépendamment de ceux dont il s'agit aujourd'hui. Je vous ai écrit sur cela dans le temps, depuis que j'ai pu calculer ma fortune réduite de trois quarts par les suppressions sursalés (*sic*) et par les partages, et que j'ai eu alors la certitude de pouvoir vous sauver des objets dont une partie vous a été prise dans une malle restée sur les lieux, autre dans une malle mise chez le menuisier à mon insu et dont le [sort] me paraît bien aventuré faute de [connaissance]. Je ne m'en plains pas parce que je vous aime, mais tout aurait été

sauvé et vos amis ne seraient pas poursuivis pour d'autres
que pour vous et les vôtres. Partez donc aujourd'hui si vous
voulez, mon cher ami, ne pas tout perdre. J'en écris provisoirement de faire en sorte que le tout reste où il est à titre
de confiance et j'ai refusé de me présenter comme héritier
au tribunal civil : *Nemo heres viventis*, actuellement ce serait
le moyen de vous faire tout perdre. Adieu, mon cher ami,
réponse s'il vous plaît. Toute ma famille vous caresse et
est désolée de voir que vous abandonnez des enfants char-
mants qui par leurs talents feraient votre consolation dans
vos vieux jours, vous partageriez la mienne. Antoine vous
embrasse tendrement, c'est lui qui me sert de secrétaire, il
a la plus grande envie de revoir son oncle.

J'ai épargné à mes yeux ce détail intéressant et aux vôtres
la peine de déchiffrer ; mon cœur vous en dirait bien plus
s'il avait le bonheur d'être auprès de vous.

3º *Lettre de M. de Belbeuf, ex-député de la noblesse à
l'Assemblée Constituante, à M. l'évêque d'Avranches*

Paris, ce 21 novembre [1802].

Je profite, mon cher oncle, d'une occasion sûre pour vous
écrire ; mes prisons, mes arrêts et mes exils m'ont empêché
de vous adresser aucunes lettres ; aujourd'hui je suis libre,
mon innocence est reconnue, mais toujours sous une surveillance qui n'est pas aussi gênante que les autres, et je viens
de revenir à Paris.

Nous sommes dans l'attente de nos radiations ; le gouvernement cherche à prendre des mesures qui ne lui soient
pas trop préjudiciables, il semble vouloir accoutumer tous
les esprits à la rentrée successive des émigrés, ce qui prolonge pour beaucoup d'entre ceux qui sont prévenus d'émigration l'instant de leur rentrée en possession. C'est cependant
le point principal, nous avons été séquestrés, mais nous

ne sommes pas encore vendus : on voit partout ce désir d'apaiser les animosités et tous les partis se trouvent plus ou moins contenus, plus ou moins caressés suivant les circonstances, suivant l'esprit public que le gouvernement me paraît consulter sans cesse. C'est un peuple de soldats et un bien grand peuple ! Aussi est-il mené militairement et c'est un spectacle curieux de voir comme tous les rouages vont et agissent rapidement. L'Angleterre a fait là une paix qui la mettra bien bas, on l'a isolée de tous ses alliés, et elle est obligée de passer au travers de la France pour leur parler ; et elle n'a pas grand chose à leur dire.

J'ai vu, il y a peu de temps, quelqu'un qui vous avait rencontré et vous avait trouvé bien portant, il avait vu aussi mes autres parents ; je ne sais si un d'entre eux se décidera à venir recueillir les restes de leur grande fortune ; je crois qu'il n'y a pas à balancer pour les femmes et les jeunes enfants, et que ce parti est le plus sage ; sauf à faire ensuite ce que les circonstances exigeront.

Vous avez, mon cher oncle, des nièces qui seraient bien aises de vous voir, je crois que nous serons obligés de vous les mener, car vous ne semblez pas trop dans l'intention de venir nous rendre visite ; et vous êtes fortement acclimaté en Angleterre.

Mon père a repris des forces depuis quelque temps, il court comme un râle et paraît fort gai, il a eu le bonheur de trouver un médecin qui a bien saisi son tempérament et sa maladie, et qui l'a tiré d'un état presque désespéré, il ne vit que de quinquina.

Quant à Pompée il est dans l'état le plus triste, toujours languissant de corps avec une tête toujours en activité, croyant aux remèdes comme notre pauvre mère, il se tuera à force de remèdes et de science médicale ; on ne peut lui donner de conseil qu'il ne vous prouve, Hippocrate à la main, qu'il a raison et que vous radotez. Aussitôt qu'il se croira en état de marcher et qu'il le pourra ou le voudra, je lui aurai une surveillance ; car il est incertain sur ce qu'il veut faire,

tantôt il veut rentrer, tantôt il ne le veut pas. Je lui envoie
autant de secours qu'il m'est possible sans cependant
oublier ici ses affaires ; ma déconfiture a fait tort aux siennes, mais à présent je vais les reprendre en sous-œuvre,
et le moment semble favorable. Mais on a toutes les peines du monde à les faire à son goût, et cependant il n'est
pas possible d'aussi loin de le consulter à tout moment,
quand il faut se décider et agir ; il est des caractères inquiets
et soupçonneux pour lesquels le bonheur n'est jamais fait.

Je fais des vœux, mon cher oncle, pour la continuation
de votre bonne santé ; pensez à nous avec tendresse et comptez que vous avez des parents qui vous aiment bien sincèrement et qui désireraient bien que les circonstances puissent
vous rapprocher d'eux afin de vous le prouver par leurs
égards et leurs soins assidus.

4º *Lettre de M. de Belbeuf, ex-député de la noblesse à
l'Assemblée Constituante, à M. l'évêque d'Avranches*

Il n'y a longtemps, mon cher oncle, que je n'ai trouvé une
occasion aussi sûre que celle-ci de vous faire parvenir une
lettre de moi. M^me Desmoutiers, née la Briffe, et par conséquent cousine de mon neveu, a des affaires à traiter avec
un des parents de son mari parti pour l'Angleterre, et désire
terminer en peu de temps avec ce parent qui s'appelle, je
crois, l'abbé de Merinville. Sa présence étant utile en France
pour sauver la fortune de toute la famille, M^me Desmoutiers
se députe pour le ramener et lui faire concevoir l'intérêt de
tous les siens qu'il rentre au moins pour quelque temps
avec eux, et jusqu'à ce que les affaires soient finies.

M^me Desmoutiers loge avec nous, est très aimée de toute
la famille, a supporté avec un courage digne d'admiration
toutes les traverses qui lui sont arrivées et enfin élève deux
enfants et sauve la fortune en partie ruinée de son mari.

Elle vous racontera avec beaucoup d'esprit parce qu'elle

en pétille, tout ce qui nous concerne, et vous n'aurez encore
vu personne qui vous ait donné des détails aussi satisfaisants
et aussi étendus sur toutes nos familles et sur les individus;
elle vous apprendra que nous désespérons de la vie de mon
frère Pompée, et que continuellement trompé par sa fausse
science en médecine et n'ayant confiance en personne, il a
laissé se former dans ses reins une pierre qui lui donne tous
les accidents de la vessie avec des ulcères, et que trop faible
pour supporter l'opération, on prolonge sa vie par des
moyens doux, mais simplement palliatifs. Il a résisté à
revenir en France jusqu'au moment où il s'est senti trop
faible pour se mettre en route; je lui ai envoyé environ 80
louis depuis Pâques, de sorte qu'il ne manque de rien, et il
a un ami intime qui veille à ce qu'il soit bien soigné. Si
son état redevenait meilleur et qu'on pût le transporter,
j'irais le chercher; d'ici là mon voyage serait inutile, et j'aime
mieux en employer les frais à le faire soigner encore mieux.

Me voilà rayé et libre, mais accablé d'affaires de famille
et de celles de ma femme qui jouit à présent d'une portion
du bien de son père. Ses dettes sont immenses, mais avec le
temps, si nous l'avons, nous nettoyerons tout cela et nous
pourrons établir avantageusement nos enfants. Ces enfants
sont élevés à merveille par une mère qui vaut son pesant
d'or et de diamant. Tout cela est fort et robuste, parce que
c'est élevé à la campagne. Mon père se porte très bien, il
voit un peu mieux et il court comme un râle.

Nous voyons ici des rentrants qui nous parlent de vous et
qui nous disent combien vous êtes heureux dans votre
ermitage et comme vous faites le bonheur de ceux qui vous
entourent. Nous avons fait souvent le projet, ma femme et
moi, de vous aller voir quand nos affaires seront déblayées.

J'espère, mon cher oncle, que vous conserverez longtemps
la bonne santé que le climat d'Angleterre n'a pas encore
altérée. Nous voyons continuellement des Français qui se
plaignent de la température de ce pays-là. Je désire que
votre bon régime et le calme de votre âme vertueuse vous

procurent de longs jours et que je sois à même de vous en voir jouir si les circonstances nous réunissent jamais et nous permettent de nous retrouver ensemble. Faut-il que les parents qui se conviennent le mieux soient toujours ainsi séparés les uns des autres, et que les charmes les plus précieux de la vie leur soient à jamais enlevés?

Recevez, mon cher oncle, les assurances de mon respect, de mon attachement et de tous les sentiments tendres que je vous ai voués pour la vie.

# CHAPITRE X

## L'Exilé et les relations avec le Clergé, principalement avec le Clergé de son Diocèse (1796-1802)

### SOMMAIRE

I. *Circulaire au clergé de son diocèse.* — Règle de conduite vis-à-vis des prêtres abdicataires, des prêtres mariés, des prêtres ordonnés par les évêques constitutionnels, des intrus, des assermentés.— Division et organisation du diocèse. — Fidélité à la monarchie.

II. *Les relations de l'archevêque de Bordeaux avec ses confrères dans l'épiscopat en Angleterre.* — Solution proposée par l'archevêque de Narbonne. — Assentiment de l'évêque d'Avranches.

III. *Un revenant.* — Un songe de l'évêque d'Avranches. — Apparition de l'abbé Thorel. — Prédictions.

IV. *La mort de Ferry, valet de chambre de l'évêque d'Avranches.* — Scellés apposés par le juge de paix. — Démarche de l'abbé Hamelin. — Dispositions du clergé à l'égard de Mgr Rousseau.

V. *Le clergé concordataire.* — Eloge de l'hospitalité de l'Angleterre. — Fermeté épiscopale. — La soumission au nouvel ordre des choses devenue une sécurité au clergé.

### I

#### Circulaire (1) au Clergé du diocèse d'Avranches (en 1796, vraisemblablement)

Chers et fidèles coopérateurs, vous qui portez avec tant de fatigues et de courage le joug du Seigneur, et tout le

(1) Cette circulaire se rapporte à la très importante question de l'organisation du clergé réfractaire pendant la Séparation de l'Eglise et de l'Etat. On n'a pas encore eu l'idée de publier un ensemble de

poids des jours de sa colère, recevez les félicitations les plus méritées sur les succès de vos travaux, avec les expressions de la haute estime, de la profonde sensibilité, de la tendre gratitude de celui que Dieu a établi sur vous pour gouver-

documents sur ce sujet. Quelques documents épars se rencontrent dans des ouvrages. L'on a ainsi, dans les *Documents pour servir à l'histoire de Montebourg*, de M. l'abbé Lecacheux, le règlement de Monseigneur l'évêque de Coutances du 20 juillet 1795. L'une des meilleures études qui aient paru se trouve dans l'important ouvrage de M. l'abbé L. Dantin. *François de Gain-Montaignac*, évêque de Tarbes (1782-1801), un vol., 1908, chapitre XI, *Renaissance religieuse. Les Missions*, p. 336-368.

Cependant les documents, comme on pourrait le croire, ne manquent pas totalement. On en trouve de très intéressants dans les archives privées. Les plus importants sont probablement aux Archives Nationales. La police épiait continuellement les membres du clergé réfractaire. Au moment opportun, elle faisait des visites domiciliaires et s'emparait de tous les papiers qu'elle rencontrait. Un grand nombre de ces papiers se trouvent aux Archives Nationales : ce sont ces documents de premier ordre qui permettront d'écrire d'une façon exacte l'histoire du clergé réfractaire pendant la première séparation.

Pour en revenir à Mgr Godart de Belbeuf, nous avons une autre circulaire adressée au clergé, portant ce titre : *Avis concernant l'exercice du saint ministère dans les circonstances présentes*, opuscule imprimé de 36 pages, daté « d'Hampstead près Londres, ce 11 février 1796 » et signé par l'évêque d'Avranches de sa propre main.

Dans cette circulaire, Mgr de Belbeuf traite de 22 questions : I, de l'Enseignement; II, du Baptême; III, de l'Instruction des enfants; IV, de la célébration des Saints Mystères et de l'administration de l'Eucharistie; V, de la Pénitence; VI, du Mariage; VII, de l'Extrême-Onction; VIII, des Prières après le décès; IX, de la sanctification des Dimanches et Fêtes; X, des Décadis; XI, de l'Abstinence; XII, des Ecclésiastiques assermentés, intrus, illicitement ordonnés; XIII, du Serment de liberté et d'égalité; XIV, des Réguliers; XV, des Séculiers; XVI, des Biens appelés nationaux; XVII, de la Réparation des dommages; XVIII, des Assignats; XIX, des Fonctions publiques; XX, de la Guerre; XXI, des marques de Civisme; XXII, des Successions.

Comme on le voit, la plupart des questions qui se posaient au point de vue religieux à cette époque sont abordées par Mgr de Belbeuf. Ses réponses méritent toutes d'être longuement considérées. Il ne

ner le troupeau. Que le Dieu de l'Evangile, que cet Ordonnateur suprême, qui seul fait germer le juste du sein d'une terre arrosée par les sueurs des confesseurs de son Nom, par le sang des Martyrs de ses saintes lois, continue de répandre sur vous ses dons de sagesse et d'intelligence, de conseil et de force, ceux de science et de piété et principalement de cette charité, dont la pratique et l'exemple sont la première des leçons sur le premier des devoirs, sur celui qui, suivant l'oracle sorti de sa bouche, fait la base et l'accomplissement de la loi.

Mais il faut que cette grande vertu soit éclairée; et ma sollicitude sur ce point fondamental dont les circonstances rendent la mesure si difficile à saisir, aussi bien qu'à déterminer par une règle générale, devient de jour en jour une des plus grandes peines de ma proscription et de mon éloignement; l'erreur entraînerait les suites les plus funestes dans l'ordre politique et dans l'ordre religieux.

La loi de l'homme dans le Code criminel ne connaît que

nous est pas possible de les faire connaître. Nous aurons l'occasion de les analyser plus tard. L'évêque d'Avranches insiste beaucoup sur la question de l'enseignement. Il souhaite que l'on fasse mieux connaître la constitution de l'Eglise. Il a un article très curieux sur les écoles publiques : « S'il se passait dans ces écoles, dit-il (p. 8), des choses contraires à l'honneur dû à Dieu, si on y enseignait l'erreur, si si on y mettait entre les mains des enfants des écrits dangereux, capables de gâter leur esprit et de corrompre leur cœur, en un mot si leur foi et leurs mœurs y étaient en péril, il est hors de doute que les parents ne pourraient les y envoyer. »

Par ailleurs, il descend dans des détails très minutieux pour l'administration des sacrements, pour l'usage que l'on peut faire des églises, pour la réhabilitation des mariages, la tenue des registres de catholicité. Il écarte des fonctions publiques ses diocésains : « Il faudra, observe-t-il, toujours juger de ces fonctions comme des professions qu'on ne peut ni embrasser, ni continuer sans péché. » Il les détourne de prendre part à la guerre : « On n'a pu, déclare-t-il, et ne pourra en sûreté de conscience prendre aucune part active à la guerre qui a eu ou aurait pour objet, d'opérer la révolution ou de l'affermir, de détruire la monarchie ou de s'opposer à son rétablissement. »

l'application de la peine après la conviction du crime : le juge se permet-il par des compensations particulières, de prononcer autrement que la loi, il demeure coupable envers elle, comme envers la société qu'elle protège. Il n'en est pas de même de la loi de Dieu : si elle condamne jusque dans la pensée elle-même le crime, et tout ce qui porte préjudice à l'ordre particulier comme à l'ordre général, elle permet, elle commande même aux ministres de sa justice, dans le Tribunal de la Pénitence, les considérations indivi duelles de la faiblesse, de l'ignorance, celles du repentir, de l'expiation, et elle prononce la rémission de la peine éternelle du crime d'après les dispositions du coupable, éprouvées et reconnues sincères et suffisantes.

Combien de mesure ! combien de lumières ! combien d'impassibilité exige, dans l'application de la loi à tant de différentes nuances, la confiance d'un si haut ministère ! et bien plus encore sous le cours d'une époque où le crime est sorti de ses voies ordinaires, où il trace sur toutes celles de la religion, de la morale, de la justice, pour les rendre méconnaissables, et où il se prononce lui-même en loi.

Ces réflexions, aussi naturelles qu'elles sont imposantes, n'ont point échappé à ceux d'entre vous que j'ai spécialement chargés de l'administration de mon diocèse pendant mon exil. Je m'empresse de leur offrir le témoignage de toute ma satisfaction sur l'usage, qu'ils ont fait dans l'exercice de leur mission, de l'étendue entière de mes pouvoirs que je leur ai confiés, ainsi que de l'ampliation des pouvoirs que j'ai reçue du Saint-Siège, avec la faculté de la communiquer et de la faire communiquer, par ceux que je délègue à cet effet sur des points qui seront spécifiés.

Mais il me semble que ce doit être une véritable consolation, et une nouvelle source de confiance et d'encouragement pour tous, d'être replacés vis-à-vis de ces pouvoirs, et des saintes règles qui les circonscrivent, comme pour moi un devoir constant de les leur retracer, pour moi sur qui reposent le conseil et l'ordre sur les moyens, sur les obligations, et sur qui pèse la terrible responsabilité qui en devient la conséquence.

C'est plus particulièrement dans l'ordre ecclésiastique que se trouvent les plus grands coupables; la sévérité et l'indulgence d'après l'épreuve, et encore d'après le scandale, doivent être distinctement tracées (1).

1º A la tête sont ceux qui ont apostasié en protestant contre leur sacerdoce, s'ils sont prêtres séculiers, et en cumulant leur protestation contre les vœux solennels de religion, s'ils sont prêtres réguliers, et qui ont consommé leur apostasie en se mariant, et ce qui comble le crime des uns et des autres, à des personnes liées par les mêmes vœux de religion, ou par la chaîne indissoluble du mariage. Ces nuances déplorables, soit qu'elles se confondent dans le même individu, ou qu'il en soit partiellement coupable, exigent une longue pénitence, rapprochée dans ce qui sera possible de l'antique discipline, et qui suffise à réparer le scandale, et des constantes épreuves, jointes pour les réguliers à la rénovation de leurs vœux par écrit avec l'engagement de s'y conformer dans tout ce qui pourra en devenir

(1) On trouve également dans la circulaire imprimée l'indication des prescriptions à observer vis-à-vis des divers ecclésiastiques qui ont prévariqué de quelque façon. Mais elles sont beaucoup moins détaillées. On les trouve au paragraphe XII, p. 24-26. Elles sont comprises en six articles. Mgr de Belbeuf indique ( art. 1er) quels sont ceux qui ont encouru la dispense de l'irrégularité, de quelle manière on peut les absoudre (art. 2, 3), quelles conditions il faut leur imposer, quel genre de rétractation, de réparation on doit réclamer de leur part (art. 4). Il fixe d'une façon particulière (art. 5) la ligne de conduite à tenir vis-à-vis des prêtres abdicataires et mariés. Il termine en faisant appel à la miséricorde (art. 6): « Nous conjurons par les entrailles de la miséricorde de notre Dieu tous les prêtres fidèles d'éviter avec le plus grand soin tout ce qui pourrait aliéner leurs confrères coupables et les aigrir, mais de leur témoigner en toutes rencontres une grande charité, négligeant rien pour contribuer à leur retour et leur aplanir la voie de la pénitence dans laquelle ils doivent entrer. »

praticable sous le cours de la révolution. Ces conditions sont nécessaires avant de les réconcilier publiquement, et ils ne pourront être admis qu'à la communion laïque.

2º Ceux qui étant engagés dans les Ordres sacrés auront abjuré de même leur ordre, leurs vœux, contracté des mariages, soit avec des personnes libres, soit avec celles qui seraient engagées en religion, soit divorcées, en usant sans retenue de la licence abominable qu'autorise le code révolutionnaire; vous les éprouverez avant la réconciliation par une pénitence proportionnée à ces différents crimes, et ils ne pourront exercer les fonctions de leurs Ordres, ni être promus à un Ordre supérieur sans une autorisation expresse de ma part. S'il y a lieu à quelque adoucissement sur la sévérité de cette mesure nécessaire, ce ne sera que lorsque je serai assuré que, pénétrés de repentir et du ferme propos de satisfaire à la justice divine par des œuvres méritoires, ils se seront livrés aux exercices privés d'une éducation chrétienne, à ceux de la charité, au service des malades, aux soins des autels et des choses saintes.

3º Les intrus dans un bénéfice, soit dans des portions de bénéfice. La renonciation par écrit à leur intrusion, ainsi que la déclaration de leur soumission au Saint Siège et à leur évêque légitime, avec toute la publicité que les circonstances permettront, jointe à une pénitence et à une épreuve convenables, sont la condition indispensable de leur réconciliation. Mais ils ne pourront exercer dans les lieux de leur intrusion, que dans l'espoir fondé que ce sera le plus sûr moyen de ramener ceux qu'ils auront égarés.

4º Ceux qui ont pris les ordres d'un évêque intrus seront tenus, pour être reçus à la pénitence, à une reconnaissance formelle du sacrilège de leur ordination, et ils ne pourront être admis, après qu'ils auront été réconciliés, qu'à la communion laïque. Tout exercice de leurs Ordres leur demeure interdit, jusqu'à ce que l'Eglise en prononce.

5º Ceux qui ont encouru la suspense portée contre le serment civique. Ceux des ecclésiastiques qui, après avoir

méconnu leur évêque légitime pour suivre l'évêque intrus,
auront obtenu de lui des pouvoirs ou des dispenses quelconques, et en auraient usé ou fait user, ils en reconnaîtront la
nullité par écrit, et seront obligés d'en réparer autant que
possible le scandale, en se rattachant par parole et par
action aux puissances légitimes ; et ils porteront ceux qu'ils
auraient rassuré sur la légitimité de ces actes, ou par qui ils
se seraient laissés séduire, ainsi que ceux qui continueraient
à s'abuser sur ces pouvoirs, ou à user de ces dispenses, à en
reconnaître l'impuissance, et à recourir à l'autorité légitime,
s'il y a lieu. Ces conditions, jointes à une pénitence suffisamment connue et proportionnée à la nature du délit,
seront exigées pour leur réconciliation.

L'ampliation des pouvoirs accordée par le Saint Siège aux
évêques de France, pour subvenir aux besoins spirituels de
leurs églises pendant la révolution, est tracée par les différents indults apostoliques dans les termes qui suivent :

« Absolvendi ab omnibus casibus sædi apostolicæ quomo-
« dolibet reservatis, ac presertim abs<sup>di</sup> ab omnibus ecclesicis
« censuris quoscumque ecclesicos et laïcos, tam seculares
« quam regulares, utriusque sexus, atque eos etiam qui
« schismati adhæserunt et juramentum civicum emiserunt.

« Item. Absolvendi per vos ipsos, vel per presbyteros dele-
« gatos, a vobis eos omnes qui sive legitime, sive illegitime
« ordinati integras parochias, aut earum partem invase-
« rint, et actus exercuerint sibi ab intrusis ep<sup>is</sup> delegatos
« atque hos in gratiam eccl<sup>æ</sup>, conciliandi.

« Item. Dispensandi, ad ordines tam minores quam
« sacros aut iisdem ordinibus jam initiatos super irre-
« gularitatibus quoquomodo incursis et etiam ab illa
« quam incurrerunt violatores suspensionis latæ pera pos-
« tolicas litteras.

« Item. Dispensandi in matrimoniis contractis et con-
« trahendis super impedimento publicæ honestatis, justis ex
« sponsalibus proveniente, super impedimento criminis,

« neutro tamen conjugum machinante, ac repetendi fas
« debitum amissum.

« Item. Paramenta sacra, tabernacula pro custodia SS.
« Eucharistiæ, et alia utensilia ad celebr$^{nem}$ missæ neces-
« saria benedicendi patenas et calices chrismate a quo-
« cumque cath$^{co}$ antistite g$^{am}$ et com$^{nem}$ s$^{is}$ apostolicæ
« habente, benedicto, consecrandi, atque Ecclesias pollutas
« aqua ab ep$^{po}$ benedicta, et in casu necessitatis, etiam ab
« Epis$^{o}$ non benedicta reconciliandi; supradictæ facul-
« tates concessæ sunt simplicibus sacerdotibus ab epis-
« copo designatis. *Cum facultate subdelegandi.*

« Item. In articulo mortis indulg$^{iam}$ plen$^{iam}$ impertiendi
« juxta formulam a B$^{to}$ XIV præscriptam in sua Const$^{ne}$
« aprilis 1747, transferendi quoque omnes indulgentias
« concessas ecclesiis sive cathedralibus, sive parochialibus,
« quas invasere pseudopastores ad has ecclesias in quibus
« catholici conveniunt ad officium divinum. *Cum potestate*
« *subdelegandi* » (1).

En général, le Conseil d'administration pourra subdélé-
guer *tous les pouvoirs qui n'exigent pas l'ordre épiscopal*,
excepté les irrégularités encourues par les jureurs et les
schismatiques.

Pour mettre de l'ordre dans la distribution des différents
pouvoirs détaillés dans les articles précédents, Messieurs
du Conseil préfèrent de classer par cantons, les différentes
paroisses du diocèse; ils s'en partageront ensuite plus particulièrement la correspondance et ils pourvoieront par ce
moyen avec plus de connaissance aux besoins spirituels
de leurs cantons (2).

Messieurs les Curés sont invités à ne pas borner leurs soins
à leurs paroisses, et je me promets de leur zèle qu'ils ne se

(1) Voir Theiner, *op. cit.* t. I, p. 139-142, 149-156. Quelques-uns
des indults n'ont pas été publiés.

(2) Cette partie de la lettre est particulièrement intéressante pour
l'organisation du diocèse.

refuseront point à quelques missions particulières, même éloignées, ainsi que Messieurs les desservants, attachés en cette qualité à des paroisses privées de leur Curé, par absence, ou par mal, ou par quelque destination particulière du Conseil qui me représente, et sur qui je me repose pour le gouvernement de mon diocèse.

Les uns et les autres tiendront des registres de tous les actes qu'ils feront, et ils établiront autant qu'il sera en eux ceux qui se trouveraient manquer, ou qui seraient défectueux, et cela suivant les formes usitées. Un double en sera déposé le plus en sûreté possible, suivant l'indication de Messieurs du Conseil. S'il a été besoin pour ces actes de pouvoirs extraordinaires quelconques, ils y seront relatés avec la distinction expresse de ceux qui seront dérivés du Saint Siège, par la délégation de l'évêque, ou de la subdélégation du Conseil sur les articles autorisés ci-dessus par le Souverain Pontife, ou de ceux qui émanent du pouvoir de l'évêque.

Un zèle condamnable, si on peut donner ce nom à une infraction manifeste de l'ordre, prétend faire un devoir de religion de ne pas reconnaître comme légitimement réhabilités les jureurs et intrus qui, après avoir été admis et s'être soumis à la pénitence qui leur a été imposée, ont été réintégrés dans leurs fonctions par ceux à qui j'en avais confié le pouvoir; il se porte jusqu'à empêcher les fidèles de communiquer avec eux, et il établit ainsi un nouveau schisme, en manquant à tous les principes de la subordination comme aux premiers devoirs de la charité. Que ceux qui s'en trouveront coupables soient sévèrement repris, et que le Conseil d'administration leur déclare en mon nom que, s'ils ne reconnaissent pas notoirement leur erreur, dans un terme qu'il fixera, et que s'ils ne s'empressent pas à rappeler à l'unité ceux qu'ils en ont détourné par leur présomption et par leur exemple, en employant tous les moyens du vrai zèle, ils demeureront interdits de toutes les fonctions du saint ministère.

Le Conseil, auquel demeure confiée l'administration du

diocèse pendant ma proscription, sera composé de MM. Le V. c$^{ne}$ (1) et P$^{re}$ H$^{in}$ (2) c$^{ne}$, M$^{tet}$ (3) c. de N. D., auxquels j'adjoins M. de V$^{ry}$ (4) c . de B$^{ton}$. Et je nomme pour qu'ils soient suppléants au besoin, à cause de circonstances particulières et locales, après ce qui en sera statué en Conseil, MM. de G$^{on}$ c$^{ne}$ (5), J$^{ne}$ C. de V$^{ers}$ (6) et V$^{al}$ (7) vic. de St J$^{mes}$, à l'effet de quoi, pour ces cas seulement, je leur accorde les mêmes pouvoirs qu'à Messieurs les Administrateurs, et je les délègue directement sur ce qui ne pourra pas être sub-délégué par le Conseil.

Je voudrais pouvoir tracer de même la marche à suivre dans le Tribunal de la Pénitence, vis-à-vis tant d'autres cou-

----

(1) Jean-Baptiste Le Venard, chanoine pénitencier. Il resta en France pendant toute la durée de la Révolution. Il était âgé de 75 ans, d'après l'état du sous-préfet d'Avranches, rédigé à la fin de l'an IX ou au début de l'an X (*Arch. dép. Manche*, V. 6, 4).

(2) Pierre Hamelin dont il a été précédemment question.

(3) Motet, curé de Notre-Dame-des-Champs d'Avranches, auquel nous avons déjà consacré une notice biographique.

(4) Gilles de Vaufleury, seigneur et patron de Saint-Patrice du Teilleul, bachelier en Sorbonne, licencié ès-lois dans la faculté de Paris, doyen rural, curé de Barenton, qui se retira près de Saint-Jean-du-Corail et mourut en 1808.

(5) Noël de Gaalon, qui devint chanoine de Tanis le 25 juin 1785, se retira pendant quelque temps à Jersey, revint en France et mourut en 1828. Il a laissé des notes très intéressantes qui sont utilisées par M. Fourier de Bacourt dans les articles que nous avons signalés (Voir sur M. de Gaalon, Fourier de Bacourt, *op. cit., Revue Catholique de Normandie*, 1907-1908, p. 55, p. 322).

(6) Gilles-René-François Jouenne, curé de Viliers depuis 1783 qui, après s'être déporté pendant quelque temps, rentra en France vers 1797, devint desservant de sa paroisse après le Concordat et mourut en 1813.

(7) Pierre-Noël-François Vassal, simple prêtre habitué avant la Révolution à Saint-James, qui se retira quelque temps à l'étranger, revint à une date indéterminée, contribua à l'établissement des religieuses Trinitaires dans sa paroisse natale et mourut le 28 janvier 1805 à l'âge de 40 ans (*Semaine Religieuse de Coutances*, 1872-1873, p. 645 et Ménard, *Histoire religieuse, civile, militaire de St-James le Beuvron*, p. 363, 371, 373).

pables dont les écarts plus ou moins criminels appartiennent à la désorganisation absolue causée par notre révolution.

L'objet principal de ce règlement ne comporte point ce genre de détail.

Je me borne donc à vous rappeler que le crime de la révolte française actuelle, sous telle forme qu'elle se soit montrée et qu'elle se prolonge ne peut rien justifier: 1º A ce qu'elle a établi de contraire aux commandements de Dieu et de l'Eglise, à ses saintes règles, et aux principes fondamentaux de la saine morale; 2º Qu'il n'y a ni raisons, ni prétendus devoirs, ni intérêts qui puissent excuser les différentes nuances du parjure, du mensonge, de l'usure, si elles en présentent notoirement les caractères; 3º Qu'on doit condamner absolument tout ce qui concourt évidemment à fortifier et à assurer l'envahissement du trône de nos rois, l'usurpation sacrilège des biens consacrés à Dieu, l'invasion barbare de ceux qui le furent à l'humanité souffrante, enfin la spoliation des propriétés de telle nature qu'elles soient; 4º Que le serment de fidélité qui nous lie de génération en génération depuis tant de siècles à l'héritier légitime du trône de Saint Louis demeure dans toute sa force, et qu'il serait violé par tout autre serment ou promesse de fidélité au gouvernement usurpateur; 5º Que celui qui prononce, comme celui qui exécute, conséquemment à des lois injustes, ou cruelles, ou impies, émanées de la puissance usurpée, se rendent coupables de complicité; 6º Que l'objet le plus juste ne peut justifier aucune violence qui s'écarterait de ce qu'on est convenu, parmi les nations policées, de nommer le droit de la guerre (1).

Qu'il m'est pénible, chers et fidèles coopérateurs, de

(1) L'on remarquera avec quelle force Mgr de Belbeuf défend la cause de la monarchie. Il place pour ainsi dire sur le même pied sa foi de catholique et sa foi de royaliste. L'envahissement du trône lui paraît aussi coupable que la violation d'un commandement de Dieu ou d'un précepte de l'Eglise.

nombrer ici tant de crimes nouveaux que les hardis novateurs ont semés sur le sol de notre patrie; la réparation et la rémission en sont livrées aux pouvoirs spirituels qui vous sont confiés dans la plus grande étendue; elles le sont à votre zèle, à votre charité. Mais rien n'en serait utile, et pourrait au contraire devenir pernicieux, si la sagesse, si la prudence n'en composent pas la mesure. Ce que ces crimes vous présenteront de monstrueux et d'inouï pour vous se rapprochera d'une manière plus ou moins directe des principes que vous avez acquis par l'étude et par l'expérience, et se trouvera toujours soumis aux anciennes règles. Qu'elles vous servent de guides, qu'elles éclairent l'usage que vous ferez du pouvoir. En en remplissant l'étendue vous ne vous permettrez pas d'en passer la borne. *Nolite transgredi terminos quos posuere patres nostri.*

Mais, qu'est-ce que la science du prêtre sans la grâce attachée au saint ministère? Quelle est-elle pour préparer, pour dicter même les arrêts que le Juge suprême des vivants et des morts répétera au grand jour de ses jugements, comme vous les aurez prononcés dans le tribunal de la réprobation ou de l'absolution du pécheur !

Demandez-lui cette grâce par d'instantes et de ferventes prières, demandons-là de même les uns pour les autres.

*Oro, fratres, ut charitas vestra magis ac magis abundet in omni scientia ac sensu.*

P. S. Le désir que j'aurais de me réunir à vous pour partager, pour diriger au milieu de vous les travaux d'un aussi important ministère, vous est assuré, il vous sera répété. Quel vide pour moi, dans les jours qui me sont conservés, d'être privé de satisfaire à ce premier de mes devoirs; une sagesse religieuse, bien autrement encore qu'une prudence humaine, me commande le sacrifice.

Elle le commande de même à ce clergé vénérable dont je suis enveloppé, toujours fidèle, toujours impatient de courir à la voix de son évêque, au secours de ses frères, aux soins du troupeau qui l'appelle, qui le réclame. Il importe que vous soyez auprès d'eux, et auprès de lui, les interprètes des sentiments qui nous sont communs. Eh! comment douter de nos vœux pour lui être rendus, pour l'être à des devoirs aussi pressants, et encore à notre inclination (1) ?

Une exigence aveugle dans son principe, et trop irréfléchie sur ses conséquences, me fait craindre qu'on ne s'abuse sur la tolérance incomplète qui est accordée par une politique trop évidemment insidieuse; elle nous menace de devenir perfide et de compromettre cruellement la fidélité ou l'existence des ministres de la religion.

Les sens de ce peuple sont satisfaits par ces apparences d'un jour ; il s'y abandonne, et il vous entraîne avec lui sur les ruines de vos temples. Ignore-t-il donc les dispositions cruelles de la loi révolutionnaire qui pèse sur vous, et qui y soustrait l'injustice et le crime aux anathèmes de la loi évangélique, comme à ceux de la saine morale? Et comment, s'il s'honore du titre de chrétien, et s'il est véritablement pénétré des droits imprescriptibles d'une révélation divine, se refuse-t-il à partager l'humiliation et à prévoir les funestes résultats de la surveillance sévère d'hommes sans foi, qui vous y poursuit, et qui y devient la sauvegarde de l'immoralité et de la révolte? elle y épie la parole de l'enseignement pour l'éteindre sur vos lèvres, et pour y rendre le silence de la religion complice de ses forfaits.

Il convient que vous lui fassiez comprendre, mais avec ménagement, qu'il se jette trop facilement dans les extrêmes. Son ingratitude, son abandon, ses insultes, ses violences sont encore si près de lui ! Quels sont ceux qu'il rappelle aujourd'hui par des mouvements si contraires? il les

(1) L'évêque d'Avranches ne cache point son antipathie pour le retour des prêtres en France. Il développera plus tard ses sentiments, ses idées. Il montre également sa répulsion pour la tolérance. Il reviendra encore sur ce sujet et traitera longuement la question de la liberté des cultes. Sa doctrine n'est pas une doctrine de circonstance : c'est une conviction longuement méditée et chaudement défendue.

repoussait hier; ne sont-ce pas ces mêmes prêtres qui furent ses victimes? Ils le furent du moins du plus grand nombre. Vous le replacerez vis-à-vis de ses égarements, de ses crimes, toujours sans amertume, et le pardon sur les lèvres, comme il fut, et comme jamais il ne cessera d'être dans notre cœur. Qu'il se reconnaisse, et qu'il ne s'étonne plus si la vigilance éclairée des premiers pasteurs, qui sont comptables du dépôt sacré qui leur est confié, se prête avec tant de réserve à le livrer trop légèrement; les secours, que la suite des événements permet, ne lui sont point refusés. Elle en donnera toujours la règle et la mesure. Vos soins le consolent, votre calme le rassure, et il paraît qu'il ne sent pas assez que votre courage est supérieur au danger.

Qu'il l'apprenne pour la plus grande gloire de Dieu, et pour qu'il redouble de ferveur. La seule manière que vous vous permettez pour le lui faire entendre, sera de lui démontrer par les faits que vous n'êtes point pasteurs et ministres de la religion comme vous l'étiez; comme cette sainte religion était pour lui, il y a encore si peu d'années, comme elle fut celle de ses pères, et depuis tant de siècles celle de la France sous la protection de ses rois; mais que vous êtes constitués par votre évêque comme missionnaires pour tout le diocèse, que ce titre convient uniquement aux ministres de l'Evangile sous les gouvernements infidèles. Et s'il se résigne à recevoir en esprit d'expiation ces désolantes vérités et les privations et les contrariétés qu'il en éprouve, la leçon du malheur lui sera devenue utile une fois.

Le dévouement est général, il est pur, il est constant dans le clergé de mon diocèse dont je partage l'exil, j'en suis le témoin et le garant; mais la sagesse pastorale, mais la subordination hiérarchique commandent à l'évêque et au prêtre le sacrifice de leur propre satisfaction, celui des impulsions de leur zèle, de leur attachement; et elles ne les rendent que plus recommandables, et dignes de plus en plus de son estime, de sa confiance et de son empressement, le malheur des circonstances me force d'ajouter... et de ses regrets.

Chers et fidèles coopérateurs, je ne peux trop, vous ne pouvez trop le répéter. Un peuple abusé ne l'entendra jamais assez.

## II

1° *Lettre de Mgr Jean-François de la Marche (1), évêque de Léon, à Monseigneur l'évêque d'Avranches*

Je me trouve, Monseigneur, dans la nécessité de répondre à Monseigneur l'archevêque de Bordeaux (2) et de lui faire une réponse concertée avec mes confrères sur les plaintes qu'il me fait, qui donnent lieu de croire que l'on fait schisme et scission avec lui. Il insiste en preuve sur les assemblées communes qui se sont tenues et où il n'a pas été appelé. Je lui réponds qu'il n'y en a pas eu de tenues ni de convoquées depuis qu'il est en Angleterre; et pour lui prouver qu'on ne fait pas scission avec lui, voici la phrase qui a été adoptée par Mgr l'archevêque de Narbonne (3), convives et autres.

« D'après la connaissance que j'ai des dispositions de tous vos confrères, je crois pouvoir vous assurer que s'il était

(1) Jean-François de la Marche, né en 1729, sacré le 7 septembre 1772, non démissionnaire en 1801, mort à Londres le 25 novembre 1806. Il joua un rôle très important pendant son émigration. Le Record Office et le Bristish Museum contiennent de nombreux documents sur lui. L'abbé Plasse lui a réservé de longs chapitres dans son ouvrage sur le clergé français exilé en Angleterre, voir t. 1, p. 61-95.

(2) Jérôme-Marie Champion de Cicé, né à Rennes le 3 septembre 1735, évêque de Rodez en 1770, archevêque de Bordeaux en 1781, député aux États Généraux, garde des sceaux du 4 août 1789 au 21 octobre 1790, archevêque d'Aix en 1802, mort à Aix le 22 août 1810. Nous avons signalé sa correspondance avec le marquis de Belbeuf (*Archives du château de Belbeuf*. Voir sur l'archevêque de Bordeaux une lettre de l'évêque de Luçon du 10 juin 1795 à Caleppi : Theiner, *op. cit.*, t. I, p. 425-429; Ricard, *op. cit.*, t. II, 13, 14, 29, 94 et Mathiez, *Rome et le Clergé Français sous la Constituante*, p. 250.

(3) Il s'agit de Dillon, que nous avons déjà rencontré.

question de quelque point de doctrine ou de discipline générale qui exigeât un rassemblement de tous les évêques qui
sont en Angleterre, il ne serait dans l'intention d'aucun de
vous en exclure. »

Je vous serai bien obligé de me faire savoir si vous
adoptez cette réponse, afin que je puisse faire la mienne à
l'archevêque de Bordeaux.

Je suis avec des sentiments respectueux, Monseigneur,
votre très humble et très obéissant serviteur.

† J.-F. de la M.

12 novembre 98.


*2° Réponse de Mgr l'évêque d'Avranches
à Mgr Jean-François de la Marche, évêque de Léon*


Les erreurs, Monseigneur, dont le souvenir reste attaché
aux tristes sceaux de Mgr l'archevêque de B., ne me paraissent pas de nature à lui attirer la séparation solennelle
qu'il semble craindre. Il y a bien loin de l'éclat d'une pareille
scission à l'expression connue et nécessaire d'une improbation trop méritée.

S'il est vrai que plusieurs d'entre ses confrères se soient
fort peu occupés de lui, et que quelques-uns même s'en
soient expliqués avec quelque sévérité, lorsqu'ils ont adressé
l'hommage commun, quoique sans assemblée, de leur douleur au chef de l'Eglise, il y a lieu de croire que cet abandon
l'aura rappelé tout naturellement au bref très important
que Sa Sainteté lui avait adressé dans le temps pour éclairer la religion du roi, et pour être communiqué aux évêques.
On n'oublie point qu'après une réponse dérisoire, par le
fait il n'en tint aucun compte.

Je souscris donc en entier, Monseigneur, à la réponse
rassurante et exacte que vous avez concertée, et que vous
vous proposez de lui rendre.

## III

*Récit d'un songe de l'évêque d'Avranches fait par lui-même*

Hier au soir, 20 janvier 1798, chez M^me la c^tesse de la Bl...

Minuit sonnait, la société venait de se séparer, nous restons M^rs le c. de Co... de la Gat... et moi (M^me de la B... était là dans son lit, triste et souffrante).

Nous jetons quelques phrases sur le passé irréparable de la Révolution, et sur son avenir incalculable.

Qu'elles étaient sombres ces phrases ! je sors le premier ; je rentre chez moi plus noir que la nuit.

Pendant mon sommeil que j'avais atteint péniblement, je me vois dans un entresol de planches étroit, bas, étouffé. Assis sur une banquette en bascule, une écritoire et du papier devant moi sur une table noire, j'y soutenais ma tête appuyée sur mes deux mains.

Une voix m'appelle. Je reconnais celle du maître de mon enfance, depuis mon grand-vicaire et archidiacre de mon église, l'ami de tous mes âges, mort deux ans avant la révolution. Je lève les yeux, il était debout, à ma droite, dans ses habits de chœur.

Il me dit d'un air serein : Vous connaissiez ma passion pour les prédictions, comme moi votre goût pour les choses de la nature. Eh bien, écoutez, et écrivez.

Il me dicte et j'écris les vers suivants :

L'heure pèse sur toi ! Sous son poids affaissé,
Tu veux porter encor l'avenir, le passé ?
Aveugle et insensible ! aux jours où la nature
Sortant d'un long sommeil rassemble sa parure,
Sa pompe, ses trésors ; et travaille en secret
Sous le bouton qu'elle a tapissé de duvet,

La sève qui nourrit et embellit la terre.
Tu ne la verras plus, pâlissant dans la serre,
Offrir à ses tyrans de précoces plaisirs :
Ses liens sont brisés; rendue à tes désirs
Ses pas vont effacer les pas sanglants des crimes.
Combien la feuille amie a sauvé de victimes !
Combien un fruit sauvage a calmé de besoins !
Le plus abandonné aura part à ses soins.

Ma mémoire me rappelle confusément qu'il ajouta ici plusieurs vers :

C'est pour lui qu'elle attache à l'herbe rajeunie
Le repos, le sommeil; ils vont rendre à la vie
Ce pasteur fidèle, qui, sans asile, errant,
Se dévoue à la mort pour sauver le mourant;
Ce noble que poursuit une jalouse rage,
Dont le zèle abusé prodigue le courage;
Cette foule qui fuit ses villes, ses hameaux,
Aux mains de ses enfants la hache des bourreaux.

Là, une larme tombe des yeux de mon ami; ils s'enflamment, il poursuit d'une voix précipitée :

Monstre, tu as vaincu ! ton œil farouche et sombre
Est fermé pour jamais aux douceurs de son ombre.

Suivait une tirade pleine de chaleur. Un crêpe couleur de sang était tombé sur mon papier; je la perds entièrement. Le crêpe se lève, je continue d'écrire :

Jette-toi dans ses bras; elle nous tend la main;
Vois comme elle sourit en nous ouvrant son sein;
Vois sa douce chaleur pénétrer la semence,
Et les germes qui percent assurer l'abondance.
On va voir l'hirondelle annoncer les beaux jours,
Errante et sans patrie agréer le secours
D'un toit hospitalier; et toujours étrangère
Vivre partout, s'y plaire, y bâtir, être mère.

Encore ici plusieurs vers faisant allusion au sort des émigrés; j'essaye en vain de me les rappeler :

> Loin de leur sol natal tu vois languir les lys.
> Tu détournes les yeux? Rassure-toi et lis.
> Au livre du destin j'ai transcrit cet oracle :
> Quand huit fois le soleil...

Là, mon ami s'arrête. Impatient, les yeux fixés sur lui, j'attendais. Il prend mon papier, il le lit, il le relit trois fois, laisse tomber une carte et disparaît.

Je ne vois plus rien de la chambre. La carte seule brillait d'une lumière phosphorique. Je la ramasse, elle était rayée de lignes qui, au premier coup d'œil, paraissaient formées de simples points. Une lentille de microscope se trouve dans ma main, j'essayais de déchiffrer, lorsque je me suis vu reporté à la même place où j'étais hier au soir. Messieurs de la Gat... et de G... étaient debout prêts à sortir; je es arrête, M^me de la B... avait fermé son rideau; elle l'ouvre.

Je raconte la vision, je récite les vers, je montre la carte. On s'en saisit. La lentille va de main en main. Chacun s'attache à déchiffrer : l'un arrache une syllabe, l'autre un mot, deux mots, une demi-ligne, une ligne, plusieurs lignes de suite; tous ensemble, M^me de la B... surtout, avec impatience, avec transport, avec désespoir. L'intérêt allait toujours croissant. Déjà une partie des lignes était déchiffrée de la manière qui suit :

> Quand huit fois le soleil . . . . . . . . .
> Le serpent, le péché, la misère et le deuil
> . . . . . . . . . . de vastes catacombes
>
> . . . . . . . . . . . . . . . . . . .
> Un voile étincelant couvre un trône, un autel,
> Où les regards du sage atteignent l'Éternel.
> Indigné, toujours juste, il a pesé la terre :
> Ses tyrans, ses martyrs, et la paix et la guerre.
>
> . . . . . . . . . . . . . . . .

Le sceau sera brisé. . . . . . . . . .

. . . . . . . . . à la France soumise

Il rendra dans ce temps. . . . . . . . .

Chacun de nous s'acharnait tour à tour, mais sans succès, à déchiffrer la fin de ces vers où le dénouement semblait attaché.

Quand tout à coup les points qui le terminaient s'agrandissent, se forment en lettres majuscules, et nous font lire en caractères de feu :

Ses Rois et son Eglise.

A ce moment un grand bruit, comme celui de très grosses cloches mises en vol, se fait entendre du côté de la France. Un coup de canon part de la Tour de Londres et fait trembler la maison.

Je m'éveille.

## IV

1º *Lettre de M. l'Abbé Hamelin, à Mgr Godart de Belbeuf* (1)

Avranches, 20 mai 1802.

Monseigneur,

Que je suis donc contrarié dans mes dispositions habituelles, je ne voudrais prendre la plume que pour alléger, ou même, s'il était possible, que pour faire disparaître vos peines, et pour vous obéir je suis obligé de vous en faire

(1) Nous avons trouvé une autre lettre de M. l'abbé Hamelin qui n'est conservée que partiellement. Nous croyons intéressant de faire connaître ce qui a pu être conservé :

« Vous marquez dans la lettre au défunt Ferry de conférer avec moi sur les détails qui vous concernent et de prendre mes idées sur le parti qu'on pourrait tirer de... Bien de bonnes choses sont reportées chez d'honnêtes personnes et assurées; il n'en est peut-être de même de toutes. Autin Clergère m'a paru savoir beaucoup; il est on ne peut plus intéressé pour tout ce qui vous intéresse; Carbonnet, m'a aussi beaucoup de zèle; celui-ci est plus éclairé, mais l'autre est plus

connaître de nouvelles : MM. Savary, prêtres, à leur retour d'Angleterre, m'ont remis hier soir sur les 6 heures, 19 mai, votre lettre adressée à M. Ferry. Je l'ai décachetée, Ferry votre valet de chambre n'est plus. Le matin de ce même jour, sur les 9 à 10 heures, on l'a trouvé mort dans son fauteuil, à demi déjarreté dans sa chambre de la ci-devant bibliothèque du Chapitre, frappé, dit-on, d'apoplexie, mais d'une couleur blanche, et ayant de la chaleur. Le juge de paix y a passé le reste du jour à inventorier en gros et a posé les scellés sur les meubles trouvés : on a répandu dans le public qu'il y avait dans cette succession des effets qui ne pouvaient que vous appartenir, et que c'était un malheur ajouté à ceux que vous ne méritiez pas. J'ai fait prier M. Dupont, juge de paix, très honnête homme et que je connais, d'entrer chez moi ; il m'est venu dans la matinée et, sur la communication que j'ai cru pouvoir lui donner d'une partie de cette lettre, il m'a dit qu'il était bon de garder cette lettre, qu'il n'y avait rien à faire après son opération d'hier, vu que, dans son procès-verbal, il était porté qu'il avait remarqué que plusieurs objets lui avaient paru devoir appartenir à son ancien maître M. l'évêque d'Avranches ; trois armoires ont été scellées sans être ouvertes ; 48 doubles louis, le tout a donné une somme d'environ 2.800 fr., qui a été déposée chez M. Le Maire (1).

actif. J'ai parlé l'un et l'autre ; ils sont tous deux très disposés à s'occuper avec moi, tout goutteux que je suis habituellement, de tout ce que vous jugerez à propos.

Avec la pendule du salon se trouvent 30 serviettes de toile, le parfait Maréchal, une douzaine de livres in-4° de l'ouvrage de M. Bossuet, on en dispose selon vos ordres ; ces derniers objets sont sous la main de votre serviteur, mais comment se procurer les autres sans une autorisation qui ne peut être que secrète et fondée sur la bonne foi ? »

(1) Cette partie de la lettre de M. l'abbé Hamelin est rendue plus intelligible par la correspondance de Ferry (Lettres du 15 brumaire an VIII, du 1er floréal an VIII, du 20 prairial an VIII) et de quelques hommes d'affaires, de Voisin en particulier (Lettre du 6 brumaire an VIII (*Archives du château de Belbeuf*).

Le sentiment de M. Dupont, juge de paix dans la circonstance, est que les personnes aptes, vos parents les plus
proches, présentent au tribunal d'Avranches une pétition
tendant à faire ordonner au juge de paix qui a apposé sur
les effets, titres et papiers trouvés dans la succession du
C<sup>en</sup> Ferry, les scellés, de ne procéder à la levée d'iceux qu'en
la présence des héritiers de M. de Belbeuf, évêque d'Avranches, ou de quelqu'un dûment autorisé par eux. Vous savez
peut-être que je ne pourrais y sister physiquement : Dardennes pourrait s'y trouver avec quelqu'autre dans le cas
où vos représentants ne jugeraient pas à propos d'y paraître :
procurez[-vous] tous les renseignements possibles. Car il me
paraît impossible d'en attendre de plusieurs confidents en
apparence, le défunt était si boutonné vis-à-vis tout le
monde, que tous ceux que j'ai vus, jusqu'à son confesseur,
m'ont dit n'avoir aucune connaissance en détail de ce qui
vous pouvait appartenir chez lui. On croit en général qu'il
était dépositaire, mais rien de plus.

D'après tous les événements où vous êtes si grandement
intéressé, ma tête est pleine de mille et mille idées, qui ne
me permettent pas toute la réflexion nécessaire. Je crois ne
devoir pas aller plus loin, pour vous assurer du plus profond respect avec lequel j'ai l'honneur d'être, Monseigneur,
votre très humble et très obéissant serviteur,

HAMELIN, prêtre.

2° *Lettre de M. l'abbé Hamelin à Mgr Godart de Belbeuf*

7 avril 1802.

Monseigneur,

D'après la réponse de la lettre que j'avais eu l'honneur
d'écrire à M. votre frère, il paraît qu'on ne doit pas
attendre de pétition au tribunal pour faire surseoir à la
levée des scellés chez Ferry, et qu'ainsi on ne doit compter

L'entrée du vieux cimetière Saint-Pancrace
où reposent les restes
de Monseigneur Pierre-Augustin Godart de Belbeuf

que sur la moralité de ses héritiers pour recouvrer les effets
qui vous appartiennent dans la maison qu'occupait le
défunt. Puissent-ils, ces héritiers, ne pas se ressentir des
influences contagieuses ! On n'a point encore entendu parler
d'eux. J'ai l'espérance de l'honnête juge de paix que je les
verrai avant toute opération ; dans de telles circonstances
je ne puis que vous promettre l'intérêt le plus sensible à
vos malheurs et tel que je vous le dois ; Ferry avait écrit à
M. votre frère pour lui demander le parti qu'il devait
prendre à l'égard de vos effets déposés chez lui ; dans le cas
où cette lettre de sa part contiendrait quelque indication, il
ne serait pas inutile de me la faire passer ou au juge de paix.
Quant aux objets d'ailleurs qui vous appartiennent, je ne
puis encore, faute de connaissance, vous en faire de déclaration. J'ai lieu de croire que les héritiers veulent savoir si
l'on ne trouvera point sous les scellés quelques notes qui
les concernent. J'ai compté hier une somme de 1.200 fr. à
M. Hervé de Carbonnel en l'acquit de M. Gilbert, la quittance en restera chez un nommé Sanson, tourneur de son
état et votre ouvrier ; ce dernier vous avait écrit, il y a près
de trois mois, et fait sa confession, il en est un peu inquiet ;
faites-moi donc passer un ordre pareil ou équivalent, et la
même source vous procurera, dès que vous l'exigerez, 2 fois
autant pour le moins, le juste ne peut être accusé pour le
moment, la terre le recèle.

Vous avez droit d'attendre et d'exiger de moi toute
vérité qui vous intéresse (1) ; mon plein dévouement semble
m'ordonner de vous la dire sur les dispositions actuelles du
clergé de votre diocèse : la voici. Repassé de tous les côtés
dans sa patrie dans l'intention de se conformer au nouvel
ordre de choses, il a satisfait et satisfait tous les jours à la
déclaration demandée par le gouvernement ; il reconnaît

(1) Nous avons l'opinion des fidèles sur le Concordat dans la lettre
de l'ex-procureur général. Dans la lettre de l'abbé Hamelin et dans
celle de Motet, publiée plus loin, nous avons l'opinion du clergé.

M. R[ousseau] (1); plusieurs ont été à Coutances lui rendre leurs hommages et réclamer sa juridiction. Titre réel selon beaucoup, titre au moins coloré suivant quelques autres; titre, quel qu'il soit, toujours suffisant suivant la généralité : telle est l'opinion. Elle est convaincue, cette généralité, que la soumission provisoire aux décisions du chef reconnu de toute l'Eglise est de stricte obligation, quels que puissent être les futurs contingents : voilà les dispositions de votre clergé qu'il ne doute pas devoir être communes aux diocèses dans le même cas que le vôtre. Aussi ne balance-t-il pas à donner toute sa confiance à plusieurs lettres de Jersey qui circulent et dans lesquelles se trouve consigné un arrêté pris à Londres le 3 juin dernier, par les évêques non démissionnaires et commençant par ces mots : « A ces causes, vu l'importance de ne laisser aucun doute sur la validité des pouvoirs, etc... » Chacun y aperçoit le langage de la charité pastorale si propre à éteindre toute division possible et à pacifier les consciences si cruellement torturées depuis tant de temps.

Votre bénédiction, que les ecclésiastiques ont eu le bonheur de recevoir avant leur départ d'Angleterre, est-elle une révocation de la défense que vous nous avez faite par écrit, il y a quelques mois, d'approuver ceux qui repasseraient sans avoir votre attache? Nous n'avons pu le penser d'après les principes de droit qui, en fait de juridiction, n'admettent ni présomption, ni interprétation, ni probabilités, mais demandent une autorisation formelle ou une révocation expresse de défense portée. J'espère, Monseigneur, que ma manière de vous ouvrir mon cœur sur tout ce qui vous intéresse vous persuadera de plus en plus de la persévérance de tout mon attachement ainsi que de mon profond respect.

HAMELIN, prêtre.

(1) Mgr Rousseau, né à Paris en 1736, fut le premier évêque concordataire du diocèse de Coutances. Il mourut évêque d'Orléans le 7 octobre 1810. Il était avant la Révolution prédicateur célèbre.

## V

*Lettre (1) de Mgr Godart de Belbeuf à M. le Curé de Macey (2)*

Hampstead, 25 janvier 1802.

La véritable terre de proscription pour nous, Monsieur, n'est point cette terre hospitalière qui nous a si bien accueillis, qui n'a point cessé de nous honorer, et qui ne se lasse point de nous nourrir.

Elle n'est point une terre pestilentielle qui dévore ses habitants; les différents âges, ainsi que les termes de la vie, ont le même cours que dans un pays dont nous ne pouvons pas oublier les intempéries.

Notre séjour n'y est point un exil, mais le repos et la sûreté dans un asile où la Providence a daigné nous déposer; elle nous a soustraits à des lois de mort qui ne sont pas encore abrogées. Dans nos privations, elle nous a ménagé la plus grande de toutes les consolations, celle de pouvoir lui offrir, par un culte protégé, l'expression publique de notre reconnaissance, les actes solennels de la prière pour nous, pour notre malheureuse patrie, pour nos souverains, pour nos frères, et pour qu'il pardonne à leurs bourreaux et à nos ennemis.

Sa vaste enceinte n'est point une prison; les bienfaits de son gouvernement nous suivent dans toute son étendue; ses ministres n'y tiennent pas notre liberté enchaînée; et ils ne regardent pas vos évêques comme des geôliers faciles par partialité envers quelques-uns, ou barbares par inconséquence envers d'autres.

Voilà, Monsieur, la seule manière de répondre à ceux qui

(1) Cette lettre est une copie.
(2) Le curé de Macey était Joseph-François Coupard. Exilé, il ne rentra qu'en l'an X, devint à nouveau desservant de sa paroisse. Il occupait cette charge en l'an XIII.

semblent vous avoir estimé assez peu pour vous faire leurs inconcevables confidences, ou pour s'en être exprimés hautement devant vous.

Vous ne me ménagez ni sur leurs expressions, ni sur leur nombre, j'étais bien loin de pouvoir même le soupçonner, d'après la longue et constante épreuve que ce clergé, toujours également précieux et intéressant pour moi, n'a cessé de supporter avec tant d'édification, et avec tant de gloire pour le Sacerdoce.

Je forcerai du moins ceux qui l'écartent de cette honorable soumission, de me rendre la justice que, placé par J.-C. pour les gouverner, je m'en rendrais trop indigne si de pareils travers pouvaient croiser la ligne que j'ai arrêté de suivre jusqu'à ce que je sois plus éclairé. Ma fermeté leur fera comprendre, après qu'ils se seront rappelés tout ce que je n'ai cessé d'être pour eux, que des intérêts circonscrits de lieu, de circonstance, d'individus, forment en se multipliant un ensemble qui peut, aux yeux d'un supérieur, compromettre la chose générale, surtout dans un moment aussi critique. N'est-il pas démontré pour eux comme pour moi que l'impiété sous le nom de la religion, que le renversement sous le titre de rétablissement, que nos persécuteurs sous le masque de protecteurs, veulent frapper leurs derniers coups ?

Non, lorsqu'ils sont prêts à éclater et à dévoiler par le fait le mystère de leur plan, d'un plan qu'il m'importe de connaître pour le juger, je ne risquerai, je ne hasarderai rien.

Les derniers moyens, le manque de caractère, la lassitude ou peut-être aussi trop de précipitation, ont déjà perdu tant de choses et confirmeraient la ruine de tout. C'est la leçon que le passé m'a donnée et que j'ai retenue.

Sur ce qui vous est particulier, Monsieur, et dont je ne vous ai encore rien dit, Monsieur Bouffaré (1) ne vous a pas

_______________

(1) Plusieurs prêtres portaient le nom de Bouffaré. Nous en remarquons un, Jacques Bouffaré, desservant, en l'an XIII depuis un an, de Montigny. Est-ce ce personnage qui est désigné ?

laissé ignorer toutes les différentes sensations pénibles que j'ai éprouvées à la lecture de votre lettre.

La présence de quelqu'un qui est entré, et qui avait essentiellement à me parler, m'a empêché d'en écrire au moment même le résultat, il se borne à ce qui suit.

Les portes de l'Angleterre et de la France vous sont ouvertes. Mon cœur, mon âme sont profondément affectés de ce que je vois de vous.... Ma raison ne me persuade point que le parti, que vous êtes déterminé de prendre, est celui qui convient le mieux sous tous les rapports à votre état; et je vois la religion qui nous montre à tous les biens et les maux, la vie et la mort, également partout dans les mains de Dieu.

J'ai l'honneur d'être très parfaitement, Monsieur, votre très humble et très obéissant serviteur.

P. S. Comme votre résolution, Monsieur, me paraît au-dessus de toute considération, et que votre santé en est la seule cause, je crois devoir mettre des bornes à votre zèle, dont l'ancienne confiance, qu'on vous a vouée, pourrait abuser. Vous en restreindrez l'exercice dans votre paroisse et à vos seuls paroissiens.

2º *Lettre de M. Molel, curé de Notre-Dame-des-Champs à Avranches, à Mgr Godart de Belbeuf*

Monseigneur,

Il me serait impossible de vous exprimer l'étonnement et la peine que m'a causé la tournure inattendue des affaires de l'Eglise. La voix du chef qui s'est fait entendre a fait mon seul motif de détermination (vos droits sont lésés, je le sais), mais ne devons-nous pas une obéissance provisoire jusqu'à ce que l'universalité vous venge et vous rende tou-tes vos prérogatives? Ce jour désiré tarde longtemps et prolonge ma très sensible affliction! Coucher sur la dure, être poursuivi par les colonnes mobiles, être exposé au danger continuel de la mort n'étaient rien en comparaison des sacrifices auxquels le délégué qui vous représente nous a obligés! et l'obéissance seule due au premier de tous les pasteurs m'a fait reprendre le ministère à l'égard des ouailles que vous m'aviez confiées! mais allais-je faire seul un nouveau schisme? Vous êtes, Monseigneur, charitable, judicieux et juste, examinez ma position, pesez mes raisons et prononcez; mon intention n'a jamais été de vous manquer ni de vous marquer d'ingratitude, j'ai ce vice en horreur. Je n'ai point répondu à votre dernière reçue. Je sais que votre bras droit vous a écrit et vous aura instruit de tout ce qui s'est passé. La réunion est peu sincère et solide, les délinquants ne veulent point convenir de leurs torts et voilà ce qui perpétue la froideur et l'éloignement.

Si mon procédé vous paraît contraire à la foi vous me trouverez toujours docile, parlez et m'instruisez, car éloigné de vous, j'ai cru ne pas blesser la religion et la foi. — Vous recommandiez de n'agir qu'en vertu de vos pouvoirs et de vos seuls pouvoirs, jugez, par la pièce ci-incluse, si je serais seulement écouté? Le signataire [est] constitué vicaire général de tout votre diocèse; depuis l'acceptation de sa dignité il vous a envoyé, dit-on, une démonstration théologique conformément à tous les changements actuels, à laquelle vous n'avez pas répondu et qu'on regarde sans réplique.

Je vous écris, Monseigneur, toujours avec la plus grande confiance et soyez convaincu que partout où vous vous trouverez et en quelque position que vous soyez, vous serez présent à mon esprit; et mon cœur sera dans la presse de ne pouvoir vous manifester de vive voix mon entier dévouement; puisse le Ciel, à la fin de cette année, être propice à mes vœux en vous accordant des jours longs et heureux et de pouvoir vous revoir dans votre patrie et à la tête de votre troupeau! Si je ne vous suis pas tout à fait indifférent, je regarderai comme une grâce signalée la peine que vous voudrez bien prendre de me le manifester par un seul trait de plume de votre part; après tous nos combats je n'ai point envie de manquer le dernier but, si la mer sur laquelle vous nous voyez embarqués nous en détournait c'est au pilote à s'expliquer clairement, et comptez sur la docilité de celui qui se fera toujours un vrai devoir d'être avec le plus profond respect de Votre Grandeur,

Monseigneur,

Votre très humble et très obéissant serviteur,

MOTET, curé de N.-D. des C. d'Avranches.

12 décembre 1802.

Les nominations aux places, cures et succursales, rien n'avance; on espère des pensions, et avec cet espoir les prêtres vivent comme ils peuvent; il y en a bien cinquante ici dans la ville, mais un grand nombre hors de combat; dans les campagnes ils y vivent avec bien de la difficulté, et il est encore à craindre qu'elle n'augmente.

# CHAPITRE XI

## L'irréductible ennemi des Concessions
## (1799-1802)

### SOMMAIRE

I. *Les droits des évêques.* — Nécessité de mesures rigoureuses. — Pas de compromissions. — Dangers du retour en France. — La doctrine catholique amoindrie et humiliée.

II. *Condamnation de la liberté des cultes.* — Interdiction de l'exercice public du culte. — La France doit demeurer un pays de mission.

III. *La promesse de fidélité à la Constitution.* — Discussion théologique. — L'opinion des évêques. — Ce qu'on en pense à Rome.

### I

#### 1º *Réponse* (1) *à une requête de M. L. du B.* (2)

La requête que vous m'avez envoyée, Monsieur, est au moins la 250e du même genre, et aucun des excellents prê-

(1) Cette réponse, comme la plupart des lettres, des réflexions qui vont suivre, n'est pas datée. Nous n'avons pas pu découvrir la date approximative. D'ailleurs ce détail nous paraît peu important. Il nous suffit de savoir que cette réponse, ainsi que les autres documents, fut écrite entre 1799 et 1802.

Cette partie de la *Correspondance et des papiers inédits de Mgr Godart de Belbeuf* est particulièrement intéressante. Les graves problèmes qu'il aborde sont traités avec une impressionnante hauteur de vues. L'esprit a perdu son enjouement, sa grâce du passé, mais l'intelligence a gagné en puissance, en profondeur et la volonté en vigueur et en fermeté. De l'ensemble il se dégage une mélancolie qui ajoute un charme d'un genre tout spécial.

(2) Nous n'avons pu identifier ce personnage.

tres que j'aurais employés avec toute la confiance et même avec tout le désir possible, n'a pris pour un dégoût personnel une mesure que j'ai malheureusement trop de raisons de juger nécessaire.

Plaignez sincèrement ceux à qui la vigilance pastorale impose en premier des devoirs plus étendus. Supposez du moins qu'ils partagent votre zèle, vos peines, vos sacrifices.

Vous êtes dispensé de peser, de discuter les puissantes considérations qui conviennent à ceux que Jésus-Christ a établis pour gouverner son Eglise. Vous avouerez, sans doute, que le moment en exige de toutes particulières.

Jouissez du bonheur que donne le repos de la conscience. Comment sera-t-il troublé, quand vous pourrez constamment vous dire : Je suis dans l'ordre que Dieu lui-même m'a tracé, dans celui de la soumission hiérarchique; et l'effrayante responsabilité qui se reporte sur mes chefs est bien loin de moi ?

Assurez ceux qui réclament les secours spirituels plus directement de tout le désir que j'ai de les satisfaire le plus promptement possible; je les invite à ne négliger aucune des occasions qui se présenteront et à ne pas craindre de rechercher celles qui offriraient quelque fatigue. Surtout qu'ils n'attendent point, pour appeler les secours de la religion, que les maladies aient fait des progrès inquiétants.

Quel est celui d'entre eux qui n'a pas quelque faute à se reprocher sur ce qui a contribué à la révolte appelée la révolution ainsi que sur ce qui concourt à la prolonger ?

Plusieurs n'ont-ils pas des reproches particuliers à se faire sur tant de différentes nuances, depuis l'indifférence jusqu'à la barbarie avec lesquelles ils nous ont vu dépouiller, maltraiter, bannir? Qu'ils prennent en esprit d'expiation la contrariété qu'ils en éprouvent.

C'est une de nos plus sensibles privations d'être forcés par les circonstances de renoncer à la satisfaction de porter à ceux qui furent nos ennemis l'oubli et le pardon.

Demandons à Dieu qu'il nous en prépare les voies d'une

manière qui rassure vos évêques, sur la crainte de compromettre avec danger le dépôt qu'il a miraculeusement sauvé; car, ne nous le déguisons pas, le grand supplice de notre bannissement général a été dans ses mains l'instrument de sa Providence contre notre perte jurée par l'impiété.

D'après ce texte que vous pouvez étendre dans le même esprit, soyez bien assuré que si des vues purement religieuses, dépouillées de tout égoïsme, ont inspiré leur requête, l'estime et l'empressement qu'ils vous marquent n'en souffriront point. Ils vous plaindront et ils plaindront leur évêque.

### 2º *Lettre à un prêtre qui désire retourner en France*

Si vous ignorez, Monsieur, la fausse démarche qu'on vient de faire pour votre retour en France, en essayant d'éluder mon attache, cette seconde lettre de moi, sans que vous m'ayez fait aucune instance sur mes réflexions de la première, ne pourra que vous surprendre; mais si vous l'avez provoquée ou consentie, je me borne au seul reproche que je ne peux pas me le persuader.

Je vous répète, et toujours avec un égal intérêt, que vous cessiez de vous en rapporter à des conseils donnés légèrement et sans prévoyance, d'après la tranquillité apparente de quelques individus qui échappent pour le moment à la rigueur de la loi.

Relisez ma première lettre, pesez-en les détails et les dangers, c'est vous-même qui m'avez fait connaître vos ennemis les plus dangereux dans vos plus proches.

Écoutez uniquement celui que Dieu vous a donné pour guide et qui vous rappelle à l'engagement que vous avez contracté lorsqu'il vous a imposé les mains; il unit à ce titre sacré celui de l'ami le plus sûr; il l'est par devoir, il l'est encore par des sentiments qu'il a la satisfaction de savoir avoués par ceux de vos confrères qu'il a la douleur d'être forcé de contrarier.

Vos motifs, vous ne pouvez pas vous le déguiser, sont purement humains, Dieu vous abandonnera aux forces purement humaines, car quel droit aurez-vous aux grâces particulières qu'Il accorde à ceux qui reçoivent la mission sainte?

Connaissez donc les ordres nouvellement adressés par le ministre de l'intérieur; l'aversion si naturelle à un apostat contre des confesseurs de la foi s'y développe sans rémission. La seule présence connue et indépendante de l'exercice du saint ministère soit clandestin, soit public, est soumise à la surveillance la plus exacte de ses suppôts; ils sont tenus d'envoyer chaque mois un état affirmé sous leur responsabilité soit de la fidélité prononcée, soit du refus, soit de l'infraction, avec l'énoncé des époques et des noms, et la dénonciation de tout ce qui concerne ceux qu'il appelle les ministres du culte.

Comment y échapperez-vous, vous, Monsieur, dont la présence connue vous est présentée comme indispensable pour faire valoir vos droits? Et votre retour, fût-il même secret, ne serait-il pas bientôt trahi par l'avidité perfide de vos nièces? Et ces puissances subalternes, dont on prétend vous avoir ménagé l'appui, se dévoueront-elles pour vous? C'est sur leur responsabilité qu'elles sont contraintes de dénoncer votre présence, votre soumission ou vos refus.

J'ai compté vos premiers sacrifices, votre longue résignation, le dernier abandon que vous avez si généreusement fait. A quoi vous propose-t-on de sacrifier tout le mérite de dix ans d'une épreuve aussi honorablement soutenue? Vous le voyez, c'est à des événements trop annoncés, et que des lâchetés trop malheureusement multipliées nous démontrent être plus forts pour le plus grand nombre que les plus fermes propos.

Pourrais-je croire ceux que vous répétez de bonne foi, si vous partagiez si facilement un aveuglement qui tient du délire?

### 3º *Exhortations à un prêtre normand, étranger au diocèse d'Avranches*

Un prêtre peut-il jamais être étranger à un évêque? Et vous, Monsieur, prêtre français, pasteur vénérable et persécuté, pourriez-vous douter de tout l'empressement d'un de ceux qui se sont voués à défendre jusqu'au dernier souffle le titre divin de leur épiscopat et la mission qui les a établis chefs immédiats et essentiels de l'antique Eglise gallicane? D'ailleurs n'avez-vous pas, comme membre du Clergé de notre même province ecclésiastique, veuve de presque tous ses évêques par leur mort, et dans l'éloignement où vous êtes de Mgr l'évêque de Séez (1) le seul qui leur ai survécu avec moi, et mon ancien dans l'épiscopat, des droits directs sur moi? Vous ne pouvez trop les reconnaître, trop les faire valoir, et moi je ne peux trop les réclamer.

L'étincelle électrique, me dites-vous, ne vous a point atteint. Je vous félicite sincèrement sur ce que vous lui avez échappé par les dons de sagesse et de force, et encore par celui de la vraie science que la Providence a daigné vous conserver. Mais vous désirez de vous affermir par celui de conseil, et il vous suffira, m'ajoutez-vous, d'un mot, d'un seul mot qui vous confirme.

Ah! combien cette modeste défiance, jointe au zèle qui ne cherche l'intelligence de la règle que sur la ligne hiérarchique, est pure et recommandable. Que n'a-t-elle été plus générale! quels bouleversements n'eût-elle pas détournés de nos églises. Mais le très grand nombre des prêtres n'a voulu de nous, de nous qu'ils savent, et qu'ils enseignaient, établis

_____

(1) Jean-Baptiste du Plessis d'Argentré, né en 1720, sacré évêque de Tagaste le 20 mars 1774, évêque de Séez en 1775, non démissionnaire en 1801, mort à Munster le 24 février 1805. Les Archives du Vatican contiennent des lettres intéressantes de lui à propos du Concordat (*Ep. Nap. Franc., passim*).

par Jésus-Christ pour les gouverner, que ce qui se serait aveuglément prêté à leurs projets, à leur déplaisance, à leur impatience; et la plupart ont réduit le grand devoir de la subordination sacerdotale à quelques égards de stricte convenance, soit pour se faire illusion, soit dans la vue de masquer le scandale de leur indépendance.

J'en ai beaucoup vu, et de nos différents diocèses; et je peux vous affirmer que je n'ai encore trouvé de franchise et ce repos si précieux de l'âme, que dans ceux qui se sont laissés persuader, en souffrant d'être contredits; mais des doutes bien imposants, mais des regrets prévus, mais les larmes de la faiblesse, dans les autres, et trop de ces larmes qui ne seront jamais expiatoires si elles ne deviennent pas celles des remords.

Et si après avoir appliqué à leurs désirs les principes qui donnent la mesure au zèle, et qui éclairent la piété ainsi que les différents devoirs, j'ai rapproché d'eux ce que la terrible expérience du jour leur découvrait de l'avenir, en les reportant sur le passé, et en les attachant sur le présent; ou si après avoir épuisé les consolations, j'ai répondu à la plainte de la souffrance, de la langueur, en les plaçant vis-à-vis de la nature et de la religion qui nous montrent à tous les biens et les maux, la vie et la mort, également partout dans la main de Dieu; hélas! j'ai parlé dans le désert. Ils étaient présents, et leur esprit était loin de moi; ou bien en se rejetant dans une foule électrisée, l'étincelle, dont vous vous êtes si heureusement défendu, les a pénétrés en masse.

Et ils sont partis, presque tous sont partis; et nous nous sommes dits: Est-ce un départ, est-ce une fuite? Et pour en juger nous nous sommes demandé si leurs regards en s'éloignant s'étaient tournés avec sensibilité vers cette terre hospitalière qui avait accueilli leur proscription, honoré leur dégradation, nourri leur faim, vêtu leur nudité, protégé leur culte, et cela en faisant taire tant et de si longues haines de nation et de religion; autrement, s'ils s'étaient pressés sur le seuil de leur asile comme ces prisonniers, comme ces mendiants, comme ces malades à qui on ouvre les portes des maisons d'arrêt, ou des hospices de charité; et les tristes vérités qui sont sorties de la notoriété des faits nous ont cruellement humiliés dans nos frères.

A quoi donc ont-ils sacrifié tant d'avantages certains, et, plus que tout la gloire du sacerdoce français éprouvé avec tant d'éclat par douze années du dévouement le plus pur à la cause du trône et de l'autel ? Les reproches sanglants dont plusieurs ont été accablés à leur retour, sur une inconséquence aussi fatale que ses résultats trop prévus rendront à jamais sans excuse; le dénûment, l'avilissement qui les poursuivent depuis leur retour, le sceau de l'impiété qui enchaîne leur ministère sacré imprimé sur tous ses actes, tout, jusqu'à leur silence même sur leur sort, justifie bien douloureusement l'opposition de ceux à qui notre divin fondateur a dit : « Allez, enseignez, celui qui vous méconnaîtra se refusera à me reconnaître ».

Ou s'ils nous reconnaissaient après nous avoir abjurés, leur tendant les bras dans les jours de notre bannissement, sur une voie que la divine Providence daignerait nous ouvrir, ce serait pour nous dénoncer; ils en ont fait le serment, et ils savent que leur serment restera suspect jusqu'à ce qu'ils en aient prouvé la sincérité par quelque forfait. C'est à ce prix qu'ils auront part aux dépouilles et aux honneurs qui ont servi d'appât à leur cupidité.

Déjà nous les voyons plongés dans la piscine philosophique qu'on nomme fusion pour y être purifiés de la rouille des siècles de leur sacerdoce, et être trouvés dignes du sacerdoce consulaire, grand Dieu ! Et ils souffrent que ce nom désigne un amalgame d'éléments incohérents qui ne présente qu'un repoussant chaos. Là tous les crimes révolutionnaires qui vantent leurs excès, qui en proclament l'impénitence dans les chaires même pontificales, et bravent l'expiation jusque sur les autels d'un Dieu qui s'y fait victime pour la rendre méritoire, demeurent confondus avec tant de vertus aussi héroïques que sacerdotales, qui ont

supporté pendant de si longues et si déplorables années tous
les genres de fatigues et de misères pour la foi et pour le
salut, et fixé constamment d'un œil calme et ferme les fers,
les échafauds et la mort sur tous leurs pas.

En vain je leur disais, et je ne me lassais point de le répéter, que l'impiété et la tyrannie ne pouvaient se prêter à
invoquer une religion sainte, que sous le masque, et dans
la vue de la faire servir aux progrès de la désorganisation
générale, il était évident qu'un culte public n'était rétabli
dans notre France abusée que pour y insulter celui de la
religion catholique, apostolique et romaine dans son origine
et sa constitution divines, en ne l'admettant qu'au titre de
fraternité et d'égalité, avec les inventions des hommes et de
tout ce que pourra enfanter par la suite le délire de ceux qui
voudront se dire sans Dieu, comme de ceux pour qui tout
sera Dieu excepté Dieu même (Bossuet).

Comment s'associer de bonne foi à cette confraternité
perfide, à ce grand scandale, inouï jusqu'à nous, et voir sans
indignation les ministres de la vérité, à qui on ne permet
d'ouvrir la bouche qu'à la flatterie la plus dégoûtante, à
la prière pour les tyrans et à l'action de grâces sur leurs succès, tandis qu'elle est condamnée à se taire sur ce qui, dans
le dogme catholique, distingue la véritable foi du schisme
et de l'hérésie, et dans la saine morale, ce qui en est opposé,
à tant de leurs lois subversives, du droit naturel et divin.

La réflexion qui s'attache à de pareils détails, ne donne
point le conseil, elle donne la loi. Votre modestie ne me persuadera point qu'ils vous auront été de quelque secours.
Mais ils vous feront une preuve de mon empressement à
vous satisfaire.

## II

### 1° *Lettre à un religieux* (sans date)

Je n'ai pu qu'approuver, Monsieur, l'estime particulière
que vous accordez à M. G^bt (1), je la partage bien sincère-

(1) Nous n'avons pu identifier ce personnage.

ment. Cette justice lui était acquise lorsqu'il s'est séparé de vous. Tous les jours il y acquiert de nouveaux droits vis-à-vis de moi par la conduite parfaite qu'il tient ici. L'épreuve est dans un genre si différent ! elle ne peut pas tromper; et elle ajoute beaucoup à tout ce que vous avez connu de lui.

Mais la preuve essentielle que vous désirez lui donner de vos sentiments reste soumise à des principes, à des règles, aux circonstances et encore aux convenances. Tout cela n'est ni à votre pouvoir ni au mien.

Vous êtes régulier, votre bénéfice de même. Vous ne croyez point comme de raison à la puissance qui a tout renversé, mais qui n'a pu rien détruire des principes établis par l'Eglise. Reportez-vous aux jours de l'ordre, ils sont encore si près de nous ! à ceux de la révolte, elle est toujours la même, peut-être sous d'autres apparences pour un trop grand nombre; mais d'autant plus insidieuse aux yeux de ceux qui ne se laissent pas séduire aussi facilement.

Cela posé, et c'est incontestable, les choses et les supérieurs restent les mêmes dans le droit, et par conséquent les devoirs et les formes essentielles et praticables. Un obstacle n'est point la destruction; et si nos mains ne peuvent pas lever l'obstacle, au moins ne les prêtons pas pour détruire.

Et voilà où l'on est trop encouragé de nous mener par les exemples trop multipliés conséquents à une lassitude générale. Elle imprime journellement le sceau de l'acquiescement aux œuvres de la destruction.

Bientôt on nous présentera ces différentes sortes d'abandon comme un consentement unanime des différents ordres, des différentes classes; et le crime des lois et des hommes, sans une vraie autorité, uniquement par celle de l'usurpation, se trouvera légitime par le concours apparent des individus de toute espèce; et le système destructeur de toutes les bases sociales, religieuses et morales se trouvera élevé au rang des gouvernements établis et respectables.

Vous voyez, Monsieur, comment un acte privé de l'intérêt le plus restreint concourt tout naturellement au dénouement des plus grands intérêts. Pouvez-vous, devez-vous agir comme si votre Ordre et les saintes Règles qui le circonscrivent étaient supprimés ? Et moi, si le malheur des temps joint à l'incertitude sur l'avenir vous portaient à le supposer, puis-je et dois-je vous y confirmer?

J'ai fait remettre votre lettre à M. G<sup>bt</sup>, je ne l'ai point encore vu, mais je suis persuadé que, dans toutes les suppositions possibles, le *volum profitendi* qui deviendrait nécessaire en Cour de Rome, à laquelle seule il doit être porté, répugnerait à sa délicatesse.

D'ailleurs, rien n'est pressant sur ce que vous me proposez, vous êtes convenu dernièrement vous-même que jamais vous n'avez eu plus de santé, plus de force, et peut-être plus de courage. A la consolation que j'en éprouve, les besoins de mon diocèse ajoutent le sentiment que je suis comptable de ces avantages, qui déclarent les desseins de la Providence sur vous.

Vous savez que ce ne sont pas uniquement des curés que les circonstances demandent à la tête des paroisses. Il serait sans doute bien désirable que chaque pasteur fût rendu à son troupeau. J'applaudis au vœu de ceux qui les réclament, et je le partage profondément. Mais comment repousser les conseils, les mesures de la prudence, de la vigilance pastorale sur un dépôt aussi précieux? et livrer à des réclamations particulières l'unique trésor, le premier de tous, que la divine Providence a daigné conserver à l'église de France ?

Ce serait une vraie peine pour moi de me permettre de penser que ceux qui se trouvent dans leurs paroisses ou qui leur seraient accordés par la suite avec la réserve que commande une position trop critique, pussent oublier qu'ils y sont principalement missionnaires pour tout le diocèse; que leur évêque les appelle à ce ministère, que la nécessité l'a rendu indispensable, et que la charité C<sup>ne</sup> en consacre le titre comme le plus grand et le plus méritoire.

Il n'en est sûrement point un seul parmi vous qui ne sente avec un peu de réflexion, que ce titre est le seul qui convienne aux ministres de l'Evangile sous les gouvernements infidèles, et qui ne l'applique conséquemment au véritable état des choses malgré quelques exceptions locales et temporaires.

Vos peuples s'abusent, ils croient, parce qu'on leur laisse une liberté restreinte de quelques-unes de leurs anciennes habitudes publiques de culte, qu'on leur a rendu la religion et le gouvernement de l'Eglise de Jésus-Christ, comme si les privations forcées qu'ils éprouvent ne les éclairaient pas assez.

Je conclus par vous exhorter d'employer comme vous faites, comme vous n'avez cessé de faire depuis tant d'années, et comme tout me flatte que vous serez encore long-temps en état de faire, les moyens que Dieu vous a accordés et qu'Il vous conserve. Et si l'âge et la fatigue concentraient par la suite l'essor de votre zèle, vos jours n'en seraient pas moins remplis à ses yeux; ils le furent, mais paisiblement jusqu'à ceux qui ont commencé et qui prolongent cette époque désastreuse dont l'avenir est incalculable.

Quel ressort nouveau ne trouverez-vous pas dans la pensée que la couronne qui est préparée pour les pasteurs zélés et fidèles, vous attend sur le champ du combat contre les ennemis du Saint Nom de Dieu, de ses saintes Lois, et des puissances que ce Chef suprême de l'ordre nous a données, et qui seules ont le droit légitime de nous gouverner.

Soyez bien persuadé, Monsieur, que mon éloignement, qui paraît être trop visiblement encore dans les vues de la Providence, n'a rien changé dans tous les sentiments que je vous ai voués.

Rappelez-moi, je vous prie, au souvenir de ce qui est bonne et bon.

M. G<sup>bt</sup> sort de chez moi; il vous écrit. Il ne me laisse rien à vous dire sinon que je l'avais bien jugé.

### 2° *Conseils à un prêtre qui part en France (sans date)*

M. le c. d'H. (1) m'a fait part, Monsieur, d'un malheureux événement dans votre famille, qui vous présente des intérêts pressants. Je vous suis trop véritablement attaché pour ne pas aller au-devant des désirs qu'il est très naturel que vous formiez de repasser en France. Et j'y suis d'autant plus porté que je rends toute la justice possible à l'esprit de la subordination religieuse dont vous êtes pénétré. Elle vous persuaderait sans doute des sacrifices même les plus sensibles, d'après ce que vous savez de mes principes sur une rentrée prématurée des ecclésiastiques français dans une terre livrée aux hasards effrayants d'une évidente anarchie.

Cette mesure, que je crois aussi prudente que jamais, ne s'applique pas à un nombre désirable, borné aux besoins constants du diocèse. La Providence qui a conservé d'une manière vraiment miraculeuse le clergé français, en permettant une proscription cruelle, mais qui a sauvé son existence, ne se refusera pas à éclairer ceux qu'elle a chargés du gouvernement de cette Eglise, pour qu'ils ne contrarient pas les voies de conservation et de sûreté qu'elle a tracées. Et elle continuera de faire passer dans le cœur de ceux à qui elle a imposé le devoir d'être gouvernés cette confiance, cette soumission qui portent le calme dans les consciences éclairées.

A cette époque qu'elle a marquée pour la punition, pour l'épreuve et pour la pénitence, le fidèle négligent et insouciant au milieu des secours qui lui étaient offerts, devient empressé et avide par la privation. Il est puni par le regret et par la crainte; il est éprouvé par les difficultés, peut-être même par les dangers, et il est plus préparé que jamais à satisfaire à la Justice divine, et à éviter de s'y exposer par

(1) Il s'agit probablement de M. le comte d'Hervilly.

la suite. Que le ministre saint, que le vrai chrétien déposent donc leur résignation commune dans le sein de Dieu. C'est là qu'elle fructifiera pour le rétablissement et la gloire de la Religion.

Quelque désir que j'aie de vous voir avant votre départ, j'ai calculé les frais de ce rapprochement et la facilité que vous offre la proximité où vous êtes d'un lieu d'embarquement. Partez donc quand et comme cela vous conviendra le mieux.

Je ne pense pas qu'il soit nécessaire que je vous prévienne sur la promesse de fidélité à la Constitution, qu'on pourra vous demander. Vous n'avez pas pu ignorer la publicité que j'ai donnée, après avoir convoqué le clergé de mon diocèse, à la décision commune des évêques français réfugiés à Londres en assez grand nombre. La presque totalité de ceux qui nous sont connus ont prononcé de même dans les différents lieux de leurs asiles : que par le fait, cette promesse adopte et consacre l'usurpation, qu'elle associe à la révolte contre l'autel et le trône, ainsi qu'à tous les serments condamnables et condamnés, que les différents usurpateurs des autorités légitimes n'ont cessé d'exiger dès le commencement. Que si elle en diffère par l'apparente simplicité de l'expression, elle n'est ni moins étendue, ni moins active dans les obligations qu'elle impose en particulier comme en public. Que tous les arguments en sa faveur se réduisent manifestement au résultat pratique de rendre successivement la religion l'instrument de la faction la plus puissante et que, par ce moyen, notre sage et bienfaisante religion cesserait-elle d'être ce qu'elle est, le garant le plus sûr de la fidélité des sujets.

Peut-être n'exigera-t-on pas de vous cette promesse. La loi consulaire ne semble en faire une condition que pour le libre exercice du culte public, et ce n'est point pour cela que je vous donne mission.

Je vois dans cette prétendue liberté du culte public que sa partie la plus importante, qui est l'instruction sur ce qui imprime le sceau du crime à l'usurpation et à tout ce qu'elle autorise, en est interdite sous les peines les plus sévères; cette mesure décèle évidemment qu'elle n'est qu'une tolérance politique, intéressée et perfide. Car ce silence de la religion la rendrait complice en apparence des forfaits de la révolution.

Ce résultat trop probable est effrayant, et je voudrais que les prêtres sages et éclairés, qui sans doute se sont trouvés, ou déçus par leur zèle, ou forcés sur ce point, eussent pu s'y refuser. Et si l'évidence du bien qui peut-être se montre dans ces premiers moments, les rassure sur leur condescendance ou sur leur empressement, ils en reconnaîtront trop tôt les funestes conséquences.

Ils se sont permis cet exercice public, parce qu'on n'a point exigé d'eux la promesse qui en est la condition commandée par la loi. Mais qui peut les assurer qu'on ne se réserve pas à leur dire quelque jour, et ce jour n'est que trop prochain! ou qu'ils l'ont consentie, cette fatale promesse, par le seul fait de la publicité du culte, dont elle était la condition nécessaire et connue; ou que, s'ils se refusent à la prononcer, ils seront livrés à la rigueur des lois.

Et voilà comment, victime de l'imprévoyance, le pasteur fidèle sera cruellement arraché à son troupeau. Il le paissait si paisiblement à l'ombre! Je le crains, j'ai trop lieu de le craindre, et de désirer que cette crainte soit partagée, pour qu'on saisisse de concert l'occasion, les moyens de se soustraire à ce dénouement désolant, dans tout ce que les circonstances locales pourront offrir à la prudence.

Je vous donne la mission et les pouvoirs nécessaires pour remplir le saint ministère non seulement à Pontorson, mais encore dans l'étendue de mon diocèse. J'y joins ceux des cas réservés ordinaires. Quant à ceux qui me sont particulièrement réservés, et encore à ceux qui le sont au Saint Siège, et pour lesquels il nous a confié le pouvoir avec la faculté de commettre, pendant le cours de la persécution, vous vous adresserez au besoin à ceux qui forment le Conseil d'administration que j'ai établi, et vous vous conformerez en tout à ses dispositions avec confiance ; elles seront toujours conséquentes aux règles que je lui ai tracées.

A votre arrivée à Jersey, vous présenterez à Mgr l'évêque de Lombez (1) cette lettre, qui vous servira auprès de lui de titre à ses bontés. Vous y joindrez l'hommage de mon respect, ainsi que celui de ma reconnaissance pour la bienveillance qu'il accorde aux ecclésiastiques de mon diocèse qui s'y trouvent réfugiés. Je vous invite d'y chercher ces dignes confrères ; et je vous charge expressément de leur porter tous mes profonds sentiments, tous mes vœux les plus empressés, et le souvenir, et l'assurance, et l'espérance, sur ce qu'ils ont été, sur ce qu'ils sont et sur ce qu'ils seront toujours pour moi. Ces pensées de tous les moments de notre commune séparation font ma première consolation dans mon exil.

Et quand vous serez rendu dans mon diocèse, répétez à cette portion de mes courageux coopérateurs, dont vous allez partager les travaux, ces mêmes expressions. Elle nous est si précieuse ! elle m'est si recommandable par les soins qu'elle donne, par les secours spirituels qu'elle répand au prix de tant de sueurs, de tant de dangers, toujours trop présents, sur mon malheureux troupeau. Dites-lui, dites à ces ouailles si chères qui se sont conservées fidèles à leur foi, à leur roi, tous mes désirs les plus ardents, mais réglés par la vigilance nécessaire aux pasteurs, et soumis par la résignation qui est due aux desseins visibles de la Providence, qu'ils prient tous pour moi, comme je prie pour eux, comme prient pour eux leurs vénérables pasteurs, et tous ces prêtres également dévoués et qui ajoutent au mérite de leur sacrifice, celui de la subordination religieuse et éclairée.

Que la bénédiction du Ciel accompagne tous les pas de votre mission et qu'elle les fasse fructifier. Recevez, avec

(1) Alexandre-Henri de Chauvigny de Blot, né en 1725, évêque en 1788, non démissionnaire en 1801, mort à Londres en 1805.

celle de votre évêque, l'expression de ses plus sincères sentiments : ils ne vous manqueront jamais.

P. S. — Ne gardez pas cette lettre si elle peut vous compromettre ; où si vous la croyez nécessaire en vous présentant au Conseil d'administration, faites qu'elle échappe aux recherches trop dangereuses. Si vous ne la laissez pas, laissez-en une copie à vos confrères de Jersey.


## III


1º *Réflexions de l'évêque d'Avranches présentées à ceux qui s'étaient rassemblés pour discuter sur la promesse de fidélité à la Constitution* (1).


Chacun de ceux qui forment ici, par une convocation expresse de tous les ordres et de toutes les conditions de l'Etat ; ce concours général ; ceux qui sont marqués pour y commander, comme ceux qui y sont appelés pour obéir, sont-ils suffisamment pénétrés des principes qui doivent les régler dans une circonstance d'un genre aussi nouveau qu'il est important et solennel ?

L'objet de la convocation est l'émission d'un serment sur une Constitution nouvelle. Cette Constitution, sous le titre important de réforme de ce qu'on nomme les anciens abus, embrasse les intérêts les plus précieux pour des Français, ceux de la Monarchie qui les gouverne depuis quatorze siècles, ainsi que les intérêts les plus sacrés pour de vrais fidèles, ceux du gouvernement de l'Eglise, ordonné par Jésus-Christ lui-même et confié par Lui à ses apôtres pour être transmis par eux aux Evêques leurs successeurs jusqu'à la consommation des siècles.

(1) Voir sur cette question : J. Meilloc. *Les serments pendant la Révolution*, publié par les soins de M. l'abbé F. Uzureau, 1 vol. 1904, p. 296-307, 328-150.

Et si, comme il convient, vous portez de suite votre attention sur la nature de l'engagement qu'on vous propose de prendre, vous verrez qu'il doit vous attacher à des devoirs absolument nouveaux, par le lien le plus puissant dans l'ordre des lois humaines, et le plus saint dans celui de la loi divine, par le lien du serment. Vous saurez que celui qui le prononce dépose l'acte de sa foi jurée dans le sein de Dieu même qui y est invoqué comme témoin, et qui reste le Juge suprême de la nature de l'engagement, de sa sincérité et de la fidélité à le remplir.

Ce simple exposé de la grande action pour laquelle vous vous trouvez rassemblés suffit sans doute pour vous faire sentir toute la force de la circonstance, et tout le poids des intérêts majeurs qu'elle vous présente.

Maintenant, se trouverait-il parmi ceux qui m'entendent et qui me comprennent, un homme assez indifférent soit pour commander, soit pour se soumettre aveuglément; ou assez borné pour se presser dans la multitude comme à un spectacle où le seul intérêt consisterait soit à y occuper une place distinguée, soit à y jouir de ce que sa seule nouveauté offre de piquant?

Et moi, qui me suis promis de ne cesser jamais de porter avec honneur le titre de sujet français, de sujet du meilleur des rois; moi qui ai juré dans ses mains, lors de ma promotion à ce siège épiscopal, de lui rester constamment fidèle; et encore, de l'avertir dans ce qui me sera connu des dangers que pourrait courir sa personne sacrée ou sa couronne; moi, placé par mon épiscopat au premier rang pour défendre la religion de Jésus-Christ qui est celle de l'État, celle de ma patrie, celle de mes pères, de quel œil puis-je envisager le vaste plan de cette nouvelle Constitution?

Je ne le déguiserai pas, les premiers aperçus de plusieurs articles présentés comme loi, me pénètrent de profondes inquiétudes sur des objets aussi chers, et les conséquences nécessaires des droits qui en établissent la base, m'inspirent la plus forte résistance sur ce qui rendrait vains mes pre-

miers serments en matière civile; et en matière religieuse
sur ce qui y tend à ébranler l'antique et éternel gouvernement de l'Eglise.

Je le demande sur les objets civils, à la sagesse de l'homme
judicieux et prudent, peut-elle approuver sans réserve un
ouvrage dont les auteurs eux-mêmes avouent la correction
nécessaire sur plusieurs articles; un ouvrage incomplet qui
ne sera terminé qu'après le serment prononcé d'une soumission entière?

J'interroge, sur les objets spirituels, la conscience de
l'homme religieux pénétré des principes de la foi; qu'il me
dise à qui il appartient de prononcer dans l'ordre de la religion? Est-ce au laïque qu'il appartient de tracer la règle
sainte au Pontife? Autant vaudrait voir le justiciable donner la loi à son juge, et l'enfant, l'ordre à son père.

Je finis, en invoquant l'Arbitre Suprême du sort des
empires, principe et source unique du pouvoir légitime, qui
seul peut rendre une nation sage, heureuse par son gouvernement, afin qu'Il me donne, et à mes coopérateurs ainsi
qu'à ceux auxquels je dois l'enseignement et l'exemple,
l'Esprit de conseil et de force, celui de sagesse et d'intelligence, dans les grandes épreuves qui semblent trop annoncées. Et je me restreins dans ce moment-ci à protester contre ce qui attaque essentiellement le régime et l'enseignement de l'Eglise dans la Constitution proposée, ainsi que
les engagements qui lient, de génération en génération,
depuis tant de siècles, les français à notre gouvernement
monarchique et à la race de nos rois; et à promettre une
soumission raisonnée à ce qu'elle renfermera de purement
politique et temporel lorsqu'elle sera terminée, et dans l'ordre de nos premiers engagements conformes à ceux de nos
pères, envers la foi, la loi et le roi.

† P. A., év. d'Avranches.

2º *Réponse à un prêtre qui lui demande des éclaircissements*

M. L. de L. (1) avait bien voulu se charger de vous prévenir, Monsieur, sur l'attente toujours prochaine de quelques éclaircissements que je désirais. Cette attente n'a que trop longtemps suspendu l'empressement que j'avais de vous répondre.

Toute ma sensibilité, ainsi que ma plus tendre gratitude en recevant votre lettre, une lettre qui mérite autant d'être distinguée à tous égards, vous sont assurées, mes expressions n'ajouteront rien. Vous me répétez d'une manière si religieuse, si noble, si touchante, votre ancienne et votre nouvelle confiance ! C'est le cœur qui l'a dictée : c'est au cœur qu'il convient d'y répondre. C'est lui qui vous répond, il répond à des amis, il leur dit, il leur confie tout.

Vous aurez profondément partagé ma peine sur la défection de vos trois confrères. Quelques rapports m'avaient rendu des espérances : de nouveaux éclaircissements ont ajouté encore à la honte de leur défection. D'après leur conviction que j'avais crue inébranlable, et des protestations répétées, je le pense, de bonne foi, pouvais-je craindre la faute inexcusable de leur premier pas? et me serais-je permis de le prévoir? Ce que j'avais véritablement craint pour eux, c'était la suite funeste d'une longue contrariété sur des désirs exagérés qui les minaient sensiblement.

Je me suis proposé d'écarter de moi le reproche: quel mal je leur ai fait ! Dieu a rejeté une mission trop visiblement arrachée. Et moi, suis-je coupable d'avoir cédé? Mais le scandale subsiste, mais leur exemple et la tache qu'il imprimerait nécessairement sur un clergé, dont l'ensemble si pur n'est pas assez connu du diocèse, et plus que tout ma confiance qu'ils ont perdue, et celle de leurs paroissiens qu'ils ont dû perdre !

(1) Nous n'avons pu identifier ce personnage.

Je fais partir trois ecclésiastiques anciennement employés dans les environs; leur présence servira de leçon, et leur conduite de témoignage, et ils consoleront les paroisses par l'exercice du ministère que je leur ai confié.

Non, jamais le début de notre révolution et, dans son cours, les circonstances n'ont été plus critiques (1). Jamais elles n'ont offert à la réflexion l'attente d'un avenir plus important à l'état de la religion dans notre France. Et si le simple conseil présente souvent des difficultés, combien la décision n'en rassemblera-t-elle pas pour ceux sur qui la responsabilité pèse.

Vous avez constamment suivi dans l'intention des usurpateurs du pouvoir le fil des serments, des déclarations, des promesses, en un mot de tous ces engagements successifs dont ils n'ont cessé de tourmenter le clergé, et c'est là qu'il faut les juger. Car le plan de l'impiété ne sera consommé, et celui de la révolte n'aura acquis toute sa force, que lorsqu'ils auront réussi à rendre les ministres de la religion leurs complices, et par eux la religion elle-même, du moins en apparence. Ces usurpateurs savent si bien qu'elle les repousse et que la voix du prêtre, d'après l'enseignement de Jésus-Christ, doit rappeler les Français au titre antique et sacré de leur souverain.

Ah ! si les succès de notre fidèle résistance sont dans les desseins de Dieu sur la France trop coupable ! combien ce triomphe rendrait notre sainte Religion, et nous tous qui sommes ses ministres, de plus en plus recommandables à notre roi, à notre patrie, aux gouvernements légitimes, aux nations sages.

Dois-je vous féliciter sur ce qu'en vous attachant uniquement à la lettre de la loi sur la promesse de fidélité, vous n'avez pas attendu le concours des autorités, dont une,

(1) Mgr de Belbeuf sent la lassitude des esprits, devine leurs dispositions vers la conciliation. Il s'alarme. Ses exhortations deviennent plus pressantes et sont assez souvent fort éloquentes.

étrangère à notre langue, pour vous en faire comprendre le sens grammatical? Cette bien simple intelligence pouvait suffire.

Une promesse solennelle exigée par une loi qui, au dire du rapporteur, n'impose point un devoir nouveau, mais qui concilie tous ceux qu'on avait diversement prescrits; une formule qui ramène toutes les formules précédentes à une seule, plus claire et plus sûre; le sens littéral de ces phrases; celui du mot fidélité, et encore celui de Constitution, pris dans toute son étendue, vous ont montré le projet à découvert. Et, voulait-on le déguiser? je ne le pense pas. L'aurait-on expliqué en des termes aussi précis?

Le point de jugement se reportait donc directement sur le fond de la promesse qui ne peut se prêter que dans le sens connu de celui qui l'impose, et de suite sur ses résultats à prévoir pour ou contre les intérêts du trône et de l'autel, soit unis, soit séparés, soit indépendants; ainsi que sur la conduite à tenir de devoir ou de convenance par les personnes soit laïques, soit ecclésiastiques.

Les autorités établies par Jésus-Christ pour éclairer et pour gouverner l'assemblée des fidèles dans ce que de pareilles matières offrent de purement religieux, les ont discutées; elles ont prononcé contre la soumission. L'exil et l'oppression n'ont pas permis d'en rendre l'accord et la décision authentiques, suivant les formes anciennement consacrées sous la protection des lois. Mais ce qui a été prononcé est connu avec certitude, et d'une manière qui suffit à la bonne foi de celui qui cherche la règle et, conséquemment, à la conscience et à la raison.

J'apprends qu'une érudition inquiète, dont je me défends de présumer les motifs, s'épuise de nouveau en recherches pour arracher des pages de l'histoire sacrée et profane les siècles, les hommes, les monuments, afin de les ajuster au système de la soumission. Comme si la véritable science du vrai croyant n'était pas de connaître d'abord le juge, que Dieu a donné à la science comme à l'ignorance dans l'ordre spirituel, et ensuite de s'y soumettre. Je le répète, il a prononcé, il n'appartiendrait qu'à l'esprit de parti de contredire un fait certain; qu'attend-elle donc encore pour croire et pour se taire?

Un de Messieurs vos confrères, celui qui a pris le soin de vous servir d'interprète, m'a envoyé sur cet objet une excellente dissertation. Il y réunit à la sagesse du zèle et de la fidélité les moyens d'une érudition précieuse. Je m'abstiendrai de lui en faire un compliment, il le rejetterait, je le connais trop bien : les petites vanités qui composent la sottise humaine sont si loin de lui, si loin du talent vraiment recommandable, si loin de son bon esprit; c'est sur cela que je le loue. C'est sur sa loyauté, sur la pureté de son zèle; c'est sur sa soumission hiérarchique, fondée sur la science de la religion, et par là si honorable et du meilleur exemple.

Ce compliment, Messieurs, vous appartient à tous, recevez-le, ne craignez pas de vous le répéter réciproquement comme un encouragement pour la plus grande gloire de Dieu et de son Eglise. Et jugez si l'évêque qui le fait de tout son cœur à son clergé, sur des preuves anciennes et constantes, se trouve consolé et rassuré contre les événements.

Quels seront ceux qui prolongeront notre épreuve, et qui seront encore marqués pour la résignation par la divine Providence? Quels sont ses desseins sur nous? Un avenir incalculable s'étend sur le terme de la révolte toujours également coupable et de plus en plus dangereuse sous ses formes adoucies; elles semblent suffire à une lassitude générale. Son éclat apparent, à cause des ténèbres dont Dieu a frappé l'Europe entière, fascine presque tous les yeux.

Ne voyons-nous pas ceux qui, placés dans le rang suprême, devraient le plus redouter ses criminelles faveurs, s'en saisir avidement? Qu'elles le soient par ceux qu'elle tire du néant, nous n'en sommes point surpris; mais les injustes et honteux dédommagements sont également saisis par ceux qu'elle y plonge; et c'est ce qui ne peut se concevoir.

Quelle force, quelle ressource trouver pour le retour à

l'ordre, dans cet anéantissement du dehors, et cet égarement du dedans? Il faut tout le courage d'une raison supérieure et indépendante de la masse d'une multitude abusée pour se tenir ferme, et, conséquent à ses premiers sacrifices. Il faut l'honneur, et, par dessus, toute la foi et l'espérance chrétiennes.

Je ne vous déguiserai point que des propositions spécieuses, dont un public, qui ne compare et n'approfondit rien, est trop disposé à s'emparer avec sa légèreté ordinaire, nous préparent de grandes contrariétés à essuyer et où la faiblesse serait de la plus dangereuse conséquence. Nous serons jugés, la cause générale sera jugée par l'égoïsme, et nos meilleures intentions seront perverties.

Comme vous plaindrez alors ceux à qui il est réservé de gouverner l'Eglise de Dieu ! vous, nos chers coopérateurs, vous, pasteurs aussi, mais pasteurs subordonnés, vous jouirez du calme que procure le devoir d'être gouvernés; et un abandon qui serait notre crime, sera votre vertu.

Demandez au Ciel, demandons-lui avec plus de ferveur que jamais, pour l'épiscopat et pour le sacerdoce, les grâces victorieuses qui comprimeront la tête du serpent sous la pierre fondamentale de la Cité sainte.

Que nos vœux réciproques se confondent dans le seul bonheur qu'il nous est accordé de connaître et d'espérer.

*3° Lettre à un prêtre, auteur d'un ouvrage sur la Promesse de fidélité à la Constitution*

Oui, mon cher pasteur, je lis comme vous le désirez dans cette âme que vous vous plaisez toujours à dérouler tout entière à mes yeux, la sûreté de l'abandon absolu que vous me faites de votre ouvrage. Vous m'ajoutez que, tel que soit le sort que je lui ferai subir, je n'entendrai, pas même de la part de l'amour-propre, le souffle du plus léger murmure. Je transcris mot à mot ces phrases aimables et consolantes,

pour mieux les graver dans ma mémoire. J'ai lieu de prévoir
que l'intérêt que je vous ai voué me mettra dans le cas d'en
faire usage.

Un pareil sacrifice à la suite d'un travail long et pénible
repousse nécessairement cette attache trop communément
exclusive à ses opinions particulières, et, qui devient si
dangereuse quand elle est jointe au talent; il me confirme
que vous l'avez entrepris sans prétention comme sans
rivalité.

La voilà cette supériorité du savoir dans un prêtre pénétré
de l'esprit de son état. Plût à Dieu ! que l'exemple en eût été
plus général. Combien de plaies, combien de ravages il eût
épargné à son Eglise.

Pendant que vous y mettiez la dernière main, le jugement
si bien préparé par les recherches les plus profondes, par
les mesures les plus imposantes du droit et les plus sages de
la modération et du respect, sous le titre de rect[ification]
Can[onique] et relig[ieuse], venait d'être rendu public;
malgré le soin que j'avais pris de vous en faire passer un
exemplaire par l'occasion la plus prochaine, il ne vous était
point encore parvenu, et ce retard vous a laissé tout le
mérite de votre déférence religieuse pour votre évêque.

Maintenant que, sans doute, cet acte légal vous est connu,
et que vous y voyez ma souscription attachée avec celles
d'un si grand nombre d'évêques, chefs immédiats et essentiels de l'église gallicane, il doit me suffire de vous livrer à
vous-même quelques articles *substantiels*, très *substantiels*
de votre manuscrit; ils céderont, je n'en doute point, à la
conviction comme à l'autorité. Et vous penserez, et vous
publierez que là est le vrai, le seul point d'un ralliement fixe
pour les zélateurs, impatients du retour à l'ordre.

Que ne suis-je à portée de m'ouvrir avec vous sur ces
choses de confiance qu'une lettre ne comporte pas, et qui
viendraient à l'appui des principes, en ce qu'elles font ressortir toute la prescience du divin testateur dans la distri-

bution qu'Il a fait de sa puissance, pour le gouvernement de son Eglise.

Je me promets bien de lire votre lettre le plus tôt possible à M. l'évêque de Lombez que j'ai vu plusieurs fois affligé et inquiet sur ce qui transpirait sourdement de Jersey à votre sujet. Ce prélat vous aime, vous estime, il ne doutera pas de la loyauté des sentiments que vous exprimez d'une manière si touchante, et qui vous ressemblent si bien. Il importe qu'à la suite de l'envoi que vous avez fait de vos opinions à M. l'évêque d'Uzès (1) je lui communique un abandon aussi recommandable. Il les aura jugées sévèrement et j'ambitionne pour vous qu'il sépare l'auteur de son ouvrage. Ne me citez point le trop regrettable évêque de Tréguier (2). Son âme était à découvert pour moi; plus il vous était attaché, plus il aurait attendu, plus il aurait exigé de vous : il aurait repoussé avec son énergie et son tact ordinaire ces fusions pacifiques des principes et des opinions. Vous ignorez que M. l'évêque de la Rochelle (3) a rétracté, il y a longtemps et par écrit, la phrase que vous employez de lui en preuve. Comment, cher docteur, la grande différence qu'il établit lui-même sur une faculté plus que contestée, si elle est prise dans son sens absolu, vous a-t-elle échappé? Différence si évidente? Et la franchise que vous attendez de moi s'étonnera de ce que vous semblez n'avoir retenu que ce faible trait de sa lettre de feu. Toute la vigueur qu'on ne peut trop opposer à tant de scandales d'un genre aussi nouveau qui en préparent bien d'autres, et qui sont si lamentables dans leur source, s'y développe avec

(1) L'évêque d'Uzès était Henri-Benoît-Jules de Béthisy de Mézières que nous rencontrerons plus loin.

(2) L'évêque de Tréguier était Augustin-René-Louis Le Mintier, né le 28 décembre 1729, sacré le 30 avril 1780, mort à Londres le 21 avril 1801.

(3) L'évêque de la Rochelle était Jean-Charles de Coucy, né en 1746, sacré le 3 janvier 1790, archevêque de Reims en 1817, mort à Reims le 9 mars 1824.

la dignité et la mesure qui distinguent un véritable évêque. Vous en avez vu le tableau tracé de main de maître, dans celle de M. l'évêque de Léon (1); l'improbation nerveuse dans celle de M. l'évêque de Blois (2), etc., etc.

Désormais, frappez, lapidez les ennemis de Dieu et de ses fidèles adorateurs, avec ces pierres de l'antique sanctuaire français. Vous voyez que la Providence les a conservées sous leur forme première, et qu'elle les a rapprochées malgré tous les obstacles, pour étayer parmi tant de secousses la clé de la voûte du temple.

Fermez, ah ! fermez, sage pasteur, les livres qui offusquent vos plus simples lumières naturelles au point de concourir, contre votre pensée, à l'intention de l'apostat, intention perfide démasquée par le fait d'écraser les appuis de cette pierre principale par le poids exagéré qu'il a trop réussi à lui prêter. Poids monstrueux qu'il se propose de faire servir à accélérer sa chute.

Que ceci vous suffise, mon cher et bien cher pasteur, je vous ai parlé le langage d'un ami, je le suis, vous n'en douterez jamais.

### 4° *Lettre aux membres du Chapitre d'Avranches*

Vous êtes souffrants, languissants, et vous n'attendez, Messieurs, le retour à la santé, et celui de vos forces que de votre air natal, et de ces ressources locales que toute l'hospitalité de la terre de votre exil ne peut pas vous procurer.

Je partage bien sensiblement vos peines trop réelles et des désirs qui semblent si naturels. Vous n'en pouvez pas douter, si vous repassez sur nos anciens rapports d'intérêt et de confiance, et sur une fraternité (car c'est là le terme qui

---

(1) Mgr de la Marche que nous avons déjà rencontré.

(2) L'évêque de Blois était Hyacinthe-François-Amédée de Lauzières de Thémines, né le 13 février 1742, sacré le 6 octobre 1776, non démissionnaire en 1801, mort à Bruxelles le 2 novembre 1829.

convient uniquement aux sentiments que j'ai voués au Chapitre de mon Eglise) dont les résultats ont été pour nous également précieux et honorables.

L'impression profonde au physique et au moral, en dernier effet d'une longue oppression, voilà ce que j'ai toujours craint pour plusieurs. Une année de disette, qui n'épuise vos faibles moyens, et où les événements désastreux se pressent et se plongent dans un avenir incalculable, en a avancé pour vous le triste dénouement.

Je ne m'opposerai point à vos projets; je voudrais pouvoir satisfaire de même votre attente, et je me livre à votre espérance sur quelques points dont je partage les probabilités avec vous. Mais ces pensées consolantes sont bien troublées. Eh ! comment ne le seraient-elles point par tout ce que nous avons vu et ce que nous voyons, et encore par tout ce qu'il importe de prévoir? Il est si sage de ne pas nous le déguiser.

Ces lois pénales que nous avons vu porter contre nous ne sont point révoquées. Les moyens de la vie, dans la rigueur du mot, ne nous sont point assurés. La justice, la protection, le repos même n'ont point de garantie. Nous voyons le contraire évidemment dans le nouvel établissement de tribunaux dits spéciaux. Cette mesure menace plus directement celui dont le devoir actif réprouve les crimes appelés lois du gouvernement. Leur attribution est la mort prévôtalement et sans appel. La mort la plus inévitable et la plus prompte restera donc suspendue à tous les instants des jours et des nuits sur l'homme paisible qu'on voudra juger coupable. On a mandé que notre ville était le lieu désigné pour le tribunal spécial de la Manche.

Et que ne peut-on pas prévoir sur l'exigence de la promesse à la Constitution? Ne poursuit-elle pas bien plus que la vie? La fidélité du sujet, l'honneur, le véritable honneur, la sincérité de l'homme droit, la probité de celui qui est simplement juste, la conscience du chrétien qui est conséquent à la doctrine de l'Evangile. Tous ces devoirs se cumu-

lent dans le prêtre avec le devoir de la soumission hiérarchique à la règle qui lui est tracée par son évêque.

Il est constant que la presque totalité connue des évêques
français la proscrit. Il en est de même de l'unanimité de la
Congrégation des Cardinaux assemblée à Rome pour la
discuter et la juger. Et que sa décision a été consentie par
le Souverain Pontife.

Cinq lettres de M. le Cardinal Maury en font foi. On
sait qu'il est le cardinal protecteur pour la France à
Rome. La première lettre à M. l'évêque de Nancy (1),
ministre de notre roi à Vienne, avec l'invitation d'en faire
part aux évêques ses confrères. J'ai lu dans la lettre de ce
prélat à M. l'évêque d'Uzès (2), l'article transcrit, mot à
mot, de celle écrite de la main du cardinal.

Deux autres qu'il a également écrites à M. l'archevêque
de Reims (3) dans les mêmes termes, dont M. l'archevêque
de Reims nous a fait passer les endroits : je les ai lus de la
main de cet archevêque.

Une quatrième à M. l'évêque d'Uzès du même cardinal
tout entière de sa main. Je l'ai lue ; et cinquième (4) du
même à M. l'évêque de Moulins (5), où j'ai lu la même

(1) Anne-Louis-Henri de la Fare, né le 8 septembre 1752, sacré
évêque de Nancy le 13 janvier 1788, député aux États Généraux, non
démissionnaire en 1801, archevêque de Sens en 1817, pair de France
en 1822, cardinal en 1823, mort le 10 décembre 1829. On a une correspondance intéressante de lui aux Archives Nationales, F7 6156 et 6261
et aux Archives du château de Chantilly.

(2) Henri-Benoît-Jules de Béthisy de Mézières, né le 28 juillet 1744,
évêque en 1779, député aux États Généraux, non démissionnaire en
1801, mort à Londres le 8 août 1817.

(3) Alexandre-Angélique de Talleyrand-Périgord, né à Paris le
16 octobre 1736, coadjuteur de Reims en 1766, archevêque en 1777,
député aux États Généraux, non démissionnaire en 1801, archevêque
de Paris en 1817, mort à Paris le 20 juin 1821.

(4) Ces lettres ne se trouvent pas dans la *Correspondance de Maury*.
Des allusions sont faites à cette question, *op. cit.*, t. I, p. 404-406.

(5) Etienne-Jean-Baptiste-Louis des Gallois de la Tour, évêque
nommé de Moulins. *Correspondance de Maury*, t. II, p. 18, 19, 78
170, 174, 290.

proscription de la phrase, répétée sous la même qualification d'*illicite* et *impraticable*. Et on vient de me communiquer une phrase transcrite par M. l'évêque de Luçon (1), extraite d'un bref que le Saint Père (2) lui a directement adressé. Ce prélat était porté pour la soumission. J'ignore si ce bref est une discussion quelconque. *Verum obstat nova fidelitatis formula.*

C'est sur ces bases que la bonne foi, ainsi que la vraie foi ne peuvent pas récuser, que j'ai établi la défense expresse de prêter cette promesse, et que le Conseil de l'administration de mon diocèse refuse tous pouvoirs à ceux qui cèdent lâchement.

Quelques soumissionnaires veulent objecter que cette décision de toutes les autorités spirituelles n'oblige point en ce qu'elle n'est pas légalement proclamée. Mais n'est-elle pas suffisamment constante pour celui qui cherche en vrai fidèle la règle de sa conscience? Les formes n'ajoutent rien au fond d'une vérité évidente. D'ailleurs celle-ci est authentique, de la seule manière que la dispersion des chefs de l'Eglise gallicane et l'oppression du chef de l'Eglise universelle, rendent praticable. Il n'est pas permis d'ignorer qu'il est impossible qu'elle le soit suivant les formes anciennement consacrées sous la protection des lois.

Il paraît qu'on exige cette promesse plus généralement que nous ne nous en étions flattés. Ce trop regrettable abbé de Vri (3) était en arrestation pour l'avoir refusée. La constance de son estimable confrère le retient encore dans la même arrestation, après qu'il s'y est si généreusement livré pour le secourir; et les deux autres n'y ont échappé que par la fuite. Vous savez sans doute aussi qu'il faut être déter-

(1) Marie-Charles-Isidore de Mercy, né en 1736, évêque en 1776, député aux Etats Généraux, mort le 22 février 1814.

(2) Ce bref ne se trouve pas dans Theiner : *Documents inédits relatifs aux affaires religieuses de la France de 1790 à 1800.*

(3) Vraisemblablement de Vaufleuri, curé de Barenton.

miné à s'y prêter si on a le projet de réclamer les pouvoirs constitués soit contre quelque injustice, ou pour quelque intérêt, ou pour se défendre de quelque vexation, c'est la condition préliminaire et absolue.

M. Trouvé (1), qui, d'après votre lettre, a été dangereusement malade, et dont la convalescence est traînante, partira, s'il le juge à propos, avec vous. Dans ce cas il communiquera à son arrivée le plus tôt possible avec le Conseil d'administration. Il lui marquera, ou qu'il aura échappé à la demande de la promesse, ou qu'il l'aura refusée. Et c'est comme cela qu'il en sera, jusqu'à la réponse du Conseil, des pouvoirs que je lui avais confiés, même de ceux qui, dans l'usage ordinaire, se nomment réservés. Je ne peux pas oublier les preuves qu'il a données de son zèle dans un genre pénible, ainsi que ses sacrifices. J'espère de la Bonté divine qu'ils lui mériteront la grâce de se résigner de même à ceux qui ne sont que trop préparés au zèle, même à celui qui ne passera pas la borne de la sagesse et de la prudence religieuse.

Ces pouvoirs pourront être utiles sur sa route aux fidèles qui réclameront les avantages de l'occasion : la persécution, qui ne cesse de poursuivre les prêtres connus et recherchés sous le nom *des bons prêtres*, la rend trop souvent aussi rare que précieuse.

Je dis la persécution, elle est constante, et plus dangereuse sous ses formes moins révoltantes. Comment s'y tromper? Les éléments qui l'ont consommée ne sont-ils pas toujours les mêmes?

M. Corbin (2) s'est toujours prêté de la manière la plus

(1) Guillaume-Robert Trouvé était chapelain de l'hôpital d'Avranches, s'exila, rentra en France en l'an X, resta à Avranches comme simple prêtre. C'est ainsi qu'il est désigné dans l'état du sous-préfet de l'an XIII.

- (2) Il s'agit vraisemblablement de l'abbé Corbin qui faisait partie du Chapitre d'Avranches avant la Révolution. Il rentra à Avranches en l'an X et y séjournait en l'an XIII.

recommandable aux fonctions du saint ministère dans le tribunal de la pénitence ; je l'invite à continuer d'user des mêmes pouvoirs que je lui avais donnés, soit sur sa route, soit dans les lieux de mon diocèse où il séjournera, soit dans ceux où il y fixera son asile. Je n'appuierai point sur le désir que j'aurais qu'il acceptât du Conseil, qu'il voudra bien prévenir, une mission plus particulière.

Vous, Monsieur, qui avez été l'interprète du désir qui vous est commun, vous vous êtes toujours abstenu, par une délicatesse dont j'honore les motifs, de fonctions que vous auriez parfaitement remplies. Les circonstances pourront forcer votre réserve sur ce point. Une voix souffrante et dénuée d'un secours prochain, qui vous appellerait, serait sûrement entendue du cœur sensible et religieux que je vous connais. Je prévois que vous ne pourrez pas vous dispenser d'accepter, du Conseil d'administration, des pouvoirs pour l'occasion, et encore au-delà, dans une privation dont la vigilance pastorale gémit, en se jugeant, avec trop de raison, subordonnée à la prudence.

Je désire, si le Conseil n'y a pas pourvu, que M. Trouvé, rendu à la santé et aux forces qui suffiront à son zèle, soit employé sans retard dans le canton de la Landelle (1) pour y partager le travail de M. Chevalier (2) qui s'y épuise, et qui succomberait infailliblement. Vous voudrez bien me faire part de vos résolutions ultérieures ainsi que de nos arrangements.

Recevez, etc.

P. S. — Depuis cette lettre écrite, on me fait passer l'extrait authentique d'une lettre du cardinal Antonelli à un

---

(1) Quel est ce canton de la Landelle ? Il n'en existe aucun de ce nom dans le département de la Manche. Il y a deux communes : Saint-Martin et Saint-Brice de Landelle qui existent dans le canton de Saint-Hilaire-du-Harcouët.

(2) Il s'agit vraisemblablement de François Chevalier de Tirepied, ordonné prêtre en 1790, qui resta caché dans le pays. Il se trouvait en l'an XIII à Tirepied.

évêque français, envoyée de Munich sous la date du 12 janvier 1801.

M. le cardinal était le président de la Congrégation des cardinaux. La phrase extraite de la lettre est comme il suit :

« La Congrégation des cardinaux vient de décider una-
« nimement qu'il n'était pas permis de faire la promesse,
« le Pape la réprouverait formellement et par un décret,
« si la prudence et les circonstances lui permettaient de
« s'expliquer.

« Rome, 19 novembre 1800. »

Depuis encore, je viens de lire, en original, une réponse de M. le cardinal Maury à une lettre dans laquelle M. l'évêque d'Uzès lui faisait part des doutes que l'esprit de parti avait réussi à jeter pour plusieurs sur l'authenticité de ses lettres, et même de la dénégation absolue que quelques journalistes s'étaient permis de faire de leur existence.

Ce cardinal y relate toutes ses différentes lettres comme je les ai rapportées ci-dessus, ainsi qu'une lettre qu'il assure avoir écrite dans les mêmes termes à M. l'évêque de Narbonne du temps de sa première lettre à M. l'évêque de Nancy. Celle de M. l'évêque de Narbonne ne lui est point parvenue. Il certifie l'assertion qui se trouve la même dans toutes ses lettres, et il défie qu'on réussisse à la contredire.

Il répète avec M. le cardinal Antonelli qu'une prudence, qui importe au plus grand bien de la religion ne permet pas, dans ces moments difficiles, un autre genre d'authenticité, et que leur imposante contrariété, qui est notoire, est telle qu'elle imprime le caractère public d'une assertion positive à ce raisonnement négatif.

Si, en résultat de l'examen de la Congrégation, son opinion et celle du Saint Père avaient été favorables à la promesse, tous les intérêts auraient concouru à lui donner le plus promptement possible le sceau de la publicité la plus solennelle. Peut-on se refuser à sentir combien elle aurait été agréable au pouvoir qui exige la promesse ? Ce genre de publicité ne lui a point été donné, le résultat en est donc en sens contraire. Et par une seconde conséquence aussi évidente cette mesure du Saint Siège devient une décision certaine pour ceux qui s'y sont référés, ou qui l'attendent de bonne foi.

# CHAPITRE XII

## L'adversaire du Régime Napoléonien et du Concordat (1800-1803)

---

### SOMMAIRE

I. *Ce qu'il faut penser de Bonaparte et de ses institutions.* — L'insuccès des Constitutions républicaines. — Bonaparte ne peut être un appui du catholicisme. — Un usurpateur ne saurait fonder rien de solide.

II. *Les vices du Concordat.* — Ses origines. — Ses tendances, une nouvelle église constitutionnelle. — Ses hardiesses. — Jusqu'où s'étend la primauté du Souverain Pontife.

III. *Curieuses poésies.* — La démission de l'évêque de Lescar, le Bref du Pape.

### I

#### 1° *Réflexions sur Bonaparte*

C'est en vain qu'on cherche à éblouir par les exploits de Bonaparte, qu'on vantera la jeunesse de son gouvernement, qu'on parlera des vertus qu'il doit montrer, et du bien qu'il se propose de faire.

C'est en vain qu'on me vante l'inébranlable fermeté du régime actuel; je n'y vois toujours qu'une république d'ombres chinoises, qu'un gouvernement d'opéra. Au premier coup de sifflet nous verrons encore changer la scène; la moindre circonstance changera les acteurs et les rôles...

... Une expérience de dix ans nous a éclairés sur le système que l'on vous propose, et chacun peut enfin juger par ses propres lumières la doctrine de ces éternels novateurs. Dès le principe de la Révolution française on nous annonça que nous allions être gouvernés d'après les chefs-d'œuvre de la législation humaine.....

... Tous les partis ont échoué dans cette grande entreprise; quatre Constitutions ont été présentées dans l'espace de huit années; on nous a fait tour à tour jurer de les observer, et de les enfreindre; chacune d'elles a été proclamée comme le chef-d'œuvre du génie et comme le signal de la prospérité; elle était ensuite abolie comme un monument d'ignorance, et comme la source de nos malheurs. Tant d'épreuves malheureuses ont déchiré le voile; tant de serments prostitués à chaque changement de scène, à l'usurpateur du jour, et démentis le lendemain, impriment au prétendu gouvernement le sceau ineffaçable de la révolte contre l'autorité légitime.

La France n'est plus pour nous que cette vaste plaine qu'Ezéchiel vit couverte d'ossements entassés.

### 2º *Nouvelles considérations sur l'usurpateur*

Un usurpateur, un chef de révoltés, ne peut pas désirer de bonne foi l'exercice et la profession libre d'une religion qui le condamne, et dont les commandements proscrivent ses lois. Il reste donc évident que tout ce qu'il semble faire pour cette religion n'est qu'une tolérance précaire, insidieuse et intéressée. Il sait trop bien que la multitude s'abandonne aux apparences, il se les est données et malheureusement avec succès. Les lettres qui se multiplient, et qui sont plus généralement adressées par des hommes du peuple aux différents membres du Clergé, en offrent la preuve certaine.

Je lis, Monsieur, dans celle dont vous m'envoyez la copie, et qui est cependant d'un homme sensé, et pénétré de bons sentiments : Bonaparte, qui a su se concilier tous les esprits, permet aux Français la liberté des cultes, sans faire dominer aucune religion. Grâce à Dieu, nous jouissons de notre Sainte Religion aussi librement qu'il y a dix ans.

Et voilà le texte presque général et dans le même sens, en des termes différents, de la plus grande partie des lettres qui me sont communiquées. On ferait des volumes sur cette seule citation et sur ses conséquences soit politiques, soit religieuses. Je m'attache uniquement à quelques réflexions qui ne doivent pas échapper à la plus simple observation comparée à des souvenirs qui sont encore si près de nous.

Bonaparte !... Ce n'est donc point Louis XVIII, ce successeur seul légitime de tant de rois de son sang, ce n'est plus le nom de Bourbon, ce nom si cher aux Français. C'est celui d'un étranger qu'on prononce avec une confiance, avec une reconnaissance que l'existence la plus assurée, que de longs et constants bienfaits inspireraient à peine. Ses bourreaux, ses prisons, le sang de nos frères qu'il prodigue pour cimenter son usurpation et sa fausse gloire, ses lois de proscription et de mort, tout ce qui le condamne, tout ce qui l'avilit est oublié, et avec quelle facilité.

Il a su se concilier tous les esprits.... C'est dans le cercle étroit d'un village, d'un canton éloigné du centre des intérêts, des rivalités, des intrigues, que de simples particuliers prononcent ainsi la lâcheté supposée de la totalité des Ordres de l'Etat; de ceux qui, par devoir comme par sentiment, sont plus particulièrement les appuis de notre antique monarchie, et de la vraie foi, qui fut constamment celle de nos pères.

Sans doute il se concilie les esprits de tous ceux dont les crimes seraient effacés par le crime consommé de son usurpation, et dont la fortune particulière se forme du malheur général; et peut-être aussi de ces hommes dont le ressort est brisé par des souffrances dont la plaie saigne encore, et qui s'abusent sur la main qui, bien loin de la guérir, la rendra plus incurable. Non, ce nombre ne représente point la véritable nation française. On sait au contraire que, dans son pénible silence forcé par les circonstances, son cœur appelle Louis XVIII.

Il permet aux Français la liberté des cultes… Bonaparte permet à des Français ! ! ! et encore que leur permet-il sous cette vague dénomination? C'est l'insouciance la plus absolue du culte qu'il établit, c'est un respect ou plutôt un mépris égal pour tous les cultes qu'il commande. Et c'est à ces mêmes Français dont les rois se font un titre d'honneur de régner sur un peuple très chrétien.

L'autel de la patrie, dont les dieux sont la liberté, l'égalité, la raison, est proclamé autel national; il permet que l'autel du vrai Dieu élevé par la Révélation soit replacé, c'est-à-dire qu'il s'abaisse à ses côtés. Il veut qu'il y reste confondu avec celui qui n'en fut que la figure, ainsi qu'avec ceux que l'hérésie a dégradés, que le schisme a souillés, de même qu'avec tous ceux que la démence et l'imposture ont pu et pourront enregistrer par la suite… c'est dans l'ombre, dans l'ombre seule que nos autels y conserveront leur base divine, leur véritable majesté, leur pureté. Sans faire dominer aucune religion… C'est un axiome confirmé par l'expérience de tous les temps que toute religion, point de religion; il se trouve gravé en lettres ineffaçables sur les différents masques sous lesquels ce Bonaparte se joue de Dieu et des hommes.

.. Grâce à Dieu nous jouissons à présent de notre sainte religion aussi librement qu'il y a dix ans… Grâces soient rendues à Dieu pour les afflictions comme pour les consolations qu'il nous envoie. Tout ce qui nous vient de sa main est toujours un bienfait dans l'ordre de sa grâce.

Mais ce n'est point dans ce sens que cette phrase vous est écrite. On méconnaît l'épreuve qui se prolonge, et le châtiment qui pèse sur nous.

Le chant est permis, et la parole de l'instruction est soumise à une surveillance humiliante et sévère d'hommes sans foi. Les amendes sont prononcées; les fers, le bannissement attendent le ministre saint qui osera proscrire, au nom du Dieu de l'Evangile, la violation de nos premiers serments; l'abus, le crime de ceux qu'on ne cesse d'y substituer sur ce théâtre changeant de la même révolte contre l'autel et le trône; l'usurpation de celui-ci, l'envahissement des propriétés, le vol sacrilège des biens consacrés à Dieu, à l'humanité souffrante, le scandale honteux du divorce, de l'usure. Les cloîtres sont ouverts, ils restent déserts; et on ne voit pas que c'est la même impiété qui en a brisé les portes, qui continue de repousser ceux, que des vœux, indissolubles par la puissance humaine, y rappelleraient, si la liberté leur était véritablement rendue.

Et c'est là ce qu'on appelle la religion de la France telle qu'elle était il y a dix ans? Combien d'autres détails en démontrent la dissemblance ! Et on fait d'une pareille illusion le principe de toutes les invitations pour un prompt et général retour, de toutes les assurances de sûreté pour les ecclésiastiques, le gage certain de leur existence, de l'exercice entier et publiquement libre de leurs fonctions, des devoirs de leur ministère, ainsi que de tous les avantages que la religion s'en promet.

Eh ! quoi? Ce peuple dont nous sommes demeurés les guides et les maîtres dans l'ordre spirituel, serait confirmé dans ses illusions par un empressement trop irréfléchi, trop imprévoyant. La loi cruelle de notre proscription n'est pas révoquée, elle nous poursuit, il ne peut pas l'ignorer. Dans la peine qu'il en éprouve, l'exemple de notre résignation sur la plus sensible de nos privations, celle de le consoler, de le confirmer dans la foi, donne à la prolongation de notre exil la force de la parole. Car comment douterait-il de nos vœux pour lui être rendus, pour l'être à nos devoirs, et encore à notre inclination? S'il ne sent pas assez que la tolérance incomplète du moment n'est qu'un piège politique, notre réserve devient peut-être la seule leçon qu'il soit capable de comprendre sur ce point.

Ne soyons point à son égard, nous dont le ministère n'est

point l'ouvrage de l'homme, ce que ces simulacres, que le Psalmiste peint si bien, sont pour les nations. Ils ont des yeux et des oreilles, et l'impression des objets et des sens demeure perdue pour eux. Leurs mains se refusent à saisir les choses les plus palpables et leurs pieds à former une marche assurée. Comment distingueront-ils le parfum d'un encens pur, et comment enseigneront-ils à ne pas le confondre avec celui qui ne donne qu'une fumée qui dérobe la lumière? Ils sont privés de l'usage de l'odorat, ils le sont également de celui de la parole.

Donnons-nous encore une mesure de temps quelconque pour mieux assurer nos pas, et pour faire usage de nos autres facultés; le sort de la religion en France y est trop intéressé. Voici ce que pense à ce sujet M. le cardinal Maury chargé des affaires du clergé de France par le Pape et par le roi. J'en vais transcrire l'article d'une de ses lettres datée de Rome du mois dernier:

« On croit être persuadé, quand on n'est que las de souf-
« frir. Le zèle qui se livre sans le savoir à toutes ces pusil-
« lanimes illusions de l'égoïsme, devrait pourtant compren-
« dre, devrait du moins voir que notre exil n'a nullement
« affaibli la foi en France; que nos malheurs y ont au con-
« traire fort accrédité la religion, et que notre absence elle-
« même y plaide puissamment sa cause. »

Je finis, Monsieur, cette longue lettre par cette citation très remarquable et par l'assurance de....., etc.

Vous ne manquerez pas de la communiquer à ceux de Messieurs vos confrères qui auront reçu des lettres du genre de celle que vous m'avez transcrite. Il convient sans doute de mettre de la sensibilité et de l'empressement dans les réponses; il convient aussi de faire sentir, dans une mesure sage et prudente, l'indispensable nécessité des sacrifices réciproques que la Providence qui veille sur eux et sur nous conseille évidemment encore.

### 3° *Vues sur les événements présentées au clergé du diocèse d'Avranches*

Messieurs, j'ai désiré de vous rassembler, pour vous donner, sous un cours inouï d'événements qui multiplie les difficultés, sur des objets toujours essentiels et souvent pressants, une nouvelle preuve de la sollicitude qui m'est commune avec mes confrères, ainsi qu'une marque, qui me devient particulière, de l'attachement que je vous ai porté. Ces sentiments vous sont trop justement acquis par les témoignages constants d'intérêt et de confiance dont vous ne cessez de me combler, non seulement comme votre chef et votre guide dans l'ordre hiérarchique, mais encore comme votre ami. Vous savez combien ce dernier titre m'est cher, et vous n'ignorez pas la sensibilité qui me pénètre lorsqu'on me répète que vous vous êtes servis de cette expression en parlant de mes rapports avec vous.

Je me flatte, et vous ne me désavouerez pas, de vous avoir convaincus dans toutes les occasions de mon active attention à vous faire rendre l'honneur qui vous convient, à prévenir tout ce qui aurait pu le ternir, tout ce qui aurait pu troubler votre repos, et plus particulièrement depuis que des circonstances désastreuses pèsent sur vous. J'ai porté ces soins, qui font mon devoir le plus doux dans notre exil, et, le seul qui me console de ceux que je suis privé de remplir, jusqu'à une fermeté, je pourrais dire jusqu'à une inflexibilité qui contrariait cruellement plusieurs d'entre vous; jugez avec quel effort sur moi, qui ne pouvais qu'approuver intérieurement et partager profondément le motif si pur, et si respectable de la contradiction que vous éprouviez de ma résistance! les suites l'ont trop justifiée; vous ne me désapprouverez point si j'ajoute qu'elles ont dû vous la rendre précieuse.

Un nouvel ordre de choses, si on peut donner ce nom à

une nouvelle scène de désordre qui bouleverse notre malheureuse France, nous menace de nous replacer dans cette agitation, dans ces doutes, dans ces désirs inquiets et pénibles qui s'emparèrent d'une portion considérable du clergé réfugié sur cette terre, lorsqu'à l'époque du mois de septembre 1797 une ombre perfide de paix en aveugla une grande partie.

Une ombre peut-être plus perfide encore se montre; elle enveloppe un usurpateur nouveau du sceptre de nos rois; celui dont il semble que l'impiété et les forfaits soient déjà oubliés, et dont le masque qu'il a dédaigné tant de fois lui-même trompe encore, et depuis trop longtemps, et trop généralement, la plus inconcevable crédulité. Le sage, dans les Saintes Ecritures, n'a-t-il pas vu l'impie élevé comme lui à la hauteur des cèdres du Liban — il est passé — déjà il n'était plus !... et en vain on en a cherché la trace.

Il est du devoir des premiers pasteurs de faire jaillir la lumière qui doit éclairer le simple fidèle comme le prêtre, du sein de cette ombre dont les formes séduisantes ne déguisent que mieux la vapeur pestilentielle. Sous cette enveloppe, l'usurpateur trop adroit s'essaye, et déjà il a trop réussi, à aveugler plusieurs d'entre les ministres saints, droits et purs avant cette erreur d'un zèle égaré.

Le vrai zèle, toujours respectable, quelquefois même dans ses écarts, prend souvent, en se livrant avec trop de facilité à la pente habituelle, l'empreinte d'une nature dégradée par le péché : froid ou ardent, facile ou sévère, inquiet ou imprévoyant, timide ou présomptueux, tout cela sans mesure, et suivant le caractère particulier de chacun, s'il n'est soumis à des règles, et s'il n'est dirigé dans sa marche par ceux qui ont été constitués pour la tracer. Mais, quoique défiguré et presque méconnaissable sous ces traits, je ne le confondrai pas avec le faux zèle, toujours condamnable.

Messieurs, je nommerai, mais à regret, mais avec douleur, le zèle insubordonné. Et en distinguant les coupables dans

Colonne érigée à l'entrée du vieux cimetière Saint-Pancrace

la masse si édifiante d'ecclésiastiques français réfugiés comme vous et parmi vous, je n'en ferai l'injure à aucun de ceux de mon diocèse. Je le dénonce sous ce nom à tous ces prêtres, à tous ces pasteurs d'autant plus vénérables qu'ils s'honorent de la dépendance religieuse. Si on peut donner le titre de zèle à la chaleur désordonnée d'un orgueil exalté qui s'agite et qui répand hautement qu'il ne connaît point d'autorité supérieure à un devoir évident.

J'interpelle cet orgueil doctoral, et je lui demande : Quel est celui qui a prononcé l'évidence du devoir? C'est lui seul... c'est le factieux lui-même : puis-je le désigner autrement, quand je le vois occupé à s'attirer un nombre de prosélytes ? Il coloré à leurs yeux du titre décevant de premier d'entre les devoirs sacrés ce qui présente évidemment une marche profane, conséquente à des vœux et à des intérêts qui tiennent sans doute plus à la terre qu'au ciel; et lorsqu'il les aura entraînés dans sa funeste indépendance, on le verra s'étayer de leur nombre.

On le verra tenter de se reporter avec eux dans ces murs qui furent les témoins de nos trop lamentables assemblées primaires, pour essayer d'y tracer de nouveau leurs noms que les larmes des pénitents, les sueurs des confesseurs de la foi et le sang des martyrs auront effacés.

Hélas ! lorsqu'une fatale expérience, lorsque la leçon si puissante du malheur demeureront sans effet pour eux, il suffirait peut-être de la voix de leurs évêques pour les maintenir ou pour les rappeler à la règle ; mais, ou ils sont trop éloignés, ou la mort les a enlevés, ou ils sont tombés sous les coups des bourreaux. Ils rapprendraient, probablement, sans de longues et pénibles études, ce qu'ils savaient si bien, ce qu'ils ont répété avec tant de conviction, que l'épiscopat est un, et que jamais il n'est absent ni vacant, ni oublié par celui qui y croit, qui le recherche, et qui se propose de lui rester fidèle.

Dans ces temps heureux où la voix des agitateurs était ou contenue, ou réprimée, ou sans crédit et sans puissance, ne se faisaient-ils pas un devoir de proclamer ces principes sur lesquels la sûreté de celui qui enseigne, comme la foi de celui qui est instruit, reposent également?

Peut-être, Messieurs, qu'ils tenteront de vous attirer à eux, en mettant en jeu les ressorts les plus puissants. D'abord ceux du raisonnement. Quand l'argument attaque la conscience, et qu'il est spécieux, et qu'il réussit à la troubler, le scrupule qui s'y attache ne sait point y démêler le sophisme. 2º Les élans de l'âme : la vôtre se reporte si habituellement à ce que vous avez laissé dans notre infortunée patrie, où ceux qui vous furent confiés, et qui s'y conservent dignes de votre estime, ne peuvent cesser de vous désirer, de vous réclamer, et où encore ceux qui vous ont méconnus, ou qui trop jeunes alors ne vous ont jamais connus, intéressent toute votre pitié ainsi que tout votre zèle. 3º Les affections du cœur. Un sentiment plus vif et plus pressant en distingue sûrement plusieurs sous le rapport de la religion, de la vertu et des mœurs, sous celui de la reconnaissance, de l'amitié, d'un juste intérêt; et dans l'ordre de la nature, sous tous ces rapports.

Ils se garderont bien de vous rappeler des sacrifices, et de faire valoir des intérêts sur les objets temporels, qu'ils appuieraient sur des exemples vrais ou controuvés, ainsi que vos privations, vos besoins et vos souffrances, malgré les secours de ce gouvernement hospitalier. Ils vous rendront trop justice pour supposer que ce seraient là des points de séduction pour vous, et ils craindront les tournures indiscrètes qui feraient tomber leur masque, ou qui le laisseraient pénétrer trop facilement.

Il importe donc, et uniquement, de vous prémunir, de vous fortifier contre les attaques trop dangereuses, en vous mettant à portée de juger de vos devoirs et des intérêts du saint ministère, comparés aux aperçus que présente la nouvelle scène de notre révolution, par une discussion aussi franche qu'elle est complète pour la raison à qui elle doit suffire, et pour la sagesse qu'elle doit satisfaire.

La Providence a permis qu'un nombre assez considérable d'évêques se trouve réfugié ici, avec le rassemblement le plus nombreux du clergé dispersé du second ordre; qu'il leur soit facile de se concerter avec lui; et que ces successeurs des apôtres à qui Jésus-Christ a promis d'être avec eux jusqu'à la consommation des siècles, et l'assistance de l'Esprit Saint avec ses dons de sagesse et d'intelligence, de conseil et de force, de science et de piété, soutenus par cette confiance, et forts de cette parole, fixent les opinions et déterminent la règle.

De quelle consolation une pareille ressource n'est-elle pas pour le ministre de son Eglise comme pour le peuple fidèle !

Et voilà comme quelques mots seulement, prononcés avec toute l'énergie de la vérité, avec tout le courage d'une conviction fondée sur cette base inébranlable du gouvernement spirituel, trancheraient sans réplique toutes les difficultés. De ces mots, hélas ! qui, s'ils eussent été plus généralement répétés, auraient prévenu tant de chutes, tant de scandales, dans le cours de notre révolution; et qui furent traités par l'orgueil révolutionnaire d'expressions vieillies, dégradant la dignité sacerdotale ainsi que les droits de la raison; de ces mots qui, dans les jours du deuil de l'Eglise, où l'on voit l'arche sainte profanée et les tables de la loi souillées par des mains sacrilèges, doivent se lire sur les lèvres du prêtre.... *recourons à nos évêques; ils nous sont donnés pour guides. Attendons qu'ils nous parlent, et nous répéterons leurs paroles à ceux à qui nous devons l'enseignement ainsi que le compte de nos actions; nous suivrons la voix de ces premiers pasteurs, nous nous appuierons sur eux, et le simple fidèle appuyé comme nous sur cette chaîne hiérarchique, dont le premier chaînon est tenu par la main de notre divin Instituteur, sera assuré de ne jamais placer un seul pas à faux, avec nous, qui puisse l'égarer.*

Messieurs, c'est avec une complaisance aussi touchante pour moi qu'elle est religieuse dans son principe, que je me tiens certain, en repassant sur les différentes époques de mon épiscopat, qu'au temps de l'épreuve, ces phrases se verront gravées sur vos lèvres, comme le sentiment en est imprimé dans vos âmes.

Et par une conséquence bien naturelle, avec quelle assurance dans toute votre attention, et quelle confiance dans votre assentiment, je vais de suite vous lire le sujet de notre sollicitude, nos inquiétudes, nos peines, nos discussions, et leur résultat soit comme réflexion, soit comme jugement, ou simplement comme règle provisoire.

J'ai dit, Messieurs, avant de commencer cette lecture, qu'elle vous offrirait une discussion aussi franche qu'elle deviendrait complète pour la raison à qui elle doit suffire, ainsi que pour la sagesse qu'elle doit satisfaire ; et sans doute vous n'y aurez pas méconnu ces caractères précieux. Mais quel nouveau, quel grand caractère s'y est attaché, quand je vous en ai présenté le résultat empreint du sceau de vos premiers pasteurs.

Maintenant, qu'on vous occupe tant qu'on voudra des discussions de quelques sociétés, j'ai pensé dire de quelques coteries particulières qui s'agitent sur ces importants objets, elles seront vaines pour vous si elles n'offrent que des difficultés sans solution ; elles vous sembleront au moins dangereuses pour peu qu'elles s'écartent du résultat que je viens de vous communiquer, et vous les jugerez décidément coupables si elles déterminent une conduite opposée.

J'entends répéter que plusieurs, je sais que cette pensée est loin de vous, proposent de s'en rapporter, pour fixer leurs opinions, à des ecclésiastiques qui passent pour recommandables par leurs vertus et par leur instruction.

A Dieu ne plaise que j'improuve ; j'approuve et j'excite au contraire qu'on cherche à s'éclairer par ceux dont la lumière est pure. Mais c'est par l'assurance de leur soumission à l'autorité légitime, qu'ils mettront en tête de la discussion, et qui en fera la conclusion, quel que soit leur avis, que vous reconnaîtrez s'ils sont dignes de leur réputation, et si leur science est la vraie science; car rien n'en serait vrai en pareille matière si leur marche sur la ligne hiérarchique n'y était pas conséquente.

Grand Dieu ! jusqu'à quand, après tant de funestes leçons d'une expérience qui nous rappelle à tant de faux pas, dont le dernier fut le crime, entendra-t-on encore répéter ces propos perfides lorsqu'ils sont l'expression d'une confiance exclusive, de cette même confiance qui, trop généralement trompée, déchire le sein de l'Eglise ? Eh ! quoi ? tandis que la plaie saigne sous nos yeux, on oserait s'y livrer de nouveau ?

N'est-elle donc pas assez évidemment réprouvée par le divin Instituteur du gouvernement spirituel, cette trop fatale confiance exclusive en des hommes dont le titre sans doute est sacré et vénérable, mais toujours subordonné dans l'ordre hiérarchique?

Prions ce Dieu de lumière, nous tous qui sommes ses ministres, pour qu'il ouvre enfin les yeux de ces aveugles volontaires, et pour qu'il pénètre leur esprit et leur cœur des dons de sagesse et de conseil. Alors nous aurons la consolation d'entendre prononcer, par une acclamation générale, les paroles que j'ai mises tout à l'heure dans la bouche du clergé fidèle, et qui ne cessent jamais, avec la grâce de Jésus-Christ, d'être l'édifiant langage du clergé du diocèse d'Avranches.

## II

1º *Méditations sur le Concordat* (1) *suggérées au clergé*

Je ne dirai point à l'ennui : dissipez, passez; à l'intérêt : satisfaites-vous; aux dégoûts, aux souffrances : que votre unique occupation soit de vous distraire.

(1) Voir sur le Concordat : de Pradt. *Les quatre Concordats* (1818-1820); Consalvi. *Mémoires* (1804); Theiner. *Histoire des deux Concordats de la République Française* (1875); Ricard. *Correspondance diplomatique et mémoires inédits du cardinal Maury* (1891); Boulay de la

Dieu applique la punition comme le médecin un remède; ajoutez la patience virile à la patience religieuse.

Vous parlez de vos paroissiens, seront-ils à vous? De la religion, que va-t-on en faire? le C[onsul] la veut pour lui, les conseils qui n'y ont pas un intérêt direct, n'en veulent pas, voilà le seul vrai.

On est tranquille ici, dans un petit lieu, dans un point, et la France entière est sur un volcan:

Ajoutez la patience virile à la patience sacerdotale religieuse. Si vous ne savez pas résister à un petit orage, à une révolte des sens, que sera-ce quand....

La honte et le remords, voilà les vrais maux.

Un prêtre est-il la religion tout entière? Il ne peut ni instruire ni n... Est-il celle du temps?

Bien plus exposé que le missionnaire : d'abord celui-ci ne peut et ne doit inspirer que le respect pour le gouvernement.

Et la solidarité? Et les fausses suppositions de projets? N'a-t-on pas voulu m'accuser de coopérer avec mon clergé à faire des fonds pour la révolte?

Cela n'a-t-il pas été un article de mon interrogatoire? Quelle nuance dans l'air : il y a telle paroisse de mon diocèse dont la température est plus différente de l'air natal que

Meurthe. *Documents sur la négociation du Concordat et sur les autres rapports de la France avec le Saint Siège* (1891-1897); P. Rinieri. *Le Concordat entre Pie VII et le Premier Consul, 1800-1801* (1903); Cardinal Mathieu, *Le Concordat de 1801* (1903); Em. Sévestre. *L'histoire, le texte et la destinée du Concordat de 1801*, 2e édition (1905); A. Baudrillart. *Quatre cents ans de Concordat* (1905).

L'on sait que l'Angleterre fut le principal foyer de l'opposition au Concordat; 14 évêques, parmi lesquels se trouvait Mgr de Belbeuf, refusèrent de donner leur démission. Ils exposèrent leurs raisons d'agir dans des mémoires importants, notamment dans le *Mémoire des évêques français résidant à Londres qui n'ont pas donné leur démission* (27 septembre 1801), dans la *Lettre de Mgr l'évêque de Saint-Pol de Léon à N. T. S. P. le Pape Pie VII* (15 mars 1803), dans les *Réclamations canoniques et très respectueuses contre différents actes relatifs à l'Eglise gallicane* (6 avril 1803). Latreille, op. cit., 221-227, 241-254.

celui de l'Angleterre; et quel prêtre aurait refusé une cure où j'en sers, et démis...

Celui qui marche mesure ses pas, mais celui qui se précipite...

Prenez les remèdes qui sont en vous, ils sont plus sûrs que ceux qui viennent du dehors.

Quoi ! toujours considérer le moment qui jette au hasard ceux qui le suivent. Toujours le moment, jamais la fin.

Des parents, des amis, des confrères que leur position ne met pas à portée d'être instruits et qui ne voient qu'un point ! Ont-ils le droit d'être écoutés, sont-ils une autorité? L'intérêt connu en est-il une? Peut-on s'associer au crime pour en prévenir quelques fâcheux résultats?

. . . . . . . . . . . . . . . . .

J'entends sortir de la bouche hideuse de leur masque le nom de la religion, j'entends prononcer la promesse de la rétablir dans notre malheureuse France, mais avec des conditions sous le nom d'un Concordat; et le prix de la soumission à ce Concordat sera le rétablissement du culte public. On nous montre en perspective la robe sacerdotale préparée pour le sacrifice; mais peut-on s'y tromper, elle est trempée dans le sang, elle est pénétrée de tous les poisons que l'enfer, qui l'a fait répandre, y a injectés. Et celui qui osera la prendre de leurs mains et s'en revêtir sera bientôt rongé par des ulcères infects et par la plus déchirante de toutes les douleurs, par celle du remords.

Je laisse aller ma plume et je m'aperçois que je viens de faire et d'épuiser une comparaison bien profane; je ne l'effacerai pas. Qu'est-ce qui convient le mieux à de pareils restaurateurs, apostats, renégats, athées, que ce qu'il y a de plus profane et de plus fabuleux en même temps.

### 2o *Jugement sur la seconde Eglise constitutionnelle*

Je vous expose avec franchise le jugement que je porte sur la seconde Eglise constitutionnelle qu'on vient de former en France.

1° Je pense et je crois que ceux qui vont gouverner les diocèses non vacants sont formellement intrus, malgré l'institution qu'ils reçoivent du Saint Père, par l'organe de son légat à Paris.

La justification et la preuve de cette assertion se prennent d'abord dans la définition d'un intrus; car il est incontestable que l'on ne peut instituer canoniquement un évêque sur un siège occupé, avant d'avoir dépouillé canoniquement celui qui l'occupe; mais pour juger dans ce dernier cas, il faut des crimes, il faut faire un procès, il faut suivre les règles prescrites par l'Eglise, et observer scrupuleusement les formes qu'elle a tracées pour ces circonstances malheureuses.

De là je conclus que les évêques non démissionnaires, n'ayant été ni condamnés ni jugés canoniquement, doivent considérer comme adultères, suivant l'expression de saint Chrysostome parlant d'Arsace, ceux qui viennent se mettre à leur place.

2° Je pense et je crois que les prélats de cette seconde Eglise constitutionnelle sont parfaitement intrus, à raison des parties qu'on réunit aux diocèses vacants qu'on leur donne si elles appartiennent à un évêque non démissionnaire.

3° Je pense et je crois que les lois organiques du Concordat blessent à mort la discipline de l'Eglise; il est de foi qu'elle lui appartient, et il est de fait que le gouvernement français s'en empare. Le Pape, par ces lois, est privé presque totalement de la primauté de juridiction sur l'Eglise gallicane. On ne lui laisse que le pouvoir de donner l'institution à des intrus, ou à des pontifes philosophes, pour en faire les successeurs des Apôtres.

Ce qui se passe aujourd'hui le prouve de plus en plus; aucun bref de dispense pour les empêchements qui ne sont même connus que du confesseur, ne pourra sortir de Rome sans passer sous les yeux de ce pieux gouvernement.

Mais voici une bien étrange contradiction dans laquelle

on fait tomber le Saint Père, précisément dans ce qu'on déclare au-delà de son autorité. En voici la preuve. Portalis, ministre des cultes, dans son rapport sur les articles organiques de la Convention faite entre Sa Sainteté et son cher fils en Jésus-Christ Napoléon Bonaparte, dit : « Les ministres « catholiques reconnaissent un chef visible qu'ils regardent « comme un centre d'unité ; mais ils enseignent en même « temps que ce chef n'a dans les choses même purement spi- « rituelles qu'une autorité subordonnée aux Conciles et aux « anciens Canons. » Si ceci est vrai, et personne n'en doute, comment le concilier avec ce que l'on a commandé au Saint Père ?

On veut donc nous forcer de croire qu'il a prévariqué dans l'étonnante opération qu'il vient de faire. Saint Martin 1er Ep. 5, était de cet avis d'après ces paroles : *Defensores divinorum Canonum et Custodes sumus non prevaricatores.* Un autre Pape, Agapit 1er parlait de même. *Ep. ad Cœsarium Arelatensem, divini Consideratione judicii necesse nobis est, quidquid synodalis decrevit auctoritas, inviolabiliter custodire.*

On élève Pierre au-dessus de toutes les règles ; on lui fait briser tout pour établir un cadavre de la religion, une parodie de l'Eglise de Jésus-Christ, une morale qui justifie l'impiété et dispense même de l'hypocrisie.

A Dieu ne plaise que j'accuse ce Pontife d'avoir dissimulé les projets de ce gouvernement nouveau. Il ne les soupçonne assurément pas. Mais il y a ici une conspiration bien prononcée contre l'Eglise Catholique, elle est captive, elle est enchaînée aux pieds des gouvernants, et c'est par la main même de son Chef que l'on a rivé ses fers.

L'erreur dans laquelle on a jeté le Saint Père a posé sur ses yeux un bandeau à travers lequel il a cru voir le bien qu'il désirait, et par cette voie il a été mené au but des impies ; on l'a circonvenu et séduit, avec un succès si complet qu'on lui a fait faire ce qui ne fût jamais venu à sa pensée. C'est lui-même qui le dit par ce mot si tristement énergique : *inexcogitalum*.

Il est vrai qu'aucun Pape ne s'était encore avisé jusqu'à lui d'enlever ou de croire enlever [l'autorité] à un grand nombre d'évêques, qu'une vérité révélée nous a toujours fait regarder comme établis par le Saint Esprit pour gouverner l'Eglise de Dieu. Si les évêques de l'Eglise de France ont mérité l'animadversion de notre Mère commune, elle a des lois pour les juger; qu'on les juge, mais elle veut qu'on les entende. S'ils sont sans reproches, pourquoi sont-ils chassés comme d'insignes coupables, et pourquoi anéantit-on leur juridiction qu'ils tiennent, non des Pontifes romains, mais de Jésus-Christ? Saint Innocent I<sup>er</sup> appelait barbare un pareil procédé. Mais cette entreprise hardie et inouïe ne peut produire que la persécution, et le schisme; il ne peut trancher le lien qui unit l'évêque à son Eglise, comme un époux à son épouse.

Il est à croire, et on a lieu de l'espérer, que les respectables évêques non démissionnaires ne se laisseront pas abattre. Ils ne seront pas effrayés de ce nouvel orage. Ils jugeront sans doute qu'ils devront le braver. Bientôt, bientôt il sortira des événements déjà trop préparés, l'éclatante justification du refus qu'ils ont fait de se démettre.

### 3° *Réponse à la lettre de Molet* (1), *curé de Notre-Dame-des-Champs à Avranches*

Que penseriez-vous, Monsieur, de quelqu'un qui, après avoir été absolument méconnu de près, voudrait se persuader qu'il sera beaucoup mieux reconnu de loin? Vous m'entendez malheureusement trop bien, et vous y trouverez la raison des longs délais de ma réponse.

(1) Certains passages nous font croire que Mg<sup>r</sup> de Belbeuf s'adresse à M. Motet, curé de Notre-Dame-des-Champs, à Avranches. Cependant nous ne pouvons l'affirmer d'une façon certaine.

Il convient cependant que je m'acquitte envers d'autres sentiments dans un ordre bien différent. Je n'ai pu qu'être fort sensible à la manière, j'ai pensé dire trop aimable, dont vous les exprimez; conservez-les moi, ils me sont et seront toujours précieux, et toujours, soyez-en bien assuré, je les préviendrai. Mais toujours aussi, quand ils se confondront avec de premiers devoirs, je n'en serai pas moins rappelé au titre qui pèse si péniblement sur moi.

Dans des occupations du genre le plus imposant comme le plus important, les probabilités d'un succès, la seule attente même de quelque utilité encouragent, elles poussent. Où trouver ce ressort quand l'effet qu'on devait attendre a manqué? Et cela, malgré toutes les apparences fondées en raison comme en épreuves constantes. J'ajouterai en évidence pour les intéressés. Voilà où j'en suis vis-à-vis de tant d'autres. Leur nombre moutonnier n'en justifie aucun. Ce que je suis réduit à désirer pour eux, c'est que la peine ne précède pas le remords.

Votre ligne n'était pas uniquement la leur, elle était plus particulièrement tracée. La vôtre, Monsieur, l'erreur en demeure inconcevable pour moi, vous était marquée d'une manière bien distinguée par une soie de la couleur la plus éclatante. Dieu n'avait-il pas donné à son peuple chéri la colonne de feu pour le conduire dans la nuit du désert? Un maître parmi ceux qui vous ont soutenu et dirigé si bien et si longtemps, respectable et précieux comme eux, et avec eux, serait-il devenu pour vous le revers de cette colonne? Il était destiné à conduire dans le jour, vous aurait-il égaré avec lui? Serait-il devenu le même pour d'autres? Alors, quelle nouvelle douleur pour moi! je le dirai, je le dis avec amertume à plusieurs autres, à vous aussi, hommes de ma paix!

Mais les traits qui percent la nuit du désert et qui doivent la dissiper, se multiplient tous les jours. Elle ne cesserait pas d'être vraiment miraculeuse, quoique en sens contraire, si on connaissait moins les prodiges des intérêts humains

sur les âmes les plus fortes, et ceux du sophisme sur les
meilleurs esprits, quand l'illusion les flatte. Je le dirai aussi,
l'ascendant de l'habitude du respect pour un titre suprême,
respect toujours fondé et nécessaire, malgré l'abus, et que
l'inertie du scrupule rend à ce moment trop exclusif dans
le jugement, d'ailleurs très sain de plusieurs. Regrets prononcés, éclairés par les résultats, adhésions multipliées,
données, assurées aux actes de la masse opposante devenue
la plus nombreuse, le succès général de ces actes, etc., etc.,
etc., la voix de 15 siècles ne déposera pas vainement contre cette entreprise inouïe.

Tant d'hérésies, tant de schismes bien autrement redou-
tables que les derniers efforts d'un schisme né et mourant
dans l'opprobre, n'auraient-ils pas provoqué la même
mesure sous le même prétexte du plus grand bien? Mais
elle était condamnée par le titre divin de l'épiscopat sorti
stable et indépendant des mains de Jésus-Christ, dont
aucune circonstance, aucune puissance ne pourront ébranler
la stabilité, ou envahir l'indépendance. La primauté d'honneur et de juridiction donnée à Pierre ne fut jamais cette
puissance, les plus saints et les plus savants papes eux-
mêmes en ont fait l'aveu, ou plutôt rappelé le principe
conforme à toute la tradition depuis les premiers jours de
l'Eglise jusqu'à ces jours de son deuil, où la main dont nous
attendions la vie nous frappe de mort. Et qu'on ne prenne
pas le change par les mots trop mal appliqués ici de *coloré*
de *provisoire*.

Mais je ferai mieux de ne pas tronquer cet article qui ne
peut être suffisamment développé dans une simple lettre, et
de renvoyer sur cela à ces beaux Mémoires communs aux
évêques réunis soit en Angleterre, soit en Allemagne, et
souscrits par ceux qui, par leur isolement, n'ont pas pu y
concourir. Ils portent, jusqu'à la démonstration, ce qu'on
doit penser de cette œuvre qui n'a pas de nom.

Qui ne sait que le Pape est le chef, le Collège apostolique
les membres?

Si la tête se détache des membres, ou si elle se donne une forme gigantesque, comment retrouver un corps complet dans cette séparation; ou reconnaître dans cette difformité ce corps formé si parfait par la majesté de la tête et la belle proportion des membres avec elle?

Qu'il est loin de ressembler, dans l'Evangile et dans les Actes des Apôtres à celui de ces paralytiques que vous y voyez avec des membres desséchés et privés d'une vie qui ne marque plus que dans la tête et par l'expression de leur souffrance qui réclame les secours de la pitié.

Le reconnaîtrez-vous mieux dans ces tableaux pieux, où un goût barbare tolère ces têtes privées de corps, auxquelles le pinceau s'efforce d'attacher les traits des anges, mais qui, si l'on supprime l'aile ou le nuage qui déguise la monstruosité, ne laissent plus voir que des êtres contre nature!

Cette théologie en images ne sera pas trop déplacée vis-à-vis d'un ci-devant Chevalier (1) dont l'imagination mieux dirigée ne se trouve pas éteinte, que je veux toujours aimer comme autrefois et mieux encore qu'autrefois, malgré l'apologie arrachée sans doute à sa complaisance sur un vu de pièces colorées, et son hommage rendu en grand chorus avec le parterre, au nouvel Amphytrion, ce nom de comédie convient uniquement à un pareil acteur, qui sait, en son âme et conscience, d'après saint Cyprien et l'enseignement constant de l'Eglise, qu'il est sur mon siège non *secundus sed nullus*, et qu'il y usurpe une chaire qui n'est vacante ni de fait par mon existence et ma non-démission, ni de droit par le fond comme par la forme, où tout est frappé de nullité.

Cette lettre s'est prolongée; vous pourrez en rendre quelques articles utiles à plusieurs. Elle vous sera remise

_______

(1) Quel est ce ci-devant chevalier? Nous ne pouvons le faire connaître et ce passage de la lettre pouvait faire croire que M. Motet n'est point le correspondant de Mgr de Belbeuf.

par une main sûre. Si dans ce qui vous en est personnel, votre sensibilité se trouvait trop affectée, reportez-la, Monsieur, tout entière sur l'intérêt aussi tendre qu'esséntiel que je vous ai voué comme votre ami et votre évêque. Jamais je ne vous prouverai assez combien ce sentiment vous est acquis à ce double titre, et je me flatte que jamais aussi votre cœur et votre raison ne se refuseront à lui prêter la mesure qui lui convient.

## III

*1° Poësie sur la démission de Mgr de Noé* (1), *évêque de Lescar*

> Noé le patriarche
> N'abandonna son arche
> Qu'après qu'il fut certain
> De l'état du terrain.
> Moins prudent que son père
> Le Noé de Lescar
> L'abandonne au hasard
> Sur la foi d'un corsaire.

*2° Poésie sur le Bref du Pape* (2)

> L'œil fixé tristement, sous mon toit solitaire,
> Sur ce Bref inouï qui nous vint du Saint Père,
> Grand Dieu ! je m'écriais, le voilà ce secret,
> Cet imposant mystère
> D'un trop fatal projet
> Que depuis si longtemps Rome nous recelait.

(1) Marc-Antoine de Noé, né en 1724, sacré évêque le 12 juin 1763; député aux Etats Généraux où il refusa de comparaître, évêque de Troyes en 1802, mort le 21 septembre 1802.

(2) Il s'agit du Bref *Tam multa* du 15 août 1801, dans lequel le Pape exige des évêques une démission individuelle et donnée dans les dix jours.

Oh ! Rome, on t'a séduite et l'Eglise est trahie ;
On veut que par nos mains elle tombe avilie,
On veut qu'on dise un jour à nos derniers neveux :
          La France eut une Eglise.
Et quand sa destinée à toi seule est remise,
          Pontife malheureux,
          A ces plans désastreux
          La fraude, la surprise,
Vont attacher ton nom, ton rang et tes vertus.
Réponds à ma douleur... par quel profane abus
          Vit-on ta main sacrée
Sceller du saint anneau les forfaits d'un athée ;
Du trône et de l'autel consacrer les débris ;
Ecarter tes conseils ; abattre tes appuis ?
          Suppliant et sévère,
          Tu menaces ton frère
          De livrer ses enfants
          Dans les mains des méchants...
A des hommes sans Dieu, faut-il qu'il sacrifie
Ces grands, ces saints devoirs, noble emploi de sa vie ?
Tu répètes, il le faut, tu fixes le moment
Sans délai, sans retour, il le faut... *Librement*...
Quelle dérision ! ! un contre-sens déguise
De cet acte inouï le vice et l'entreprise !
Dans ses dépôts sacrés, interrogeant la loi
Je t'y vois le premier, tu m'y vois avec toi.
Rome, osas-tu jamais essayer ce langage ?
Chef des premiers pasteurs, qui donc t'en fait le roi ?
Je relis, je compare ; est-ce bien son ouvrage ?
L'accent de la douleur proclame ses efforts.
Un dernier sacrifice... en offre-t-il le gage ?
A-t-il des conjurés sondé tous les ressorts ?
Un jour, un jour, hélas ! quels seraient ses remords...
Le vœu public a dit, il est ferme, il est sage.
On voit peser sur lui les hommes et les temps :
          En faut-il davantage ?
          Pontife, je t'entends.

Le consul a dicté. Les anneaux de la chaîne,
  Seuls, ont scellé ce Bref.
   Je reconnais mon Chef.
Les lois ont prononcé; la force a rendu vaine
   Des apostats,
   Des rénégats
   La politique impie.
   Le successeur de Pie
   Fait parler ses liens.
   Sa puissance asservie
   Réclame nos moyens.
Il eût mêlé sa cendre à celle du Pontife
Que l'on vit à Valence expirer sous la griffe
Des monstres leurs auteurs, leurs frères, leurs soutiens.

Et nous dont ce héros a vanté le courage,
Secondé les efforts, honoré le suffrage;
Qui loin de dédaigner, ou craindre nos avis,
Se plut à voir en nous des frères, ses amis...
A l'oubli de la tombe arrachons ce modèle,
   Empruntons à son nom,
Des vertus de son rang, des mesures du zèle,
   L'exemple et la leçon;
Et dans ce grand débris de la pierre sainte
Montrons à l'univers l'immortel ornement
Du temple dont elle est l'éternel fondement.
Un déserteur perfide en veut livrer l'enceinte,
Quand d'un pouvoir sans borne, adroit usurpateur,
Il offre et trace en maître un plan dévastateur.
Sur des trônes sacrés, quoi? tu veux des complices,
Consul? jette ton masque, apprête les supplices;
Dans le sang des martyrs, l'Eglise eut son berceau,
   Les tyrans leur tombeau.

# APPENDICE

A

*Liste des Lettres et des Papiers publiés*

## B

*Index Alphabétique des noms de lieux et de personnes cités dans la correspondance et les papiers inédits de Pierre-Augustin Godart de Belbeuf, évêque d'Avranches.*

## C

# TABLE DES GRAVURES

# TABLE DES MATIÈRES

## INTRODUCTION

Sommaire. — I. *Ce que l'on sait de Mgr Godart de Belbeuf et quel ful son rôle.* — Nom simplement mentionné dans les ouvrages d'histoire générale. — Quelques pages dans la *Semaine religieuse de Rouen* et dans l'*Histoire des diocèses de Coutances et d'Avranches* de l'abbé Lecanu. — L'étude de Mgr Deschamps du Manoir. — Evénements qui remplirent sa vie à Verdun, à Pontoise, à Avranches, à Londres, lorsqu'il fut tour à tour vicaire général, grand vicaire, évêque, exilé. — Que s'en dégage-t-il au point de vue de son influence?.

II. *Importance des documents conservés sur Mgr Godart de Belbeuf et sa personnalité.* — Documents nombreux, intéressants, réunis en grande partie aux Archives du château de Belbeuf. — Renseignements sur cet évêque fournis par les différents dépôts publics en France et à l'étranger. — Portrait physique de Mgr Godart de Belbeuf. — Sa physionomie morale. — Sa valeur d'écrivain, d'observateur, de psychologue, de penseur.

III. *Les sources de la correspondance de Mgr Godart de Belbeuf.* — La plupart des lettres se trouvent aux Archives du château de Belbeuf. — D'autres sont Archives Nationales, aux Archives départementales de Seine-et-Oise, du Calvados, à la Bibliothèque municipale de Caen. — Ses correspondants habituels. — Publication des lettres reçues par l'évêque d'Avranches, surtout pendant son exil, de 1793 à 1802.

IV. *L'objet et l'intérêt de la correspondance de Mgr Godart de Belbeuf.* — Elle offre des indications précieuses sur les faits religieux, sociaux, politiques qui se sont produits de 1762 à 1803. — Variété d'information. — Intérêt littéraire. — Pénurie de publications de ce genre. — Quels sont les Mémoires et les

## CHAPITRE PREMIER

### LE VICAIRE GÉNÉRAL DE VERDUN ET LE GRAND VICAIRE DE PONTOISE (1762-1774)



## CHAPITRE II

### L'ÉVÊQUE D'AVRANCHES AUX DÉBUTS DE SON ÉPISCOPAT (1774-1783)



## CHAPITRE III

### L'ÉVÊQUE D'AVRANCHES ET LES QUESTIONS RELIGIEUSES AVANT LA RÉVOLUTION (1777-1784)

## CHAPITRE IV

### L'Evêque d'Avranches et les questions religieuses avant la Révolution (1782-1788)



## CHAPITRE V

### L'Evêque d'Avranches et les questions politiques avant la Révolution (1775-1788)

## CHAPITRE XII

### L'ADVERSAIRE DU RÉGIME NAPOLÉONIEN ET DU CONCORDAT
### (1800-1803)



# APPENDICE

—



Caen. — Imp.-Reliure E. DOMIN, 10, rue de la Monnaie.

# OUVRAGES DU MÊME AUTEUR

## Études d'Actualité

1° **L'Histoire, le Texte et la Destinée du Concordat de 1801**, 2ᵉ édition entièrement refondue, contenant tous les documents ayant trait aux rapports
de l'Église et de l'État, avec les discussions des Chambres françaises
concernant l'abrogation du Concordat. — Fort volume in-8° carré,
XXIV-702 p. p. (Paris, Lethielleux)......................... 6 fr.

2° **L'Histoire de l'Œuvre de Jeunesse de Sainte-Croix de Saint-Lo**, contenant
tous les documents qu'il est nécessaire de connaître et de posséder pour
la formation, l'organisation, la direction d'une Œuvre de Jeunesse. —
Volume in-8° carré, XII-187 p. p. (Paris, Lethielleux) ............ 2 fr. 50

3° **Après la Séparation**. La Vie Religieuse en Normandie d'après les comptes-
rendus des Congrès diocésains, 1910-1911. — Volume in-8° carré, 29 p. p.
(Paris, Picard) ........................................... 1 fr.

## Travaux d'Érudition

1° **Le Clergé Breton en 1801**, d'après les enquêtes préfectorales de l'an IX
et l'an X, conservées aux archives nationales. — Volume in-8° raisin,
96 p. p. (Paris, Picard)..................................... 4 fr.

2° **La déportation du Clergé orthodoxe pendant la Révolution**. Registres des
ecclésiastiques insermentés embarqués dans les principaux ports de
France, août 1792-mars 1793. — Volume in-8° carré, XXXII-280 p. p.
(Édition des documents d'Histoire) .......................... 6 fr.

3° **L'Enquête gouvernementale et l'Enquête ecclésiastique** sur le Clergé de
Normandie et du Maine de l'an IX à l'an XIII, avec les portraits des principaux personnages. — 2 volumes in-8° raisin (Paris, Picard). 10 fr. et 5 fr.

4° **Situation Religieuse et Sociale du Département de l'Orne en 1805**. —
Volume in-8° raisin (Paris, Picard)........................... 5 fr.

5° **Le Personnel de l'Eglise constitutionnelle en Normandie (1794-1795)**,
avec les portraits des évêques constitutionnels et de quelques vicaires
épiscopaux. (Sous presse). — 2 forts volumes in-8° raisin, 5 cartes,
12 portraits, 30 gravures (Paris, Picard) ...................... 30 fr.

6° **Les Edifices du Culte de l'an IX à l'an XIII** dans le département du
Calvados. — 1 volume in-8° raisin (Paris, Picard)................. 1 fr.